Studien zum sozialen Dasein der Person

herausgegeben von

Prof. Dr. Frank Schulz-Nieswandt

Band 12

Petra Stemmer

Wie kann das Studium besser gelingen? Problembereiche und Erfolgsfaktoren von Bildungsausländern

Eine explorative Studie an der Universität zu Köln

Die Deutsche Nationalbibliothek verzeichnet diese Publikation in
der Deutschen Nationalbibliografie; detaillierte bibliografische
Daten sind im Internet über http://dnb.d-nb.de abrufbar.

ISBN 978-3-8487-1528-2 (Print)
ISBN 978-3-8452-5568-2 (ePDF)

1. Auflage 2014
© Nomos Verlagsgesellschaft, Baden-Baden 2014. Printed in Germany. Alle Rechte, auch
die des Nachdrucks von Auszügen, der fotomechanischen Wiedergabe und der Über-
setzung, vorbehalten. Gedruckt auf alterungsbeständigem Papier.

Vorwort

Aufgrund vielfältiger Hinweise auf eine schwierige Lage ausländischer Studierender an deutschen Hochschulen und auch an der Universität zu Köln wurde das Forschungsprojekt „Lebenslage Kölner ausländischer Studierender – Situation, Handlungsperspektiven, strategische Entscheidungsmöglichkeiten der Universität zu Köln" initiiert.

Im Rahmen dieses Projektes wurde eine **Vorstudie** erstellt **(Stemmer 2013)**, die den Hintergrund für Hypothesen und Fragestellungen bieten sollte und die Grundlage für die Entwicklung des Leitfadens **qualitativer Stakeholder-Interviews** in der nächsten Projektphase war.

Hierbei wurden insgesamt sowohl universitätsinterne als auch universitätsexterne Einrichtungen in der Kölner Hochschullandschaft, die in der direkten Betreuung ausländischer Studierender stehen, einbezogen sowie Studierenden-Organisationen. Die **vorliegende Auswertung umfasst in Teil I** die *Ergebnisse der qualitativen Stakeholder-Befragung von Vertretern des Akademischen Auslandsamtes der Universität zu Köln, des Kölner Studentenwerkes sowie von Beratungseinrichtungen katholischer, evangelischer und islamischer Glaubensrichtung in der Kölner Hochschullandschaft*. Eine Auswertung der Interviews mit anderen Stakeholdern, die auf derselben Vorgehensweise beruhen, findet sich in Köstler/Marks 2014.

Parallel fanden innerhalb des Projektes eine Wohnheimbefragung (Wulff 2014), eine quantitative Befragung von Mitgliedern Internationaler Hochschulgruppen an der Universität zu Köln sowie eine Gruppendiskussion zur Validierung der Ergebnisse statt (Köstler u. a. 2014).

Als abschließendes Projektmodul fügen sich qualitative Interviews von erfolgreichen Bildungsausländern an der Universität zu Köln in die Analyse ein. **Teil II der vorliegenden Auswertung** fasst hier die Ergebnisse in *Erfolgsfaktoren erfolgreicher Bildungsausländer*. Die Ergebnisse einer zweiten Befragung erfolgreicher Bildungsausländer an der Universität zu Köln finden sich in Köstler/Marks 2014.

Vorwort

In der vorliegenden Studie[1] haben wir also den Studienerfolg von Bildungsausländern im Visier: Was macht erfolgreiche bildungsausländische Studierende aus? Wo genau haben Bildungsausländer Probleme? Die Universität zu Köln identifiziert beeinflussbare und nicht oder nur schwer steuerbare Bereiche. Welchen Weg zu einer adäquaten Unterstützung zeigen qualitative Befragungen?
Die Analysen fanden unter Förderung und mit Unterstützung des Studierendenförderungsfonds der Universität zu Köln statt.
Wir danken ebenso den teilnehmenden Befragten.

Petra Stemmer im Juni 2014

---

1 Grundsätzlich sind in diesem Text bei den personenbezogenen Begriffen immer auch die weiblichen Personen mit eingeschlossen. Aus Gründen der Vereinfachung werden wir jedoch die männliche (Grund)Form verwenden. Dem Genderaspekt wird hier lediglich aus Vereinfachungsgründen formal keine Rechnung getragen, es sollen jedoch sowohl die männlichen als auch weiblichen Personenkreise dadurch gleichberechtigt angesprochen sein.

Inhaltsverzeichnis

Abbildungsverzeichnis 13

Teil I: Problemlagen, Unterstützungsmaßnahmen und die Rolle der Universität zu Köln: Befragung von Vertretern ausgewählter universitätsexterner und universitätsinterner Beratungsstellen 15

A. Forschungshintergrund 15

B. Durchführung qualitativer Stakeholder-Interviews und Kerninhalte des Leitfadens 18

C. Die Auswertung der Stakeholder-Befragung – zugrundeliegendes Datenmaterial, Vorgehensweise bei der Auswertung und Auswertungsergebnisse 19

    I. ZIELGRUPPEN 20
    1. Charakterisierung der Studierenden, die in die Beratungen kommen 20
    2. Zielgruppen für Unterstützungsmaßnahmen seitens der Universität zu Köln 23
        2.1. Bildungsinländer 24
        2.2. Bildungsausländer 30
            2.2.1. Free Mover 30
            2.2.2. Programm- bzw. Austauschstudierende 33
            2.2.3. Bildungsausländische Promotionsstudierende 34
        2.3. Zielgruppen nach anderen Kriterien differenziert 35
            2.3.1. Zielgruppen nach Kurzzeit-/Vollzeitstudierenden 35
            2.3.2. Zielgruppen nach inhaltlichen Problemlagen 35
            2.3.3. Zielgruppen nach Master-/Bachelorstudierenden 36
            2.3.4. Zielgruppen nach Genderkriterien 39
            2.3.5. Ausländische Alleinerziehende mit Kind 40

II. PROBLEMLAGEN 41
3. Problemlagen ausländischer Studierender aus der Sicht der Stellen und Einrichtungen, mit denen sie in Kontakt kommen 41
   3.1. Die wahrgenommene Grundproblemsituation von Bildungsausländern 41
   3.2. Auswirkungen politischer Entscheidungen auf die Situation von Bildungsausländern 75
   3.3. Die speziellen Problemlagen von Bildungsinländern 79
   3.4. Direkt von Studienabbruch bedrohte ausländische Studierende 80
4. Handlungsbedarfe 83
   4.1. Übergreifende Handlungsbedarfe bezüglich deutscher und ausländischer Studierender 83
   4.2. Differenzierte Handlungsbedarfe bei den ausländischen Studierenden 83
      4.2.1. Angebote nach Herkunftsregionen – Gründung länderspezifischer Hochschulgruppen 83
      4.2.2. Unterscheidung der Handlungsbedarfe zum Studienstart/während des Studiums/ zum Studienabschluss 88

III. UNTERSTÜTZUNGSMAßNAHMEN 93
5. Vorschläge für an der Universität zu Köln umzusetzende bzw. zu erweiternde Unterstützungsmaßnahmen 93
   5.1. Konkretisierung von allgemeinen Maßnahmen für ausländische Studierende 93
   5.2. Personal- und Organisationsentwicklungsangebote zur interkulturellen Sensibilisierung von Dozentenschaft/Einrichtungen 107
   5.3. Interkulturelle Vorbereitung der ausländischen Studierenden 109
6. Good Practice Beispiele 110
7. Erfahrungen aus der Praxis der befragten Stakeholder 116
   7.1. Erkenntnisse aus erfolgreichen und auch gescheiterten Projekten zur Unterstützung ausländischer Studierender 117

7.2. Erfahrungen bezüglich der Wirkungsweise von
Maßnahmen – Inanspruchnahmeverhalten und
Nachhaltigkeit 120
8. Einschätzung von Ressourcenbedarf und
Ressourcenpotenzial bei der Umsetzung von
Unterstützungsmaßnahmen 130
IV. ROLLE DER UNIVERSITÄT 133
9. Rolle der Universität als Gastgeber bei der Unterstützung
der ausländischen Studierenden 133
   9.1. Willkommens- und Gastkultur 135
   9.2. Wahrgenommene strategische Grundausrichtung
der Universität im wettbewerblichen und
politischen Spannungsfeld und Motivlage einer
Zuwendung zu den Zielgruppen 136
10. Rolle der Universität bei der Umsetzung der Maßnahmen 142
   10.1. Zuständigkeiten in Bezug auf die Vorhaltung und
Umsetzung von Betreuungsmaßnahmen 142
      10.1.1. Zuständigkeiten inhaltlicher Art –
Kompetenzbereiche für die Vorhaltung
von Betreuungsmaßnahmen 143
      10.1.2. Entscheidungsstruktur und
Kommunikationsstruktur bei der Initiation
und Umsetzung von Maßnahmen 145
   10.2. Erfordernisse der Zuständigkeiten in Hinblick auf
Einheitsstrategie und Vernetzung 147

Teil II: Erfolgsfaktoren: Befragung erfolgreicher Bildungsausländer
an der Universität zu Köln 152

A. Forschungshintergrund und Durchführung episodisch –
biographischer Interviews von Free Movern an der Universität zu
Köln 152
   I. Free Mover als kritischste Gruppe unter den ausländischen
Studierenden identifiziert 152
   II. Begründung für die Verwendung episodisch-biographischer
Interviews 154
   III. Das Studium als kritische Statuspassage in der Biographie
ausländischer Studierender 155
B. Design und Durchführung der Interviews 157

Inhaltsverzeichnis

C. Die konkrete Auswertung und ausführliche Rekonstruktion eines episodisch-biographischen Interviews 158
   I. Das Aufwachsen in der Heimat und der Weg zum Studium in Deutschland 158
      1. Biographie 158
      2. Das Aufwachsen und die Schulbildung im Heimatland, hier in Afrika 159
      3. Das Interesse für Deutschland 159
      4. Die Rolle der Familie bei der Entscheidung, im Ausland zu studieren 160
      5. Der Weg zum Studium in Deutschland – die Entscheidung für das Studienfach und Deutschland als Studienland 161
   II. Die Ankunft in Deutschland und der Kontakt mit der Umwelt und dem Universitätsbetrieb 163
      6. Die Ankunft in Deutschland 163
      7. Der erste Studienort Dresden 165
      8. Der zweite Studienort Köln 166
      9. Studienvoraussetzungen 167
      10. Der Kontakt mit der Umwelt und dem Universitätsbetrieb 167
          10.1. Erste Kontakte mit dem sozialen Umfeld und der Lernkultur 167
          10.2. Schwierigkeiten zu Beginn des Studiums 171
      11. Der Studienfortgang 172
          11.1. Soziale bzw. kontextuelle Ressourcen bei der Bewältigung der Herausforderungen 173
          11.2. Die Begegnung mit der Ausländerbehörde 177
      12. Positive Erlebnisse an der Universität und in Deutschland 181
   III. Die retrospektive Betrachtung der Lebensumstände und Faktoren, die vom Interviewten als maßgeblich für den Studienerfolg eingeschätzt werden 182
      13. Retrospektive Betrachtung der Erfüllung von Erwartungen, die man über Deutschland hatte 182
      14. Die retrospektive Betrachtung der Herausforderungen während des Studiums in Deutschland 183
          14.1. Finanzielle Probleme als die größte Herausforderung 183
          14.2. Institutionell verankerte Exklusionsmechanismen 184

14.3. Zwischenmenschliche Beziehungen 185
15. Selbstzugeschriebene Stärken bei der Bewältigung der
 Herausforderungen 187
16. Externe bzw. kontextuelle Ressourcen bei der
 Bewältigung der Herausforderungen 189
17. Versuch einer Charakterisierung von Herrn S. 189

Teil III: Konklusion 192

A. Bildungsausländer, und darunter gerade die Free Mover, als
 Problemgruppen an der Universität zu Köln identifiziert 196

B. Free Mover an der Universität zu Köln – eine Black Box 197

C. Häufige Studiensituation von Free Movern an der Universität . . . 199

D. Kritische, risikobehaftete und von Studienabbruch bedrohte Free
 Mover – Problemfaktoren 201

E. Erfolgreiche Free Mover – Erfolgsfaktoren 206

F. Handlungsstränge für die Universität – die Rolle der Universität 209
  I. Lösung der Kernthemen / Kernproblematiken von Free
   Movern seitens der Universität 209
  II. Stärkung der Erfolgsfaktoren von Free Movern seitens der
   Universität 216
  III. Ausblick 217

Anhang 223

Literatur 225

Abbildungsverzeichnis

Abbildung 1:	Ausländische Studierende, Bildungsausländer, Bildungsinländer, Studierende mit Migrationshintergrund – ein Überblick	16
Abbildung 2:	Forschungshypothesen	17
Abbildung 3:	Zusammensetzung der monatlichen Einnahmen je Finanzierungsquelle im Jahr 2012	26
Abbildung 4:	Unterteilung der bildungsausländischen Studierenden	152
Abbildung 5:	Direkt und indirekt durch die Universität beeinflussbare Problemlagen	193
Abbildung 6:	Free Mover an der Universität zu Köln als Black Box	199
Abbildung 7:	Häufige Studiensituation von Free Movern an der Universität	200
Abbildung 8:	Problemfaktoren von Free Movern	205
Abbildung 9:	Erfolgsfaktoren von Free Movern	208
Abbildung 10:	Erleben des Umgangs seitens der Ausländerbehörden – Wirkungskette	211
Abbildung 11:	Hürden, Barrieren oder Exklusionsmechanismen bei ausländischen Studierenden	219

Teil I: Problemlagen, Unterstützungsmaßnahmen und die Rolle der Universität zu Köln: Befragung von Vertretern ausgewählter universitätsexterner und universitätsinterner Beratungsstellen

A. Forschungshintergrund

Aufgrund vielfältiger Hinweise auf eine schwierige Lage ausländischer Studierender an deutschen Hochschulen und auch an der Universität zu Köln wurde das Forschungsprojekt „Lebenslage Kölner ausländischer Studierender – Situation, Handlungsperspektiven, strategische Entscheidungsmöglichkeiten der Universität zu Köln" initiiert. Das Projekt wurde im Auftrag des Studierendenförderungsfonds der Universität zu Köln durch Professor Schulz-Nieswandt und sein Projektteam an der Professur für Sozialpolitik und Methoden der qualitativen Sozialforschung des ISS (Institut für Soziologie und Sozialpsychologie) der Universität zu Köln durchgeführt. Ausgehend von der Analyse der lebenslagenspezifischen Situation ausländischer Studierender in Deutschland (Vorstudie: Stemmer 2013) stellt sich vor dem Hintergrund beständig hoher Abbruchquoten gerade von bildungsinländischen und bildungsausländischen Studierenden im Vergleich zu deutschen Studierenden,[2] **die konkrete Forschungsfrage**

„Wie stellt sich die Situation und die Bedarfslage der ausländischen Studierenden an der Universität zu Köln dar?"

Hierbei geht es um die Studiensituation, um Zielgruppen geeigneter Maßnahmen und deren Bedürfnisse, den Status-quo an der Universität zu Köln und um Erwartungen, Ideen und zukunftsgerichtete Zielsetzungen.
Wir unterscheiden also für unsere Fragestellung bezüglich der **Begrifflichkeit der ausländischen Studierenden** (vgl. hierzu auch die nachfolgende **Abbildung**) Bildungsausländer und Studierende mit Migrationshintergrund (von denen eine Teilgruppe Bildungsinländer sind). Deutsche Studierende

---

[2] Vgl. auch Stemmer 2013, 21-22.

im engeren Sinne sind dann alle anderen Studierenden mit inländischer Staatsbürgerschaft.[3]

Abbildung 1: Ausländische Studierende, Bildungsausländer, Bildungsinländer, Studierende mit Migrationshintergrund – ein Überblick

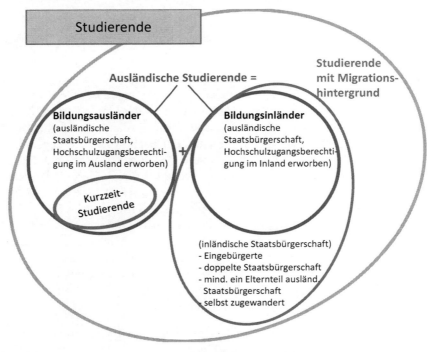

Quelle: Stemmer 2013, 55 (vgl. auch Kowalska/Rokitte 2011, Abbildung 1, 72)

Aus der Vorstudie (Stemmer 2013) ergaben sich ebenso **Forschungshypothese**n,[4] die versucht wurden, in den Befragungen einer Beantwortung zuzuführen:

---

[3] Streng genommen würden hierunter auch die Studierenden unter den Studierenden mit Migrationshintergrund fallen, die eine inländische Staatsbürgerschaft aufweisen. Da es uns ja aber gerade um die besonderen Probleme der Studierendengruppen mit ausländischen Wurzeln geht, haben wir die Studierenden mit Migrationshintergrund eigens aufgeführt.
[4] Vgl. Stemmer 2013, 270-271.

Abbildung 2: Forschungshypothesen

H1:	Die Zielgruppe der ausländischen Studierenden ist unterschiedlich und weist möglicherweise auch unterschiedliche Bedürfnislagen auf. Studierende mit Migrationshintergrund scheinen andere Bedürfnisse zu haben als internationale Studierende. Es treten scheinen sich spezifische Bedürfnis- und Problemlagen zu differenzieren: – einmal nach Abschlussarten (Bachelor, Master, herkömmliche Studiengänge), – daneben auch nach unterschiedlichen Studien- und Fachrichtungen, – dann nach Bildungsausländern, Bildungsinländern, Studierenden mit Migrationshintergrund, – weiterhin nach Herkunftsländern bzw. Herkunftsregionen, – und möglicherweise auch nach männlichen bzw. weiblichen ausländischen Studierenden.
H2:	Ausländische Studierende sind grundsätzlich stärker belastet als deutsche Studierende, haben aber auch teilweise mit denselben Problemen während des Studiums zu kämpfen. Es gibt durchaus übergreifende Handlungsbedarfe.
H3:	Typologisch gesehen ergeben sich Handlungsbedarfe gerade hinsichtlich der Sprache, der psychologischen Situation, der Integration in das Umfeld, der interkulturellen Probleme der Akkulturation.
H4:	Insbesondere die psychosoziale Komponente bestimmt die Lebenslage der ausländischen Studierenden. Studierende ausländischer Herkunft sind von signifikanten Risiken der Vereinsamung und der sozialen Isolierung betroffen.
H5:	Gerade die finanzielle Situation der ausländischen Studierenden ist ein wichtiger Faktor für den Studienerfolg.
H6:	Die Anpassungs- und Copingstrategien der bildungsausländischen Studierenden und auch derjenigen mit Migrationshintergrund stimmen mit der an den deutschen Hochschulen geforderten Studien- und Lernkultur häufig nicht überein.
H7:	Die Studienabbruchquoten gerade von Bildungsausländern sind im Allgemeinen doppelt so hoch wie die von deutschen Studierenden. Aber auch Bildungsinländer weisen hohe Abbruchquoten auf. Wichtig ist, herauszufinden, in welchem Stadium und aus welchen Gründen diese Studierendengruppen ihr Studium abbrechen, denn nur so können adäquate Hilfemaßnahmen seitens der Hochschulen initiiert werden.
H8:	Studierende aus Westeuropa zeigen trotz eines gemeinsamen europäischen Kulturraumes hohe Studienabbruchquoten.
H9:	Für einzelne ausländische Studierendengruppen sollten auf sie zugeschnittene spezifische Programme aufgelegt werden. Für bildungsausländische Studienabbrecher im Bachelorstudium zeigen sich Betroffenheiten insbesondere bei afrikanischen und westeuropäischen Studierenden, ostasiatische Studierende weisen einen besonders geringen Studienabbrecheranteil auf, die restlichen asiatischen Studierenden aus Ländern wie Indien, Iran, Usbekistan, Pakistan, Afghanistan dagegen einen fast doppelt so hohen Anteil. Hier könnten bereits die verstärkten Bemühungen um ostasiatische Studierende greifen, da diese Studierendengruppen bisher am meisten erforscht und mit besonderen Programmen belegt wurden. Aber auch amerikanische Studierende brechen häufig ihr Studium ab.

H10:	Die Inanspruchnahme schon vorgehaltener Dienstleistungen an den Hochschulen durch die ausländischen Studierenden ist häufig schlecht. Hier trifft das Angebot nicht den Bedarf. Adäquate Beratungsangebote fehlen oder sind den Studierenden nicht bekannt.
H11:	Die Nachhaltigkeit vorhandener Maßnahmen scheint nicht ausreichend hoch.
H12:	Der Unterstützungs- und Ressourcenbedarf erstreckt sich nicht nur auf den Studienbeginn sondern über die Phasen des Studiums hinweg.
H13:	Auch die mit den ausländischen Studierenden in Kontakt stehenden Einrichtungen und Lehrpersonen bedürfen einer Sensibilisierung.
H14:	Häufig besteht keine einheitliche Strategie bzw. ausreichende Koordination und Vernetzung der Maßnahmen für die ausländischen Studierenden.
H15:	Die Motive für die Unterstützung der ausländischen Studierenden seitens der Hochschulen liegen sowohl in einer unmittelbaren Zuwendung zu den Zielgruppen als auch im strategischen Bereich.
H16:	Eine Verbesserung der Betreuung der ausländischen Studierenden ist stark von den Schwerpunkten abhängig, die die Hochschule setzt, genauso von ihrer Willkommenskultur.

Quelle: Stemmer 2013, 270-271

B. Durchführung qualitativer Stakeholder-Interviews und Kerninhalte des Leitfadens

Als für diese Projektphase relevante Stakeholder für die qualitativen Interviews wurden **mittelbare Stakeholder,** d. h. Einrichtungen oder Stellen, die in direktem Kontakt mit ausländischen Studierenden stehen bzw. vermittelnd mit ihnen zu tun haben oder mit Unterstützungsmaßnahmen betraut sind, ausgewählt. Hier wurde Wert gelegt auf Personen, die aufgrund ihrer Funktion oder Tätigkeit einen tatsächlichen Überblick über die Lebenslage ausländischer Studierender an der Universität zu Köln haben. Die Interviews fanden im **Zeitraum** zwischen Februar und April 2013 statt und wurden in der vorliegenden Analyse mit Vertretern des **Akademischen Auslandsamtes der Universität zu Köln**, des **Kölner Studentenwerkes** sowie der **Katholischen Hochschulgemeinde,** der **Evangelischen Studierendengemeinde** und der **Islamischen Hochschulvereinigung** geführt. **Die Interviewpartner** sind also zum großen Teil seit mehreren Jahren in der direkten Beratung ausländischer Studierender tätig und man kann sie aufgrund ihrer Zugehörigkeit und Tätigkeit in verschiedenen Fachgremien auch als Experten für dieses Thema sehen. Die Bereiche, in denen Hilfe für Studierende angeboten wird, sind natürlich stark von den institutionellen Vorgaben geprägt bzw. vom institutionellen Kontext, innerhalb derer die Befragten tätig sind. Hier werden neben Beratungstätigkeiten auch teilweise finanzielle

Hilfen geboten, teilweise einfach sonstige Unterstützung oder Beratungstätigkeiten und Verbesserung der Rahmenbedingungen des Studiums sowie psychische Unterstützung. Die Befragten haben i. d. R. direkten Beratungskontakt mit den Studierenden.

Die **problemzentrierten halboffenen Leitfadeninterviews** in Anlehnung an Witzel 1985, die von uns durchgeführt wurden, könnte man in dem Fall auch als **„Quasi" Experten – Interviews** bezeichnen, da es sich hier durchgängig um Schlüsselpersonen handelt, die in der Praxis in entscheidenden Beratungs- und Unterstützungskontexten direkt mit den Problemen der ausländischen Studierenden konfrontiert sind. Auf eine direkte Studierendenbefragung wurde in dieser Projektphase verzichtet, da auf der einen Seite einige Analysen von Studierendenbefragungen anderer Hochschulen vorliegen, die zwar nicht den Stand an der Universität zu Köln widerspiegeln, aber konkrete allgemeine Schlüsse zulassen.

Die **Kerninhalte des Leitfadens der qualitativen Stakeholder-Befragung**, der aus den Befunden der Vorstudie entwickelt wurde und Antworten auf die obigen Hypothesen erbringen sollte, beinhalteten einerseits

- die Frage nach der **Zielgruppe der Überlegungen,**
- die Frage nach den **Handlungsbedarfen,**
- die Frage nach bestehenden **Angeboten/Maßnahmen an der Universität zu Köln,**
- die Frage nach gewünschten **Angeboten/Maßnahmen sowie Ressourcenbedarf und Ressourcenpotenzial an der Universität zu Köln,**
- und dann auch die Frage nach der **Rolle der Universität zu Köln.**

C. Die Auswertung der Stakeholder-Befragung – zugrundeliegendes Datenmaterial, Vorgehensweise bei der Auswertung und Auswertungsergebnisse

Betrachtet man das Datenmaterial, liegen **wörtliche Transkripte** von etwa 10 h 16 min mit insgesamt **10 Personen bzw. Vertretern der Einrichtungen (n=10)** zugrunde. Die Interviews wurden teilweise auf Wunsch mit mehreren Interviewpartnern gleichzeitig geführt. Bei der Auswertung dieser Interviews wurde sehr stark die tatsächliche Dimension der Problematik der ausländischen Studierenden an Fallbeispielen deutlich, weshalb direkte Zitate der Interviewpartner zum Teil ausführlicher in die Auswertung eingeflossen sind. Teilweise wurden auf Wunsch der Interviewpartner **Glättun-**

gen in den Zitaten vorgenommen.[5] Ebenso wurde an einigen Stellen bewusst darauf verzichtet, die Textstellen mit Bezeichnungen der Zitate zu versehen, um möglichst keine Rückschlüsse auf konkrete Interviewpartner zu ermöglichen und so die Anonymität zu wahren.

Grundsätzlich war uns wichtig, auch latente Sinnstrukturen zu erfassen, ebenso durch Auslassungen von Antworten Hinweise auf eventuell kritische Punkte zu erhalten, genauso wie den Kontext von Textbestandteilen und markante Einzelaspekte zu erfassen, die mit der **qualitativen Inhaltsanalyse** möglich werden.[6] Wir verwenden als **Auswertungsraster** ein hypothesengeleitetes deduktiv entwickeltes **Kategoriensystem**, das auf den bei Stemmer 2013 (vgl. insbesondere S. 270-271) entwickelten Hypothesen beruht und diese überprüfen soll, auf denen auch der Leitfaden der Interviews fußt, ebenso wie neue Kategorien, die sich induktiv bei Durcharbeitung aus dem Material heraus ergeben (vgl. hierzu **Anhang 1**; die induktiv aus dem Material herausgebildeten Kategorien sind darin *kursiv kenntlich* gemacht). Elemente der strukturierenden und zusammenfassenden Inhaltsanalyse verbinden sich hier. Wichtig ist uns einerseits eine Interpretation in Bezug auf die Fragestellung und die zugrundeliegenden Hypothesen, andererseits aber auch eine quantitative Auswertung in der Weise, dass deutlich wird, wie häufig bestimmte Argumente genannt werden bzw. ob bestimmte Aspekte von jedem der Befragten gleich eingeschätzt werden.[7]

I. ZIELGRUPPEN

1. Charakterisierung der Studierenden, die in die Beratungen kommen

Grundsätzlich scheinen sehr viele ausländische Studierende in Köln die Hilfe- und Beratungsangebote in Anspruch zu nehmen, wobei sowohl die Anzahl und die Zielgruppe je nach Institution differieren. Bei der **Evangelischen Studierendengemeinde (ESG)** kommen im Laufe des Jahres *„schon etliche hundert"* Studierende in die angebotenen Sprechstunden, Hauptklientel sind zu *„95 Prozent sogenannte Free Mover"* und davon *„vor allem*

---

5 Glättungen wurden in einigen Interviews in der Weise vorgenommen, dass Sinnverständnis, Grammatik etc. von den Interviewpartnern selbst überprüft wurden, die Änderungen dann von der Verfasserin eingearbeitet wurden.
6 Vgl. auch Mayring 2002, 114.
7 Vgl. Mayring 2002, insgesamt 114-121 und auch Mayring 2010, 605.

Studierende aus sogenannten Entwicklungsländern". Ausländische Studierende aus Europa bis auf süd- oder südosteuropäische Länder tauchen eher selten dort auf. Auch bei der **Katholischen Hochschulgemeinde (KHG)** erhalten ausländische Studierende jeder Konfession *„egal ob sie katholisch, evangelisch, muslimisch sind"*, die in eine Notlage geraten, Hilfe. Aber auch deutschen Studierenden wird geholfen. (I: *„Das fand ich jetzt auch interessant, weil Sie gesagt haben, kommen zu Ihnen tatsächlich auch islamische Studierende?"* B: *„Circa die Hälfte, die kommen, sind Muslime."* I: *„Ach. Haben die.. es gibt ja eine islamische Hochschulgruppe an der Universität, oder?"* B: *„Ja, aber die haben kein Geld."*). Pro Jahr sind es, um eine ungefähre Größenordnung zu erhalten, etwa 220 bis 230 Studierende, die dann finanzielle Hilfen erhalten – die tatsächliche Zahl derer, die in die Beratung kommen, liegt höher. Hier kommen schwerpunktmäßig Marokkaner, Kameruner, aber jetzt auch politisch bedingt, Syrer und dazwischen Kenianer, um sich Hilfe zu holen. Chinesische Studierende extrem selten.

In den spezifischen Hochschulgruppen, hier befragt wurde die Islamische Hochschulvereinigung, zeichnen sich dann auch unterschiedliche eigene Probleme ab, wie z. B. die muslimischen Studierenden, deren Anliegen u. a. ein Gebetsraum an der Universität zu Köln ist. Die **Islamische Hochschulvereinigung (IHV)** vertritt etwa 400 Studierende aus Ländern wie der Türkei, Palästina, dem Iran, Syrien, Deutschland oder auch afrikanischen Ländern. Die aktiven Mitglieder sind hauptsächlich Studierende mit Migrationshintergrund aber auch internationale Studierende, wobei, *„es muss jetzt auch kein direkter Bezug zum Glauben da sein. Sondern eher die Identität."* Aber auch hier wird der Austausch mit deutschen Studierenden gefördert: *„Wenn Sie jetzt noch fragen würden, deutsche Studierende? Also, wenn wir Großveranstaltungen machen, ist immer das erklärte Ziel, so viele herein zu bekommen wie es nur geht, damit auch so ein bisschen was Interkulturelles raus passiert.... Wir hatten mal, das waren, glaube ich, 50, 50 Prozent hier in der Hauptmensa, hatten wir ein Fastenbrechen im Ramadan und da haben wir die 50 Prozent-Grenze sozusagen geknackt. Wo wir gesagt haben, das ist richtig toll."* Die Anfragen um Hilfe kommen verstärkt zu Studienbeginn, auch durch die Bekanntheit der Gruppe durch die Förderung des Akademischen Auslandsamtes.

Die Zahlen der Studierenden, die Hilfe suchen, schwanken aber durchaus. **Zunahmen** von Hilfesuchenden konnten in den letzten Jahren durch die Einführung von Studiengebühren verzeichnet werden, *„die erst einmal zu riesigen Problemen bei sehr, sehr vielen ausländischen Studierenden geführt haben"* (1, 73-75), aber dann auch **Abnahmen** der Zahl der Hilfesu-

Teil I: Problemlagen, Unterstützungsmaßnahmen und die Rolle der Universität zu Köln

chenden einmal dadurch, dass „*im Laufe der Zeit aber immer mehr Leute durch die Gebühren [vom Studium] abgeschreckt waren*" (1, 76-77), „*die Universität sich teilweise auch andere Klientel gesucht hat*" (1, 77-78) und auch dadurch, „*dass die ehemalige nordrhein-westfälische Landesregierung das Studienkolleg abgeschafft hat. Also die Studienvorbereitung für ausländische Studierende, die keinen direkten Hochschulzugang haben, sondern durch das sogenannte Studienkolleg müssen. Was in ganz Nordrhein-Westfalen dazu geführt hat, dass Leute, die hier studieren möchten, erst mal in andere Bundesländer ausweichen mussten, um dort das Studienkolleg zu machen. Und ja, davon ist auch erst mal nur ein Teil wieder bei uns gelandet. Also das war eine politische Geschichte, die sich sehr, sehr negativ ausgewirkt hat.*" (1, 85-93). Zunahmen der Probleme ergeben sich häufig auch aus den speziellen politischen Situationen.

Es können jedoch auch **länderspezifische Kriterien** festgemacht werden. So scheint sich an der Universität zu Köln zu bestätigen, dass **chinesische Studierende**, obwohl sie zahlenmäßig die größte ausländische Studierendengruppierung darstellen, mit am wenigsten in den Beratungen auftauchen. Gründe kann man einerseits im finanziellen Hintergrund sehen („*Die sind in der Regel von zu Hause entweder mit Stipendien oder halt durch die Familien relativ gut finanziell situiert,..*" (1, 81-82); „*Weil sie meiner Kenntnis nach in der Regel aus relativ gut situierten Verhältnissen kommen, auch ein sehr strenger Zugangskodex besteht.*" (1, 181-183)) aber auch an der kulturellen Komponente („*Haben kulturell auch wesentlich mehr Berührungsängste mit Beratungsinitiativen und so weiter.*" (1, 83-84)) festmachen. Und auch daran, dass sie eine sehr gut betreute und auch ausgesuchte Gruppe darstellen („*Also, bis auf die Chinesen, die kommen extrem selten, aber die sind ja wiederum eine ganz andere Liga. Also die werden ja auch schon seit Jahren bei der Uni besonders betreut. Und das sind ja auch welche, die sind ja handverlesen. Da gibt es aber auch arme Schweine bei, aber die kommen nicht so sehr hier, weil da so der gesellschaftliche Druck eben stark ist.*" (2, 543-548)). Wobei diese Studierendengruppe durchaus in Bezug auf ausländerbehördliche Fragen oder psychische Fragen Probleme zu haben scheint (7, 225-235).

Zum Teil ist es auch schwierig auszumachen, welcher Anteil der Studierenden erreicht wird, bzw. ob und wie viele der am meisten der Hilfe Bedürfenden die Angebote beispielsweise auch vom **Kölner Studentenwerk** wahrnehmen. So kommen in die **Psycho-Soziale Beratung** häufig Studierende aus dem asiatischen Raum, aus osteuropäischen Ländern, aus dem Iran, aus Afrika, wobei die, die kommen, die Spitze des Eisbergs darstellen.

Die **Abteilung Studentisches Wohnen** hatte im Jahr 2012 10.280 Anfragen, wovon lediglich 3.175 Anfragen versorgt werden konnten, hiervon waren offiziell etwa 36 – 38 Prozent ausländische Studierende. Beim **Referat Kultur & Internationales** kommen in die Auftaktveranstaltungen zu Beginn des Studiums etwa 450 Teilnehmer, aber auch andere kulturelle Veranstaltungen wie z. B. Sprachstammtische, Philharmonie-Konzerte, das Café Babylon oder die Multi-Kulti-Küche können als gut besucht benannt werden. Das **Projekt „Studienstart International"**, das die Fachbereiche Medizin, Jura und teilweise WiSo abdeckt, könnte die Kurse, die freiwillig besucht werden können, zum Teil doppelt und dreifach anbieten. Ansonsten fallen im **Akademischen Auslandsamt der Universität zu Köln** eher die Free Mover aus dem Nicht-EU-Ausland, die die klassischen Probleme bezüglich Aufenthaltsrecht und Ausländerbehörde haben, auf, bei persönlichen Problemen auch diejenigen aus dem EU-Ausland.

Grundsätzlich bestätigt sich durchaus über alle Interviews hinweg, dass tatsächlich die sogenannten **Free Mover die am meisten Hilfe suchende und zu beachtende Zielgruppe** sind.

2. Zielgruppen für Unterstützungsmaßnahmen seitens der Universität zu Köln

Insgesamt wird auch aus den Interviews deutlich, wie auch schon bei Stemmer 2013,[8] dass ein **zielgruppenspezifisches Handeln** bei den Unterstützungsmaßnahmen **wichtig** ist. Dafür ist dann die eigentliche Zielgruppe zu kennen bzw. tatsächlich zu erkennen und zu beschreiben.

> „So, und das ist dann auch so eine Sache, zielgruppenorientiert und zielgruppengerecht zu handeln. ... Um das tun zu können, ist es dann ganz wichtig, sich erst mal dieser Zielgruppe... diese mal zu sehen und sie auch wirklich erkennen zu wollen, so wie sie ist. Und nicht aus denen irgendwas anderes machen zu wollen." [hier ein Zitat in Bezug auf den Problembereich Wohnraum für ausländische Studierende]

---

8 Vgl. u. a. Stemmer 2013, 28, 97, 270.

2.1. Bildungsinländer

Von Bildungsinländern, d. h. Studierenden ausländischer Staatsangehörigkeit, die in Deutschland ihr Abitur gemacht haben bzw. eine andere Hochschulzugangsberechtigung erworben haben, wird in den Interviews allgemein in der Art gesprochen, dass sie ja das deutsche Schulsystem durchlaufen und deshalb keine Anpassungsschwierigkeiten an das deutsche Hochschulsystem hätten. Auch hätten sie den Vorteil gegenüber den Bildungsausländern, dass sie keine Sprachprobleme hätten und ihr familiäres Umfeld i. d. R. in Deutschland sei. Grundsätzlich werden sie **von den befragten Einrichtungen nicht als Zielgruppe für unterstützende Maßnahmen angesehen**.

> „Mit Bildungsinländern haben wir hier.. ganz, ganz selten zu tun. Weil, die haben in der Regel kein kulturelles Einlebe-Problem... Die kennen das deutsche Schulsystem, insofern ist ihnen das Hochschulsystem auch nicht so irrsinnig fremd. Die haben in der Regel den familiären Background hier in Deutschland."
> „Da würde ich als Zielgruppe die Bildungsinländer außen vor lassen." (3, 79-80)
> „Ich denke, dass die Bildungsinländer ja auch eine spezielle Gruppe sind, weil sie teilweise natürlich schon irgendwie sich mit bestimmten Problemen der ausländischen, der klassischen, also der Bildungsausländer wiederfinden, andererseits aber haben sie ja kein Sprachproblem, das familiäre Umfeld ist in der Nähe oder in Deutschland zumindest. Also, man kann sie nicht zusammenfassen." (7, 37-42)
> „... die Bildungsinländer, die wir ja eigentlich auch gar nicht in der Betreuung hier haben" (6, 43-44)

Dennoch muss man sich die **Frage stellen, ob dies ein realistisches Bild** sein kann und bedarf weiterer Überprüfung. Denn, es könnte genauso sein, dass die Problematik dieser Studierendengruppe nur verdeckt ist, da sie nicht sichtbar in den Beratungen auftaucht und durch eine Vorbeurteilung der Lage übersehen wird.

Denn gerade **bei befragten Bildungsinländern** stellt man dann am Rande schon auch **deren Problemlage** fest. Insgesamt wird zwar auch da bejaht, dass Bildungsinländer, da sie ja Abitur gemacht hätten, die gleichen Ausgangsbedingungen hätten wie deutsche Studierende, der Unterschied trete dann aber in den **häufig erschwerten Lebensbedingungen** auf und in der **fehlenden finanziellen Unterstützung durch die Familien**. Diese Aussage beruht hier aber auf nur zwei Einzelmeinungen und wäre zu überprüfen.

„Also, gar keine Frage, die haben ja die gleichen Bedingungen. ... eigentlich sind es gleiche Wettbewerbsbedingungen. Haben Abitur gemacht." (10, 1170-1172)

„Würde ich jetzt sagen, im Studium weniger, vielleicht in anderen Dingen." (10, 1180)

Gerade für Bildungsinländer stellt das **BAföG eine wichtige Finanzierungsquelle** dar.[9] Nach der 20. Sozialerhebung des Deutschen Studentenwerks 2012 fließen 33% der monatlichen Einnahmen der Bildungsinländer aus der BAföG-Förderung, nur 29% der monatlichen Gelder werden durch die Eltern gedeckt, 28% werden durch eigenen Verdienst erwirtschaftet (vgl. auch **Abbildung 3**).

---

9 Zur Antragsberechtigung vgl. § 8 BAföG in der Neufassung vom 7.12.2010.

Abbildung 3: Zusammensetzung der monatlichen Einnahmen je Finanzierungsquelle im Jahr 2012[10]

Finanzierungsquelle	Bildungsausländer[11] ledig	Bildungsausländer[12] verheiratet	Studierende *mit* Migrationshintergrund gesamt[13] ledig	Bildungsinländer unter den Studierenden *mit* Migrationshintergrund ledig	Studierende *ohne* Migrationshintergrund ledig
Eltern	40%	12%	40%	29%	50%
eigener Verdienst	30%	34%	26%	28%	23%
übrige Quellen[14]	34%	54%	34%	43%	27%
– davon BAföG	nicht spez.	nicht spez.	22%	33%	15%
– davon Stipendien	12%	12%	nicht spez.	nicht spez.	nicht spez.
– davon Partner	-/-	25%	nicht spez.	nicht spez.	nicht spez..
– davon sonstige Quellen	17%	17%	12%	10%	12%

Quelle: eigene Zusammenstellung nach Apolinarski/Poskowsky 2013, 27, Bild 5.9; 28, Bild 5.11 sowie Middendorff u. a. 2013, 537, Bild 15.10

Bezüglich BAföG scheinen Bildungsinländer eine starke **Problemlage** zu empfinden. Es geht darum, dass z. T. eine **BAföG-Berechtigung wegge-**

---

10 Rundungsdifferenzen sind möglich.
11 Höhe und Zusammensetzung der monatlichen Einnahmen lediger Bildungsausländer in Bachelor-, Master- und traditionellen Studiengängen nach Finanzierungsquellen; nur Studierende, die nicht bei den Eltern wohnen. Daten zurückgehend auf Apolinarski/Poskowsky 2013, 27, Bild 5.9.
12 Höhe und Zusammensetzung der monatlichen Einnahmen verheirateter Bildungsausländer in Bachelor-, Master- und traditionellen Studiengängen nach Finanzierungsquellen; nur Studierende, die nicht bei den Eltern wohnen. Daten zurückgehend auf Apolinarski/Poskowsky 2013, 28, Bild 5.11.
13 Daten zurückgehend auf Middendorff u. a. 2013, 537: Studierende nach Migrationsstatus – Zusammensetzung der monatlichen Einnahmen nach Finanzierungsquellen; Bezugsgruppe „Normalstudierende", Anteil je Finanzierungsquelle, in %. Die Bezugsgruppe „Normalstudierende" setzt sich zusammen aus Studierenden, die nicht mehr im Elternhaus wohnen, ledig sind, sich im Erststudium befinden und in einem Vollzeitstudium eingeschrieben sind. Master-Studierende, die als einzigen Hochschulabschluss einen Bachelor erworben haben, werden auch als Erststudierende gezählt (vgl. Middendorff u. a. 2013, 633).
14 Übrige Quellen beinhalten diverse Finanzierungsmöglichkeiten wie bspw. Ersparnisse, Partner, Verwandte/Bekannte, Darlehen, BAföG, Stipendien etc. Diese sind in den zugrundeliegenden Tabellen nur z. T. spezifiziert, bzw. einzeln ausgewiesen.

fallen ist oder auch besteht, aber dennoch nebenbei gearbeitet werden muss. Teilweise fließt ein Teil des Verdienstes der Studenten auch in deren Familien. Viele ziehen aus finanziellen Gründen in das Umland von Köln und **pendeln** täglich.

„Und wir haben ja eher dann deutsche Studierende, also mit muslimischem Hintergrund. Und das wäre ja auch die zweite Gruppe. ... in deren Lage, wir haben ja, wie soll ich sagen? Also es gibt ja die, die jetzt BAföG-berechtigt sind. Die können ihr BAföG beantragen, so lange es klappt. Es gibt ja auch Fälle, wo man dann in einer komischen Situation ist, zwei Semester studiert hat irgendwo, und dann wieder reinkommt und dann nicht mehr BAföG-berechtigt ist. Das passiert ja. Kann ja passieren. Aber die meisten sind BAföG-berechtigt. Viele arbeiten auch nebenbei. Weil das ja natürlich nicht reicht. Wir haben ja in Köln alleine.. die Mieten sind ja sehr hoch. Dass man nur die Miete bezahlt, ist wirklich schon eine Herausforderung. Wir haben ja allgemein auch wachsende Kosten. Insgesamt." (10, 273-284)

„Ich bin zum Beispiel wegen den Mieten aus Köln rausgezogen. Weil ich mir das sonst finanziell nicht hätte leisten können. ... In meine Heimatstadt. Wo ich ursprünglich herkomme. Das heißt, ich pendle. Also ich gehöre zu denen, die pendeln. Wir haben halt viele Studenten unter uns, die von nahem pendeln, also Bonn und Bergheim und so, die naheliegendsten Städte. Und die müssen dann immer mit öffentlichen Verkehrsmitteln jeden Morgen hier anfahren. Das ist nicht einfach für die. Weil, man kann sich das echt finanziell nicht leisten." (9, 285-295)

„Ja. Also, wenn ich was dazu hinzufügen kann, viele junge Leute mit Migrationshintergrund, die hier studieren, kommen ja meistens aus einem Elternhaus, das nicht so gut betucht ist. Also, die sind ja BAföG-berechtigt, aber dann ist ja meistens auch die Situation schwieriger, wo die dann auch dann jobben, auch das Geld in die Familie reingeben. Auch ein Teil von ihrem BAföG in die Familie reingeben." (10, 299-304)

„Sie lebt mit Mutter und Bruder und muss in den Haushalt ihr Geld reingeben. Was heißt muss, sie macht das ..., sie will ihrer Familie helfen. Und obwohl sie arbeitet, studiert sie noch, schreibt sehr gute Noten, aber dann hat sich ihr Studium hinausgezögert und das ist so eine Art großes Problem, wo ich ihr dann gesagt habe, warum hast du nicht da Praktikum gemacht? Mach doch mal da. Und sie sagt, wie soll ich denn Praktikum machen? Also, wenn ich ausfalle, dann fällt der ganze Haushalt in sich zusammen." (10, 345-351)

Problematisch sei auch der Leistungsdruck, um BAföG weiter zu erhalten. **Bei einem Wegfall von BAföG** – sei es aus zu geringer Studienleistung, sei es aus Überziehung der Regelstudienzeit – geraten diese Studierenden in einen **Teufelskreis**: sie müssen noch mehr neben dem Studium arbeiten, die Studienzeit verlängert sich noch mehr. Grundsätzlich zeigt sich hier, dass die schwierige Situation sich auch auf den Karrierestart auswirkt, es können in einer Notsituation **keine Auslandssemester, keine Praktika** gemacht werden.

„Die müssen arbeiten, die müssen aber gleichzeitig auch irgendwie die Leistung erbringen, damit die überhaupt BAföG weiterbekommen. Und es gibt auch einen Fall, wo der zum Beispiel kein BAföG mehr weitergezahlt bekommen hat, weil er nicht die Leistungen erbracht hat. Da muss er noch mehr arbeiten und sein Studium verlängert sich dadurch noch mehr. Und das ist keine einfache Situation dann für diese Person." (9, 308-313)

„Also, ich persönlich bin über die sechs Semester hinaus. Ich kenne auch einige, die darüber hinaus sind. Auch vom engeren Freundeskreis, die einen Migrationshintergrund haben. Viele sind über die Regelstudienzeit hinaus. Die sind auch nicht mehr BAföG-berechtigt und müssen halt dementsprechend noch mehr arbeiten. Und dadurch verlängert sich das ja noch mehr. Weil, man muss dann irgendwie seine Zeit dann auch in die Arbeit investieren. Man kann anstatt fünf Prüfungen, die man ablegen sollte, nur irgendwie drei ablegen. Und dann verlängert sich das ja noch mal mehr. Und da sind wir wieder beim Teufelskreis." (9, 317-324)

„man braucht zum Studium so eine gewisse Ruhe. Wo man sagt, dann mache ich mein Praktikum, mache ich ein Auslandssemester. Man könnte das gerne mal statistisch erfassen. ... Dann würde man merken, dass die viel weniger Auslandssemester haben. Viel weniger so diese besonderen Praktika machen. Nur das ist dann nicht karriereförderlich. Dann kenne ich viele, die haben gejobbt, haben BAföG bekommen, okay, kommen über die Runden noch so. Haben ihr Studium gemacht mit mehr Semestern, aber am Studienende merken die, viele Türen sind zu. Hätte ich doch nur das und das und das gemacht. Das habe ich jetzt sehr viel erlebt. Dass die gesagt haben, hätte ich doch nur mehr gemacht. Aber das hätten sie auch nicht geschafft. Alleine, weil sie daran gebunden waren zu arbeiten und die ganzen Dinge zu machen." (10, 329-339)

„so schaffen es die, die wirklich dann am Ende in den oberen Etagen sitzen. Also, da hat ihnen jemand Rückendeckung gegeben. Und lern und mach und ist kein Problem. Und dann trinken sie ihren Kaffee, essen ihr Croissant unten in der Uni-Bib, lernen dann und gehen dann nach Hause schlafen. Also, ganz gemütliches Leben. Wo andere natürlich dann immer in dieser Hektik sind. Und das ist ziemlich kontraproduktiv und zieht die Noten runter. Noten sind ja auch wichtig fürs Ende. Kein Auslandssemester, keine Praktika." (10, 361-366)

„Apropos Notsituation. Da fällt mir wieder etwas ein, was das Finanzielle angeht. Also vieles steht und fällt mit dem Finanziellen. ... Studierende haben grundsätzlich neben dem BAföG irgendwie keine anderen Möglichkeiten an Gelder zu kommen. Ich weiß das aus eigener Erfahrung..... Aber so, egal wo du anfragst, egal wo du hingehst, man wird immer auf das BAföG verwiesen. Aber keiner sagt, dass wenn du kein Recht mehr auf BAföG hast, ... Was passiert mit den Leuten, die kein Recht auf BAföG haben? Die aus irgendwelchen Gründen, weil das Studium jetzt zu lange gedauert hat oder weil irgendwie ein Elternteil dann irgendwie viel Geld verdient, aber ihm kein Geld gibt. Was ist mit diesen Studierenden? Die haben überhaupt keine Ansprüche, keine anderen Möglichkeiten an Gelder zu kommen. Die haben noch nicht mal ein Anrecht auf Hartz IV. Und das ist denke ich mal auch ein Problem." (9, 552-566)

Man darf hierbei jedoch nicht vergessen, dass Bildungsinländer zumindest häufig antragsberechtigt sind und eine BAföG-Förderung in Anspruch nehmen, so in 2012 **52% der bildungsinländischen „Normalstudierenden" BAföG**, gegenüber lediglich 30% der „Normalstudierenden" ohne Migrationshintergrund.[15] Diese Finanzierungsquelle überhaupt erschließen zu können, ist wiederum auch ein starker **Vorteil gegenüber den bildungsausländischen Studierenden.**

Wobei sich grundsätzlich die Frage ergibt, **welche Unterschiede zwischen diesen beiden Studierendengruppen – Bildungsausländern und Bildungsinländern – generell** bestehen. Sind es vor allem die **Bildungseliten**, die zum Studium aus dem Ausland nach Deutschland kommen (**Bildungsausländer**), bzw. überhaupt die Chance und die Möglichkeit bekommen angesichts auch meist hoher Einkommensunterschiede zwischen dem Heimatland und Deutschland, in Deutschland zu studieren? Wichtig wäre hier differenzieren zu können, wie die Lage bei den Free Movern in Abgrenzung zu den Programm- und Austauschstudierenden aussieht. Es stellt sich die Frage, welches **Selbstverständnis die Eltern** Studierender mit ausländischem Hintergrund besitzen **hinsichtlich der Unterstützung für das Studium**, der Erwartungen an die Studierenden. Beispielsweise kommen bei Betrachtung der **Bildungsherkunft** zwei Drittel der Bildungsausländer, die im Sommersemester 2012 an einer deutschen Hochschule studiert haben, aus einem Elternhaus mit mindestens einen Elternteil mit Hochschulabschluss (65 %), bei 43% der bildungsausländischen Studierenden haben beide Elternteile einen akademischen Abschluss, bei den Deutschen mit Bildungsinländern dagegen haben 50% mindestens einen akademischen Abschluss, nur 22% der Eltern besitzen beide einen akademischen Abschluss. Die **Bildungsinländer** stammen also durchschnittlich aus Familien mit einem **niedrigeren Bildungsniveau als die Bildungsausländer**.[16] Gerade bei **Bildungsinländern** unter den Studierenden mit Migrationshintergrund zeichnet sich auch aus **Abbildung 3** eine um **10% geringere Finanzierung durch die Eltern** aus als bei der Gesamtgruppe der Studierenden mit Migrationshintergrund und sogar eine **um 20% geringere finanzielle Unterstützung** durch die Eltern als bei Studierenden ohne Migrationshintergrund. Da bundesweit ca. 40% der Bildungsinländer ihr Studium abbrechen, und, **falls diese Zahl in ähnlicher Weise auch an der Universität zu Köln gilt,**

---

15 Vgl. Middendorff u. a. 2013, 538.
16 Vgl. Apolinarski/Poskowsky 2013, 22 und Middendorff u. a. 2013, 89.

dürften **Bildungsinländer auf jeden Fall auch eine kritische Studierendengruppe darstellen**. Dass diese **von den hier Befragten nicht als problematisch empfunden** werden, kann auch daran liegen, dass Bildungsinländer eine zu Bildungsausländern möglicherweise völlig differierende Problematik aufweisen und die hier befragten Stellen eher für die Belange der Bildungsausländer zuständig sind, als für die der Bildungsinländer. Auch könnte es so sein, dass Bildungsinländer mehr akademische Probleme als Bildungsausländer haben und so dann auch eher in den Fachberatungen auftauchen müssten – wobei auch bei Köstler/Marks 2014, die Bildungsinländer eher nicht als gesondert zu betrachtende Zielgruppe für Unterstützungsbedarfe wahrgenommen werden, auch nicht auf Ebene der Studiendekane und Zentren für Internationale Beziehungen der Fakultäten (ZIB´s) als Ansprechpartner in Fach- und Studienfragen.

Eventuell ist es aber auch schwierig zu differenzieren für die jeweiligen Beratungsstellen, wer ist Bildungsausländer, wer Bildungsinländer unter den Ratsuchenden.

2.2. Bildungsausländer

2.2.1. Free Mover

Demgegenüber werden die **Bildungsausländer**[17] und **darunter gerade die Free Mover**[18] von allen Befragten[19] als Hauptadressaten für Betreuungs- und Unterstützungsangebote und **als am meisten mit Problemen konfron-**

---

17 Bei der Begrifflichkeit „ausländische Studierende" folgen wir der unter Stemmer 2013 ausführlich dargelegten Unterteilung in bildungsausländische Studierende und Studierende mit Migrationshintergrund, darunter bildungsinländische Studierende als Untergruppe. Bildungsausländer sind in Deutschland Studierende ausländischer Staatsbürgerschaft, die auch ihre Hochschulzugangsberechtigung im Ausland erworben haben. Innerhalb der Bildungsausländer sind Free Mover gegenüber Programm- und Austauschstudierenden abzugrenzen. Hier sind auch Kurzzeitstudierende erfasst. Zur genauen Abgrenzung vgl. auch Stemmer 2013, 54-55.
18 Die uns interessierende Gruppe sind hier die Free Mover, die also einen Teil der Bildungsausländer ausmachen. Free Mover sind bildungsausländische Studierende, die ohne ein Mobilitäts-, Partnerschafts-, Kooperations- oder Austauschprogramm zum Studium nach Deutschland gekommen sind (vgl. u. a. Apolinarski/Poskowsky 2013, 19, 58, Isserstedt/Kandulla 2010, 26/27, Stemmer 2013, 144).
19 Vgl. insbesondere 1, 103-108, 124-127, 129, 440-441; 4, 25-29; 3, 79-96; 5, 47-50, 323-334; 6, 22-32; 7, 16-21; 8, 41-45; 9, 255-258; 10, 246-254.

tierte **Studierendengruppe** wahrgenommen, aber auch als vom Studienabbruch am härtesten betroffene. Gerade Free Mover **aus den Entwicklungsländern, insbesondere aus dem Nicht-EU-Ausland**, seien besonders volatil auch hinsichtlich finanzieller dauerhafter Absicherung und unvorhergesehener Ereignisse. Hier werden auch die Studienabbrecherquoten als besonders hoch eingeschätzt. Auch ist für diese Studierenden keine intensive Betreuung angeboten wie für die ausländischen Programm- und Austauschstudierenden, die grundsätzlich als gut versorgt angesehen werden und nicht in den Beratungen auftauchen.

Eine restriktive Gesetzgebung hinsichtlich der Arbeitsmöglichkeiten von Free Movern während des Studiums, die jedoch auch dem Schutz der Studierenden dient, wird ebenfalls angesprochen. Dies stellt jedoch eine Vergangenheitsbetrachtung dar[20] und könnte sich durch die seit August 2012 wesentlich erleichterte Gesetzgebung bereits relativieren.[21] Wobei dann aber möglicherweise durch die zusätzlichen zeitlichen Arbeitsmöglichkeiten für internationale Studierende verschärfte andere Probleme wie beispielsweise Studienzeitverlängerungen oder Überforderung im Studium auftreten könnten. Diesbezüglich sind die zukünftigen Entwicklungen abzuwarten. Insgesamt werden jedoch die Free Mover gerade aus Nicht-EU-Staaten und

---

20 Zeitraum der Interviews zwischen Februar und April 2013.
21 Gerade für internationale Studierende ist eine Arbeitsmöglichkeit neben dem Studium wichtig für die Sicherstellung ihres Lebensunterhaltes. Bisher konnten internationale Studierende hier vom deutschen Gesetzgeber her nur sehr begrenzt tätig sein. Dies hat sich mit der Neuregelung des Aufenthalts-gesetzes ab August 2012 grundlegend geändert. Neben anderen Neuregelungen auch für ausländische Hochschulabsolventen können ausländische Studierende mit einer Aufenthaltserlaubnis zu Studienzwecken nach § 16 Aufenthaltsgesetz gegenüber bisher beispielsweise 90 Tagen nunmehr künftig 120 ganze oder 240 halbe Tage ohne Zustimmung der Agentur für Arbeit und der Ausländerbehörde neben ihrem Studium arbeiten (§ 16 Abs. 3 Aufenthaltsgesetz). Eine Tätigkeit als wissenschaftliche oder studentische Hilfskraft können diese Studierenden allerdings, solange das Studium nicht gefährdet ist, zeitlich unbegrenzt ausüben. Studierende aus der EU und dem EWR sind demgegenüber grundsätzlich den deutschen Studierenden gleichgestellt und haben freien Zugang zum deutschen Arbeitsmarkt. Für Studierende aus Bulgarien und Rumänien gelten jedoch weiterhin die Beschränkungen der 120/240 Tage-Regelung. Durch die neue Gesetzgebung und Umsetzung von EU-Richtlinien werden Free Mover aus der EU und dem EWR grundsätzlich bezüglich der Arbeitsmöglichkeiten neben dem Studium deutschen Studierenden gleichgestellt. Nachzulesen auch online auf den Internetseiten des Deutschen Studentenwerks unter http://www.internationale-studierende.de/fragen_zur_vorbereitung/finanzierung/jobben/ (Stand 12.4.2014).

Entwicklungsländern eine risikobehaftete Gruppe bleiben, häufig auch aus afrikanischen Ländern und aus Krisenländern wie derzeit Syrien. **Free Mover aus EU-Staaten** hätten dann wieder andere Probleme eher persönlicher Art, wenn sie in die Beratungen kommen.

> „Weil die EU-Bürger eben all die klassischen Probleme nicht haben. ..., sondern persönliche Probleme, dann tauchen die bei uns auch schon mal auf. Aber die wichtigste Gruppe sind die so genannten echten Ausländer." (6, 57-64)

Es könnte von der **Problematik der Free Mover** her ebenso nochmals eine **Differenzierung vorgenommen werden nach den Herkunftsländern**, nicht nur nach einer Herkunft aus finanzschwachen Gebieten, sondern auch nach kulturellen Unterschieden oder nach der Entfernung zum Heimatland. Z. B. kämen Studierende aus Südamerika, China, Afrika aus einer völlig differierenden Kultur und seien schon von der Entfernung her von ihren bisherigen Netzwerken abgeschnitten und häufig lange von ihren Familien getrennt (vgl. auch 3, 109; 4, 110-114).

> „Wenn, ja, wenn es hier kritische Fälle gibt und auch solche, bei denen uns dann oftmals auch die Hände gebunden sind, dann sind es Studierende, die aus dem, und zwar in der Regel nicht-europäischen Ausland kommen, bei denen kulturell.. sie kulturell so geprägt sind, dass ein akademischer Abschluss eine große Bedeutung für die Familie hat. Die im Ausland zurückgeblieben ist. Dass ein Scheitern, ich drücke es jetzt mal hart aus (lacht), fast einem Todesurteil gleich kommt." (8, 47-52)
>
> „hier, wir haben ja zum Beispiel auch Syrer. War ja ein Problem. ... Palästinenser, Marokkaner, so eine Gruppe, wo ich sehe, die kommen, also die... Natürlich werden sie kommen und kriegen diesen Nachweis von den Eltern. Da wird, ich glaube das ganze Geld aufs Konto draufgelegt, damit man nachweisen kann, da hat jemand Geld. Aber auf der anderen Seite ist er alleine moralisch verpflichtet, dass er sagt, ich kann doch nicht meiner Familie, denen es nicht gut geht jetzt auch noch auf der Tasche liegen und es dauert viel zu lange bis ich vom Studium rauskomme. Wo er dann anfängt zu arbeiten und sich durchzukämpfen." (10, 219-228)

Teilweise wird aber auch keine Unterscheidung nach Ländern gemacht.

> „Aber so generell kann ich jetzt nicht sagen, dass es Länder gibt, die das nicht brauchen oder weniger brauchen." (5, 69-71)

Bezüglich westeuropäischer Studierender, die sich aus der Vorstudie heraus durch hohe Abbruchquoten gekennzeichnet haben,[22] ergibt eine direkte Nachfrage, dass diese zumindest in der Beratung „so gut wie überhaupt nicht

---

22 Vgl. Stemmer 2013, insbesondere 22-25, 35, 41, 78-82.

präsent" sind (1, 196-200). Ein Hilfesuchen westeuropäischer Studierender lässt sich zumindest in der Beratungssituation nicht nachweisen.

2.2.2. Programm- bzw. Austauschstudierende

Bildungsausländer dagegen, die über ein **Austauschprogramm** an die Universität zu Köln gekommen sind, oder **Erasmus-Studierende** scheinen insgesamt gut betreut zu sein und keiner zusätzlichen Unterstützung zu bedürfen. Hier geht die durchgängige Meinung dazu, diese Studierenden für zusätzliche Maßnahmen eher außen vor zu lassen. Gegenüber Free Movern, die tatsächlich am Existenzminimum kämpfen, scheinen hier gerade auch Betreuungsprobleme und finanzielle Probleme in der Organisation schon aufgefangen, häufig auch durch Stipendien.

> „Weil die Leute, die Stipendien haben, die gegebenenfalls Betreuungen durch Stipendienorganisationen haben und so weiter, tauchen hier so gut wie gar nicht auf." (1, 101-103)
> „...also die Programmstudierenden haben in der Regel zumindest einen Teil der sozialen Probleme nicht. Interkulturelle Probleme können sie gegebenenfalls auch schon mal haben." (1, 442-444)
> „Die brauchen sich doch keine Angst ums Überleben machen." I: „Also da sehen Sie auch die großen Unterschiede zwischen Stipendiaten und Free Movern?" B: „Ja, klar." (2, 1044-1048)
> „Also ich denke, für die Programmstudierenden wird schon ziemlich viel getan. Also durch die ZIBs und so weiter.... Aber ich glaube, zum Beispiel so Fachbereiche wie WiSo-Fakultät, Jura, die sind, glaube ich, sehr gut betreut. Gerade die Austauschstudierenden." (4, 17-22)
> „Also die Programmstudenten erst mal außen vor." (3, 82-83)
> „… keine direkten Erfahrungen mit Erasmus-Studierenden, aber Erasmus-Studierende sind erst mal viel besser betreut generell durch die Fakultäten und durch diese Programme …, die da sind. … Und ja, ich glaube das Interesse, sich an einer Uni richtig zu integrieren und zu verankern ist bei Studierenden, die ein halbes Jahr bleiben viel weniger groß. … Die können natürlich auch ganz gut Deutsch lernen wollen und also sich integrieren wollen, aber wenn die das nicht wollen und das nicht machen, ist das nicht so schlimm. Also für niemanden. Weder für die Uni noch für die Studierenden selber." (5, 320-328)
> „Und also alleine Erasmus ist ein gutes Beispiel. Die Erasmus-Studierenden, die lassen es sich gut gehen. Die reisen auch innerhalb Deutschlands, die schauen sich das Land an. Die kommen mit dieser Ruhe. Und der andere kann nicht mit dieser Ruhe leben, weil, die haben ja nicht mal das Existenzminimum." (10, 246-249)

Interkulturelle Probleme werden aber auch hier erwartet. Ebenso sind **Wohnraumprobleme** aufgrund der kurzen Aufenthaltsdauer und damit einhergehendem Organisationsaufwand auch bei Programmstudierenden teilweise vorhanden.

> „Probleme machen also im Bereich der Wohnsituation teilweise Studierende, die aus dem Erasmus-Programm hier sind, teilweise nur vier oder sechs Monate. Sechs Monate geht ja noch. Wenn das dann eine Zeit ist, die den Semesterrhythmen entspricht, aber das ist teilweise auch nicht der Fall. Also da ist es dann für die Wohnheime auch sehr, sehr schwirig überhaupt Plätze vermitteln zu können. Auch für so kurze Zeit." (1, 464-469).

Dennoch, die **Austauschstudierenden von Partneruniversitäten** scheinen tatsächlich eine exklusive Betreuung zu genießen.

> [Bezug Austauschstudierende von Partneruniversitäten in englischsprachigen Studiengängen] „Diese genießen auch wirklich eine besondere Betreuung. ... Begrüßungsveranstaltungen, Willkommensgeschenke, Essen. Es ist, gut, es ist auch eine Prestige-Sache und es ist auch für unsere deutschen Studierenden gut, weil sie auch dort gleich behandelt werden. Aber sie genießen noch mal wirklich diese exklusivere Betreuung. Auch ... Wohnungen zur Verfügung stellen, für die Stipendiaten... Die werden auch teilweise abgeholt." (7, 452-458)
> „Ja. Und eine Stafette von den Älteren, die holen die dann am Flughafen ab, die schon ein Semester vorher hier waren. Dass die sich gegenseitig betreuen." (6, 459-460)

Wobei die Betreuung in anderen Ländern wie Großbritannien beispielsweise noch intensiver läuft, hierfür aber dann auch hohe Studiengebühren anfallen.

> „Ja, das bewundern wir, wenn wir hören wie das in Großbritannien das läuft. Da zahlt man hohe Studiengebühren, aber dafür wird man auch am Flughafen abgeholt. ... da ist die Betreuung eine ganz andere." (6, 462-464)

Mit einigen arabischen Ländern scheint es wenige Austauschprogramme zu geben. Die Studierenden, die dann aus solchen Ländern kommen, sind zumeist Free Mover.

> „Also Austauschprogramme, es gibt bestimmte Länder mit denen gibt es keine Austauschprogramme und es gibt Länder mit denen gibt es. Und wenn ich mir jetzt den arabischen Raum anschaue, gibt es nicht so viele Austauschprogramme oder gar keine." (10, 211-214)

2.2.3. Bildungsausländische Promotionsstudierende

Gerade bezüglich der ausländischen Promotionsstudierenden scheint in der Vergangenheit ein Problem an der Universität zu Köln gewesen zu sein hinsichtlich einer erhöhten Studienabbruchquote. Eine Ermöglichung und Festschreibung von mehr fachlichen Übungsmöglichkeiten als Dozenten neben ihrer Promotion wird angeregt (2, 1525-1533; 2, 1541-1544).

2.3. Zielgruppen nach anderen Kriterien differenziert

2.3.1. Zielgruppen nach Kurzzeit-/Vollzeitstudierenden

Im Allgemeinen haben **Kurzzeitstudierende** auch je nach Dauer und Ernsthaftigkeit des Studiums eher geringere Probleme.

> „Grundsätzlich ist es dann aber so, dass natürlich solche Studierende, die nur für kurze Zeiträume, also jetzt bis zu einem Semester da sind, wesentlich weniger Probleme haben, weil, oft wird es eigentlich nur als eine Möglichkeit wahrgenommen, mal so ein bisschen in ein anderes Land und die Kultur reinzuriechen. Weiß jetzt nicht, wie ernsthaft dann an Studienleistungen tatsächlich gearbeitet wird." (1, 472-477).
>
> „wir haben auch einen großen Teil Austauschstudierende, entweder von Partneruniversitäten für zwei Semester oder die Erasmus-Studierenden. Das ist auch wieder eine Gruppe, die man jetzt aus der Gesamt-Statistik wieder rausaddieren müsste, weil deren Probleme, wenn sie welche haben, sind wieder andere als die der Fachstudierenden." (6, 49-53)

Außerdem unterscheide sich die Situation dieser beiden Gruppen schon darin stark, dass sich **ausländische Vollzeitstudierende** in Deutschland ihre **Berufs- und Lebensperspektive erarbeiten** müssen, gegenüber denjenigen, die eventuell nur ein oder zwei Semester an der deutschen Universität verbringen.

> „Und das ist eine ganz andere Bedürfnislage als bei denjenigen, die sich in einer ganz, ganz wichtigen Lebensphase eigentlich ihre Berufs- und Lebensperspektiven erarbeiten müssen... Also: man kann diese beiden Gruppen nicht vergleichen." (1, 483-487)

2.3.2. Zielgruppen nach inhaltlichen Problemlagen

Teilweise wird eine **inhaltliche Differenzierung der Zielgruppen nach Problemlagen**[23] als sinnvoll erachtet, und zwar

---

23 Vgl. insgesamt 1, 134-165; Stemmer 2013, 122, 270; 33, 146, 158, 169, 173, 183-184.

1. **nach der juristischen Situation**, d. h. nach arbeitsrechtlichen Auflagen (Unterscheidung zwischen EU-ausländischen Studierenden und Nicht-EU-ausländischen Studierenden)
2. **nach der interkulturellen Problematik** (chinesische Studierende weisen beispielsweise ganz andere Problembereiche auf als afrikanische oder lateinamerikanische Studierende)
3. **nach Problemen der Eingewöhnung ins deutsche Studiensystem** (Freiheiten der Studiengestaltung in Deutschland stellen auch Studierende aus anderen europäischen Ländern vor Herausforderungen).

„Und mit den Problemen haben fast alle ausländischen Studierenden zu tun. Die relativ großen Freiheiten, die es bei uns in der Gestaltung der Studiengänge gibt: da verantwortlich mit umzugehen. Das überhaupt erst mal zu verstehen." (1, 157-160)

2.3.3. Zielgruppen nach Master-/Bachelorstudierenden

Da **Diplomstudiengänge ein Auslaufmodell** darstellen, wird zwischen Bachelor- und Masterstudierenden unterschieden.
Masterstudierende scheinen in der Außenwirkung und der erwarteten Einschätzung seitens der Befragten auf den ersten Blick die **problemlosere Gruppe** zu sein. Dies scheint aber auch an der Studienkürze zu liegen, und zwar in der Weise, dass sich Probleme da erst gar nicht entwickeln oder ihnen die verschiedenen Beratungsangebote nicht bekannt sind. Aber auch, dass sie schon als etwas älter, stabiler, gefestigter und strukturierter in der Herangehensweise an das Studium seien, auch durch einen bereits erreichten Abschluss.

„Oft ist es schon so, dass Masterstudierende in der Regel, weil sie ja auch schon etwas älter sind, auch etwas strukturierter in dem Herangang ans Studium sind." (1, 210-214)
„Wer nur für einen Master herkommt, der hat noch gar nicht die Domspitze richtig gesehen, dann steht er schon wieder am Flughafen und ist weg. Wir kriegen die auch nicht mehr so intensiv mit. Die Magister- und Diplom-Leute, ja, die kenne ich vom ersten Semester bis zum Examen. Das ist eine lange Zeit, da lernt man die kennen. Die Master flutschen mir durch. Die kommen mal einmal, …, wenn sonst nichts ist, sehe ich die gar nicht." (6, 509-515)
„Die Zeit ist so kurz, dass die Probleme vielleicht sich so selten aufbauen oder die wissen dann gar nicht, dass sie hierher kommen können, keine Ahnung, mir fällt das schon auf. Dass nur in besonderen Lagen wie jetzt bei den Syrern, da habe ich viel mit Masterstudenten auch zu tun." (6, 518-521)

„Und zwar wäre die Unterstützung für die Bachelorstudierenden, weil der Master... also ein Masterstudent hat ja schon den ersten Part hinter sich. Und ist vielleicht etwas stabiler und schon fortgeschrittener. ... So würde ich das sehen. Wobei andererseits auch er es nicht einfach hat." (3, 183-189)
„Und es werden natürlich auch mal Masterstudenten kommen... die schon Deutsch können. Und die in Deutsch studieren. ... wo die einfach schon gefestigter sind und die haben schon ihren Abschluss und wo das einfacher ist. Das wird es auch geben." (4, 229-233)

Auf den zweiten Blick wird jedoch deutlich, dass auch für ausländische **Masterstudierende** die **Eingewöhnung in ein fremdes Studiensystem** und auch die **Sprachbarriere** ein Problem darstellen. Hier scheinen **insbesondere Masterstudierende in englischsprachigen Studiengängen** massivere Probleme dann im Alltag zu haben.

„Auch viele Masterstudierende haben große Probleme, weil sie ja kurz nach der Sprachprüfung, die, je nachdem wie lange der vorbereitende Deutschkurs gedauert hat, immer noch mit sehr, sehr großen Problemen halt an eine Institution wie die Uni kommen, deren Organisationsstruktur ihnen weitgehend unbekannt ist." (1, 222-226)... „Das ist teilweise bei Studierenden, die durchs Studienkolleg gegangen sind anders, die sind da besser vorbereitet auf diese Dinge." (1, 230-232)... „Aber es bleibt halt eben bei vielen a) ein Kulturschock (lacht) und b) halt eben wie gesagt die Eingewöhnung in ein anderes Studiensystem." (1, 243-244)
„aber ich habe durch konkrete Fälle, die ich erlebt habe... Da kommt dann noch mal eine andere Problematik. Also, wir haben dann zum Beispiel auch Masterstudiengänge in Englisch. Und ich glaube, da muss man noch mal ein Augenmerk drauf haben. Weil, ich kann jetzt nur schildern, was ich wirklich mitbekommen habe, von einer Studierenden ... Wollte eigentlich Deutsch lernen.... und was ich damals wirklich sehr, sehr schade fand, war, es gab keine Möglichkeit für einen Deutschkurs. Für einen kostenlosen Deutschkurs an der Universität. Und das würde ich anregen. Also jetzt mal unabhängig von dem speziellen Fall." (4, 190-210)
„Also, da gibt es schon auch, glaube ich, ganz großen Bedarf. Besonders bei den fremdsprachigen Masterstudiengängen ist das ja auch so, dass die oft gar nicht so gut Deutsch können, um sich hier im Alltag zurechtzufinden. Und da wird es, glaube ich, schwierig. Also die muss man sehr, sehr eng betreuen, sonst werden die hier unglücklich." (5, 166-170)

Es wird deutlich, dass gerade **Bachelorstudierende** als die Gruppe mit dem stärkeren Unterstützungsbedarf eingeschätzt werden. Wobei große Unterschiede zu früher festgestellt werden, in denen die **Diplomstudierenden** über das Studium hinweg begleitet wurden und Bachelorstudierende demgegenüber an der Universität gar nicht so tief Fuß fassen, d. h. sie können oder wollen nach dem Bachelor gar nicht an der Universität zu Köln verbleiben, sondern wandern auch an andere Hochschulen ab. Genauso seien

Teil I: Problemlagen, Unterstützungsmaßnahmen und die Rolle der Universität zu Köln

die **zeitlichen Restriktionen** hinsichtlich Zusatzaktivitäten beispielsweise viel stärker als früher. Hier wird mit den Bachelorstudierenden eine **neue Studierendengruppe mit neuen Bedürfnissen und neuen Herausforderungen auch der Bindung an die Universität** zu Köln zu finden sein.

> „es ist ja keine Garantie nach einem abgeschlossenen Bachelor, gerade in der WiSo-Fakultät, BWL, dass man hier auch einen Master machen kann. Da ist eine große Unruhe und Unzufriedenheit. Aber auch bei den Deutschen. Keine Garantie an dieser Hochschule den Master machen zu können. Also, ich merke das schon, einen starken Unterschied zwischen Magister, Diplom und jetzt diesen Kurzzeitstudiengängen, weil, die fragen dann auch schon eher, oh, nee, nach dem Bachelor will ich nach Berlin oder nach München oder nach Frankfurt. Bleiben dann auch gar nicht hier. Und drei Jahre sind relativ kurz. Da fassen die gar nicht so tief Fuß hier an der Uni wie Diplom oder Magister. Das ist ein Unterschied. Also für mich signifikant." (6, 525-534)
>
> „Wir merken auch bei unseren Exkursionen oder Aktivitäten, die wir anbieten, dass bestimmte Studierende, die in den alten Studiengängen noch waren oder sind auch eher teilnehmen. Die anderen haben keine Zeit, der Stundenplan ist sehr strikt." (7, 538-540)
>
> [Bezug Bachelorstudierende] „Weg vom Schirm. Und die können noch so viele Probleme haben, tauchen bei uns dann gar nicht mehr auf. Weil sie nicht wissen, dass sie hier Hilfe bekommen könnten." (6, 550-552)
>
> „Kriegen wir mit, wenn etwas wirklich dann akut ist." (7, 553)
>
> „Durch die Umstellung auf das System hat man mehr Druck. Die Noten zählen ja schon ab dem ersten Semester. Man wird ins kalte Wasser geschmissen. ... Und dieser Druck ist dann viel größer geworden. Also Bachelor, weil, man muss ja auch den Bachelor einigermaßen gut haben mit guten Noten, damit man überhaupt in den Master reinkommt. Und das hat noch mal alles erschwert. Wenn man dann noch nebenbei arbeiten muss und die ganzen anderen Dinge, dann sind die Wettbewerbsbedingungen wirklich viel schlechter." (10, 1114-1125)

Auf der anderen Seite scheint **das Studiensystem im Bachelor und Master** tatsächlich den Studienbedürfnissen der ausländischen Studierenden teilweise mehr entgegen zu kommen und es entstehen eventuell **manche Problemlagen gar nicht mehr**.

> „Es ist wirklich so festgefügt wie das Studium laufen muss, dass die ausländischen Studierenden sich das damals gewünscht hätten, weil Magister und Diplom war einfach viel zu offen für die. Die kamen aus Schulsystemen, wo alles vorgegeben war und die hatten ja keine Handhabe." (6, 555-559)

Wobei dann aber durch den **strikten aufeinander aufbauenden Rhythmus der neuen Module** wieder das Problem besteht, dass man bei Nichterreichen einer Prüfungsleistung häufig ein Jahr Wartezeit hat.

C. Die Auswertung der Stakeholder-Befragung

> „Aber gerade, wenn sie die Leistungen nicht im normalen Rhythmus erbringen, fallen sie raus aus den verschiedenen Modulen. Das ist gerade in den Naturwissenschaften schlimm. Weil Module immer aufbauend über zwei Semester laufen. Physik eins, Physik zwei muss man hintereinander ablegen. Wenn man einen Teil schon nicht erledigt hat, kann man nicht den zweiten im nächsten Semester wieder von vorne anfangen. Und das wird auch nicht anerkannt. Sondern man muss den ganzen Block ein Jahr später noch mal wieder machen. ... Also diese Gängelung durch die Studiengänge, die ist schon spürbar." (6, 559-571)

2.3.4. Zielgruppen nach Genderkriterien

Genderdifferenzen werden **allgemein eher verneint**. Einerseits von der grundsätzlichen Problemsituation her und andererseits auch bezüglich einer möglicherweise getrennten Betreuung. Bisher ist hier wohl keine Problematik bei den Befragten angekommen.

> „Mhm. Was jetzt die Problemsituation angeht, könnte ich nichts sagen." (1, 246-247)
> „Also ich würde da keine Differenzierung sehen." (3, 325-327)
> „Also, die Überforderung ist dann auf beiden Seiten, also unabhängig vom Geschlecht." (3, 345)
> „Aber ich könnte mir schon vorstellen, dass Frauen schon manchmal noch eine spezielle Unterstützung vielleicht brauchen. Also einfach, was das Selbstverständnis angeht. Oder vielleicht auch... es gibt ja Länder, da sind sie noch lange nicht gleichberechtigt. ... Also, das ist schwer zu verallgemeinern. Aber für Frauen, ja, ich weiß nicht, ich möchte jetzt nicht die Männer vernachlässigen, aber es gibt eine andere Problematik noch mal. Glaube ich schon. Also ja." (4, 317-324)
> „Also, wir haben da bisher nie drauf geachtet. Das war nie Thema. Ist aber auch nie irgendwas passiert, wo es jetzt aufgefallen wäre. ... Ich glaube auf Studierendenebene, die Probleme – oder das, was die haben, das ist eigentlich gleich. Ich weiß jetzt nicht, ob es spezifische Länder gibt, wo es kulturell anders bedingt ist, aber das haben wir so noch nicht erlebt." (5, 176-185)

Abhängig von der Herkunft und vom kulturellen Hintergrund können trotzdem **Unterschiede in der Belastungssituation** aufzutreten, gerade bei Studentinnen mit einem sehr familienorientierten Hintergrund.

> „Aber natürlich, die Mädels haben eine schwierigere Situation als die Jungs, weil sie dann auch viel pflichtbewusster sind. Wo der Junge dann sagt, ich gehe studieren und dann sich gar nicht kümmert. Wo das Mädchen vielleicht auch Aufgaben zu Hause übernimmt. Auch sich kümmert." (10, 1139-1142)

Teil I: Problemlagen, Unterstützungsmaßnahmen und die Rolle der Universität zu Köln

Wobei selbst hier die Einschätzung dahin geht, dass **in der gesamten Problemsituation kein Unterschied** zwischen Frauen und Männern besteht.

„Obwohl ich sagen muss, dass die Frauen dann auch die gleichen Probleme haben. Wie die Männer, die jetzt hier studieren. Wenn ich das überlege jetzt, internationale Studierende, die ich so kenne, dass die arbeiten müssen um über die Runden zu kommen. Die kriegen kein BAföG, vielleicht so ein bisschen Hilfe vom Ausland dann überwiesen..." (10, 1160-1164)

Insgesamt und grundsätzlich sollte in der Betreuung eher spontan **nach Bedarfslage** von Frauen oder Männern reagiert werden.

„Bedarfe. Ja, bestimmt gibt es unterschiedliche Bedarfe. Das glaube ich schon." (4, 353)
„Und unterschiedliche Unterstützungen, ein unterschiedliches Auffangen. Weil beide brauchen... möchten aufgenommen werden." (3, 354-355)
„Nur eben nicht, dass man sagt, die Aufnahme und die Unterstützung erfolgt nur nach Plan A." (3, 357-358)

2.3.5. Ausländische Alleinerziehende mit Kind

Wobei eine **besonders zu beachtende Zielgruppe** in diesem Zusammenhang hervortritt, und das sind die **(meist weiblichen) ausländischen Alleinerziehenden mit Kind**, für die noch zu wenige Kinderbetreuungsplätze zu Verfügung zu stehen scheinen, und die, im Vergleich zu den deutschen Studierenden mit Kind, auch finanziell schlechter gestellt sind, da sie keinen Anspruch auf Kindergeld haben und ihre Situation auch nicht anderweitig ausgeglichen wird.

„Ja, ich wollte noch mal zurückkommen auf die Gender-Probleme.".. „Weil, wir sind halt in der Beratung auch oft mit alleinerziehenden Studentinnen konfrontiert. Und das noch mal eine besonders schwierige Situation ist, wo die Universität möglicherweise auch etwas tun könnte durch Bereitstellung von mehr Kitaplätzen oder Krippenplätzen oder so.." (1, 263-269)
„also, da sind seit Jahrzehnten halt logischerweise schon Probleme." (1, 275-276)
„Und ja, wie gesagt, die Betreuungssituation für Studierende mit kleinen Kindern hat sich nicht verbessert. Also, auch wenn jetzt rein theoretisch ab August ein Rechtsanspruch auf Plätze bestehen soll, faktisch ist es ja längst nicht so." (1, 278-280)
„Nein, es ist hier geboren. Warum geht man dann nicht hin und sagt, also okay, du kriegst Kindergeld? ... Und dann baggern die sich da durch. Müssen Deutsche genauso. Aber die Deutschen haben einen Anspruch auf Kindergeld. Und das ist eine große Hilfe." (2, 1805-1824)

Und dieses Problem scheint häufiger zu wirklich **drastischen Maßnahmen und Auswirkungen** zu führen, dass Studierende sich von ihren Kindern trennen müssen und diese teilweise tatsächlich bei den Familienangehörigen in den Heimatländern zurücklassen.

„Also, wir hatten mit Fällen zu tun, wo ausländische Studentinnen ihre Kinder zu Familien nach Hause bringen mussten, um hier überhaupt weiter studieren zu können. Wenn die Kultur, in Klammern: Großfamilie oder ähnliches, das sinnvoll auffangen kann, ist das ein mögliches Lösungsmodell, aber mit Sicherheit für die Mutter kein wirklich befriedigendes Modell." (1, 282-286)

II. PROBLEMLAGEN

3. Problemlagen ausländischer Studierender aus der Sicht der Stellen und Einrichtungen, mit denen sie in Kontakt kommen

3.1. Die wahrgenommene Grundproblemsituation von Bildungsausländern

Die in der direkten Beratung ausländischer Studierender Tätigen sind **im Überblick mit den folgenden Problemlagen ausländischer Studierender** konfrontiert:

a) der **Grundproblematik bzw. Ausgangssituation vieler ausländischer Studierender**
b) **finanziellen** Problemen
c) **psychischen** Problemen und Druck, Isolation und Einsamkeit
d) **interkulturellen** Fragen
e) **Beziehungsproblemen** im Umgang mit Kommilitonen, Lehrkörpern, **Integrationsproblemen, fehlendem Kontakt** auch zu deutschen Studierenden
f) **Sprachproblemen**
g) **Wohnraumproblemen**
h) **juristischen** Fragen auch bezüglich Aufenthaltsrecht
i) **sozialen** Fragen
j) in geringem Maß **Fragen zu Studiengängen**

Zu a) Die Grundproblematik bzw. Ausgangssituation vieler ausländischer Studierender

Die **Grundproblematik bzw. Ausgangssituation,** vor der viele ausländische Studierende, und da gerade die Free Mover, stehen, ist in der Praxis:

- sie müssen i. d. R. **neben dem Studium arbeiten**, haben eventuell einen

  „... Abrufjob. Nach dem Motto, morgens wird angerufen, kannst du heute Nachmittag kommen? – Aber ich habe heute Nachmittag eine Vorlesung. – Na gut, für heute ist das gut, beim nächsten Mal kann es sein, suche ich mir einen Neuen. – Also, unter dem Druck stehen die dann." (2, 164-168)

- sind **von ihrer Familie weit entfernt** und häufig von **finanziellen Engpässen** geplagt:

  „aber internationale Studierende wiederum, was ganz anderes. Die kommen von ganz weit, die haben keine Familie, also niemanden. Die Besten von denen sagen, ich habe noch einen Cousin in Frankreich oder mein Bruder hat da und da studiert. Und sind dann auch finanziell sehr eingeengt. Weil, dass der Vater immer bezahlt, das wollen die auch nicht, dann fangen die direkt an zu arbeiten. Ich kenne einen, der hat direkt im Altersheim angefangen zu arbeiten und arbeitet bis heute, bestimmt vier Jahre müsste er jetzt im Altersheim gewesen sein, macht auch so harte Arbeit, die ihn so ein bisschen belastet teilweise. Aber die sind in einer ganz schwierigen Situation. Und viele sind dann auch mit dem Studium.. müssen studieren, müssen arbeiten und kommen in finanzielle Engpässe. Dann kriegt er Briefe von der Krankenkasse, dass er seine Krankenkasse nicht bezahlt hat. Und dann ist sein Vater krank und dann besucht man ihn und denkt sich, der Arme." (10, 183-195)

- befinden sich in einer **echten Notlage**:

  „… auch wenn es manchmal die einzige Mahlzeit ist, die die am Tag haben, muss man sich ja auch dann vorstellen." (2, 312-313)

- haben häufig **Probleme mit der Symbolik und wissenschaftlichen Arbeitstechniken**:

  „Wenn hier einer studiert, in einer fremden Sprache, eventuell noch mit Symbolen arbeiten muss, die er nicht kennt. Also, wenn mir ein Medizinstudent aus Syrien, ist jetzt drei, vier Jahre her, sagt: „Also, ich saß im ersten Semester da und habe kaum was mitbekommen. Nicht wegen der Sprache, ich habe zu Hause nie mit Diagrammen gearbeitet. Ich kannte das nicht. Die haben da irgendwelche Balkendiagramme oder Kreise gemacht, die konnte ich mir nicht übersetzen. Da war auch keiner da, der das gemacht hat. Und dann irgendwann, als ich mal den Mut hatte, hat aber lange gedauert, dann habe ich mal so die Kommilitonen gefragt." (2, 153-161)

- müssen nebenbei **mehr Zeit zum Lernen investieren** (2, 169)
- stehen in irgendeiner Weise unter **Druck aus dem Heimatland**:

  „sei es nun, dass sie kein Geld mehr von zu Hause bekommen haben. Oder zu Hause die Erwartung ist, weil die Mutter erkrankt ist, Vater erkrankt, muss eine Operation bezahlt werden oder so, dass die von hier Geld schicken. Und die meisten, die hier zur Beratung kommen, die leben in etwa von einem Niveau um die 400 Euro." (2, 27-29)

C. Die Auswertung der Stakeholder-Befragung

„… kann aber auch mit dem Druck zusammenhängen, der von zu Hause aufgebaut wird. Du bist schon vier Jahre in Deutschland, du müsstest doch fertig sein. Oder, du bist 25 Jahre, als Frau, du müsstest doch langsam Mutter werden. Da gibt es unheimlich viel,…" (2, 65-67)
„Es ist ja sogar so, dass viele noch ihre Familien zu Hause unterstützen. Das ist ganz heftig. Aber es ist so. Das weiß ich auch von …. Und das weiß ich auch durch private Kontakte. Wenn jemand aus Südamerika oder Asien oder Afrika hierher kommt, haben die ja zu Hause noch viel weniger. Und es kommt auch, es hat auch den anderen kulturellen Hintergrund. Dass man sich verantwortlich fühlt." (4, 117-127)
„Also diese Studienleistungen, die Probleme, der Druck von der Familie ist wirklich groß. Ja, und dann, die beiden großen Pakete psychische Belastungen, finanzielle. Das sind die großen, großen Bereiche, die sich dann wieder differenzieren können." (6, 320-323)

– haben **verschärfte Probleme aus dem persönlichen Bereich**:

„Und dann sitzt hier einer vor mir, der schon drei, vier, fünf Jahre nicht mehr nach Hause fahren konnte, weil er kein Geld hatte."..„Selbst, also im Todesfall, da kommt die Mitteilung, Vater ist gestorben, ja, hier stehen Prüfungen an, ich muss die Prüfungen schreiben, also kann ich nicht zur Beerdigung fahren." (2, 145-149)

– kommen oft auch **traumatisiert** nach Deutschland bzw. stehen durch Erlebnisse unter starken inneren Belastungen; dies gilt v. a. für Studierende, die aus Krisen- bzw. Kriegsregionen zum Studium nach Deutschland kommen z. B. Syrer, Studierende von der Elfenbeinküste, aus Ruanda, aus dem Irak, aus Palästina etc. (vgl. auch 2, 556-580)

„Und die Leute müssen aber hier studieren. Oder wollen hier studieren. Und das ist so das Schwierige, sich vorstellen oder vorzustellen, diese ganze Belastung, die da ist dann." (2, 578-580)

– befinden sich in einer Situation eines **Kulturschocks**

„Aber es bleibt halt eben bei vielen a) ein Kulturschock (lacht) und b) halt eben, wie gesagt, die Eingewöhnung in ein anderes Studiensystem." (1, 243-244)
„Aber ich denke mal, sonst ist es oftmals so, was wir immer so schön als Kulturschock bezeichnen. Da meint man, mit so einem Begriff hat man alle Facetten erfasst. Aber wie viele tausend Facetten da drin sind, also dieses Erleben der Leute, die ja, ich meine, die sind unheimlich mutig, dass sie das Risiko eingehen, verlassen ihre vertraute Umgebung. In der Regel aus einem System heraus, was denen viel abgenommen hat. Ich muss als Kind funktionieren, ich darf nicht auffallen, die Nachbarschaft, soziale Kontrolle und so weiter. Ich muss brav lernen. Dann mache ich also gute Noten in der Schule und dann steht die Welt offen." (2, 243-249)
„Nur dann irgendwann stürzen die ab, wenn sie feststellen, so das, was zu Hause funktionierte auch an Miteinander oder an Wertschätzung - oder Leute, mit

denen ich mich einfach mal läppisch unterhalten kann, also über einfache Dinge oder auch mit Problemen hingehen - das habe ich hier nicht." (2, 267-270)
„Die mit einem Mal so zugeben können, also mit wie viel Angst und Traurigkeit sie hier in der Anfangsphase waren. Und bei vielen, behaupte ich einfach, dauert das ziemlich lange. Also ein, zwei Jahre bis die da rauskommen. Und manche kommen da nie ganz raus. Die also immer so dieses Gefühl haben, ich bin hier alleine und die auch sehr verletzlich sind, die sehr vieles auf sich beziehen. Also, dass ich hier so abgelehnt werde oder nicht so wie die anderen bin, aufgenommen werde oder was auch immer, hängt mit mir zusammen." (2, 279-284)
„… da passiert bei einigen, dieser Kulturschock oder einfach so ein Schock... manche kommen hierhin und haben... also mit ganz anderen Vorstellungen, einer ganz anderen Erwartungshaltung. Und dann ist so ein Schockzustand selbstverständlich. Und was macht man dann?" (3a, 223-227)
„… nicht zu unterschätzender Prozentsatz davon steuert auch oft wirklich auf psychiatrische Krisen zu. Also, das sind dann schon wirklich … von Krankheitswert. Wobei wir oft das Gefühl haben, das hat auch was, mal platt ausgedrückt, mit Kulturschock zu tun. Also eine Reizüberflutung in Verbindung mit einer völligen Abgeschnittenheit hier von der Heimat, von den vertrauten Bezügen, was dann dazu führt, also, in Zustände zu geraten, die schon haarscharf ans Pathologische auch gehen. Das berichten übrigens auch oftmals deutsche Studierende, die im Ausland waren. Also solche Erfahrungen, solche Grenzerfahrungen, dass sie plötzlich auch psychisch an Grenzen kommen, die sie vorher, wo sie vorher nie gedacht haben, dass ihnen so was passiert. … Sich plötzlich mit Reizen, mit Gerüchen und Geräuschen konfrontiert zu sehen und Lebensverhältnissen, die völlig ab sind von dem eigenen Erfahrungshintergrund. Und dann gibt es keine adäquaten Bewältigungsstrategien. Und das überfordert dann die Menschen." (8, 168-181)
I: „Und dieser Kulturschock, tritt der, also kann man da sagen, tritt der gleich Anfang des Studiums auf oder zögert sich das dann hinaus bis Mitte des Studium oder kommen die dann zum Ende und sind dann...? Wie stelle ich mir das vor?" B: „Das ist eigentlich ein eher frühes Phänomen." I: „Ja, bei Kulturschock, da denke ich mir, da könnte die Uni vielleicht doch was machen?" B: „Ja. Klar. Mit den Vorbereitungen. Mit Vorbereitungen, was auf einen zukommt, auch kulturell. Dass man hier eben nicht die Spiegeleier auf der Herdplatte brät, sondern (lacht) in der Pfanne." (8, 441-444)
„Und, dass es hier andere Bräuche gibt und andere Sitten gibt und, dass Gerüche, Geräusche auch anders sind. Ihnen vielleicht sagen, mute dir nicht zu viel zu. Also da könnte man sicher Programme machen. Wenn das dann mal eingesetzt hat, dann kommen die ja quasi schon in so prä-psychotische Zustände. Also, dass man wirklich dann auch Wahnvorstellungen hat. Die brauchen dann dringend eine psychiatrische Behandlung auch." (8, 448-453)
„Ja. Oder, dass hier Müll getrennt wird. So was. Aber das löst natürlich auch gleich Konflikte aus. Wenn ich hier als Ausländer hinkomme und habe direkt den ersten Konflikt mit meinen Nachbarn darüber, dass ich den Müll nicht richtig getrennt habe, wie wirkt das dann auf mich? Fühle ich mich dann will-

kommen geheißen und so weiter? Das sind Dinge, die kann man sicher im Vorfeld abfedern. Da kann man eine Menge machen." (8, 495-500)

Ein **Kulturschock** wird durch viele Dinge **ausgelöst**: durch völlige Reizüberflutung in Verbindung mit einer Abgeschnittenheit zur Heimat, durch die Konfrontation mit Lebensverhältnissen, die sich völlig vom eigenen Erfahrungshorizont unterscheiden und für die keine adäquaten Bewältigungsstrategien vorhanden sind. Dieser Kulturschock scheint tatsächlich ein frühes Phänomen zu sein, das schon zu Beginn des Studiums auftritt. Die **Universität zu Köln** könnte hier insofern eingreifen, dass die Studierenden schon im Vorfeld und auch interkulturell besser auf die Studien- und aber insbesondere auch Lebenssituation in Deutschland und speziell in Köln vorbereitet werden, denn ein Kulturschock wirkt sich auf die psychische Verfassung der Studierenden aus, damit auch auf die Studienleistung. Einige Beispiele zeigen, dass häufig eklatante Abweichungen zu Verhaltensweisen in Deutschland und für uns banale Dinge und nicht in der Vorstellung liegende Dinge (Braten von Spiegeleiern auf der Herdplatte, fehlende Mülltrennung) natürlich dann zu Konflikten führen, die vermeidbar wären.

— Das Problem des **Fehlens bezahlbaren Wohnraums** haben ausländische Studierende genauso wie alle anderen Studierenden, genauer insbesondere wie „deutsche Studierende, die nicht aus reichen Elternhäusern stammen" (1, 449). Die Verschärfung der Situation liegt darin, dass ausländische Studierende beispielsweise keine häufig verlangten Elternbürgschaften beibringen können.

„Und gerade in diesem Bereich ist es für ausländische Studierende immer viel, viel schwieriger. Wir brauchen gar nicht von rassistischen Einstellungen möglicher Vermieter zu reden. Sondern einfach nur strukturell die Geschichte: viele Vermieter wollen Elternbürgschaften oder ähnliches. Ausländische Studierende können so was nicht liefern. Wie sollten sie?.. Selbst, wenn die Eltern das Studium komplett finanzieren, kann so eine Geschichte wie eine Elternbürgschaft einfach nicht beigebracht werden." (1, 450-457)

„Das macht diese Situation der ausländischen Studierenden auf dem sogenannten Wohnungsmarkt natürlich viel, viel schwieriger als die von deutschen oder halt eben Bildungsinländern" (1, 459-461)

Bezüglich des Wohnraums haben teilweise auch Studierende aus dem Erasmus-Programm, also Kurzzeitstudierende, Probleme – wie oben bereits dargestellt.

Zu b) Finanzielle Probleme

Um sich die **finanzielle Brisanz** vieler ausländischer Studierender vorstellen zu können, muss man konkret in die Situation hineingehen (2, 26-42):

- trotz Zahlen des Kölner Studentenwerks, die von im Durchschnitt 740 € pro Monat sprechen, kommen Studierende in die Beratung, die im Durchschnitt effektiv 400 € pro Monat zur Verfügung haben, wenige mit 600 bis 700 € regelmäßig:

  „Und die meisten, die hier zur Beratung kommen, die leben in etwa von einem Niveau um die 400 Euro. Also, das muss man sich auch mal klarmachen. Auch, wenn das Studentenwerk hingeht und sagt, so 740 etwa ist das, was so der Bildungsausländer hat." (2, 29-32)

- Notlagen entstehen einerseits dann durch die hohen Lebenshaltungskosten in Köln, durch ein Wegbrechen der finanziellen Versorgung aus der Heimat, durch eine sogar nötige Unterstützung der Familie im Heimatland:

  „Finanzielle Schwierigkeiten. Sei es nun, dass etwas nachgezahlt werden muss, sei es nun, dass sie kein Geld mehr von zu Hause bekommen haben. Oder zu Hause die Erwartung ist, weil die Mutter erkrankt ist, Vater erkrankt, muss eine Operation bezahlt werden oder so, dass die von hier Geld schicken." (2, 26-29)
  „... oft müssen sie arbeiten. Das ist einfach so. Es ist ja sogar so, dass viele noch ihre Familien zu Hause unterstützen. Das ist ganz heftig. Aber es ist so. ... Wenn jemand aus Südamerika oder Asien oder Afrika hierher kommt, haben die ja zu Hause noch viel weniger. Und es kommt auch, es hat auch den anderen kulturellen Hintergrund. Dass man sich verantwortlich fühlt. ... auch so dieses Familien-Denken und dieses Verantwortungsgefühl für mein soziales Umfeld oder so. Das empfinde ich als noch oft viel stärker vorhanden. Was aber auch Druck macht." (4, 117-127)
  „Da sind natürlich auch familiäre Probleme manchmal. Und in dem Sinne, dass erstens finanzielle Probleme, dass die Eltern im Heimatland, in Ländern, die viel ärmer vielleicht sind, also die Studierenden hier unterstützen müssen, wo die Lebenshaltungskosten viel höher sind. Und auch wahrscheinlich die Distanz. Weit weg von zu Hause, neues Milieu." (7, 75-79)
  „Wenn sie nicht sogar dort unterstützen. Also umgekehrt. ... Ja. Die schicken, was sie entbehren können per Postanweisung ins Heimatland." (8, 63-68)
  „Hier tagsüber versuchen irgendwie zu studieren, sich die Nächte mit Jobs um die Ohren hauen und dann hier sitzen und sagen, ich kann mich nicht konzentrieren auf die Prüfungen. Ja, dann geht das nicht mit dem Job. Aber das geht nicht, die brauchen das Geld – da, ich kann meine Leute in Elfenbeinküste, Angola oder sonst wo nicht im Stich lassen. Dass die natürlich so nie fertig werden und in einem Teufelskreis sind..." (8, 274-279)

- aber auch durch z. T. unnötige Ausgaben wie für nicht benötigte Versicherungen, Fitnessstudios oder überteuerte Handyverträge (vgl. 2, 216-228)
- genauso birgt das „Eintrittsgeld" von derzeit 8.040 €, das die ausländischen Studierenden bereits für die Ausstellung des Visums und die Aufenthaltsbewilligung nachweisen müssen,[24] und über das sie quasi dann auch verfügen können, auch die Gefahr, dass möglicherweise zu vorschnell Ausgaben getätigt werden und das Geld schnell verbraucht ist:

  „Und dann kommen die nach Deutschland, haben am Anfang das riesen Geld. Weil für die, ich sage mal so, die 8.000 Euro, die die etwa an Eintrittsgeld haben – so wie der DAAD so angibt, ist das ja so der Durchschnittswert für das erste Jahr. Das ist ja eine riesen Summe. Wenn man sich vorstellt, ich war vor knapp über einem Jahr in Kamerun, da verdienen Lehrer im ersten Jahr 300 Euro im Monat... So, und was heißt das mit einem Mal 8.000? Was heißt das mit einem Mal?" (2, 255-261)

- auch haben ausländische Studierende es i. d. R. schwerer, eine (qualifizierte) Arbeit zu finden als deutsche Studierende sowohl wegen der Sprachkenntnisse als auch wegen der gesetzlichen Bestimmungen:

  „Dann ist es natürlich noch schwieriger für bestimmte ausländische Studierende einen Job zu finden, gerade Büro-Job. Wegen der Sprachkenntnisse. Dann ist es auch schwierig, weil sie nur begrenzt arbeiten dürfen. Wobei sich die Regeln jetzt zugunsten der Studierenden geändert haben. Allerdings muss man immer, wenn man einige Tage überschreitet, ... das begründen... Also, es ist nicht einfach, also, das ist alles immer mit bürokratischem Aufwand verbunden." (7, 325-332)

  „... Abrufjob. Nach dem Motto, morgens wird angerufen, kannst du heute Nachmittag kommen? Aber ich habe heute Nachmittag eine Vorlesung. Na gut,

---

24 „Aktuell fordern die deutschen Behörden einen Nachweis über 8.040 Euro für ein Studienjahr. Dieser Finanzierungsnachweis soll sicherstellen, dass internationale Studierende ihr Studium alleine finanzieren können. Denn sie haben in der Regel keinen Anspruch auf staatliche Hilfen in Deutschland. Auch wenn Sie den Finanzierungsnachweis erbracht haben, sind noch nicht alle Finanzsorgen beseitigt. Mit einem Budget von etwa 8.000 Euro pro Jahr ist in Deutschland nur ein sehr bescheidenes Leben möglich! Internationale Studierende sind häufig darauf angewiesen zu arbeiten, um ihren Lebensunterhalt zu finanzieren; doch sie dürfen nur sehr eingeschränkt arbeiten. Finanzielle Schwierigkeiten gehören leider häufig zum Alltag vieler internationaler Studierender" laut Informations-Internetseite des Deutschen Studentenwerks (online: http://www.internationale-studierende.de/fragen_zur_vorbereitung/finanzierung (Stand 13.8.2013). Vgl. auch online: https://www.study-in.de/de/studium/vor-der-abreise/nachweis-der-finanzierung--11859 (Stand 13.8.2013).

für heute ist das gut, beim nächsten Mal kann es sein, suche ich mir einen Neuen. Also unter dem Druck stehen die dann." (2, 164-168)
I: „Das heißt quasi auch, sie arbeiten dann hier, ne?" B: „Ja. Unter welchen Bedingungen kann man sich ausmalen." (8, 69-70)

- möglicherweise scheinen sich die Probleme der ausländischen Studierenden in einigen Bereichen aber auch gar nicht so sehr von denen der deutschen Studierenden zu unterscheiden, aber sie haben gravierendere Auswirkungen:

„Pff. Ich weiß jetzt gar nicht mal, ob die sich so grundsätzlich unterscheiden von denen mit der ganzen Palette der einheimischen, der inländischen Studierenden. Nur, es hat dramatischere Auswirkungen. Also, es macht einen Unterschied, ob ich Leistungsanforderungen nicht gerecht werde oder mich mit einem dicken Liebeskummer herumplage und habe aber hier Familie, Freunde im Hintergrund oder ich weiß, ich bin hier völlig abgeschnitten von allem. Und kann es mir auch nicht leisten, permanente Telefongespräche zu führen oder mal in die Heimat zu fahren, mich mal drücken und trösten zu lassen. Sie sind also hier so oft so sehr auf sich gestellt, wenn sie nicht so eine ghettohafte Cliquenbildung betreiben, dass das natürlich... Das kann man sich ja ausmalen. Wo der kleinste Kummer natürlich völlig schwerwiegendere Folgen hat." (9, 124-134)

- manchmal ist die finanzielle Notlage derart, dass von ausländischen Studierenden auch Deutschkurse oder ähnliches nicht bezahlt werden können. Hier versuchen zwar die an und um die Universität zu Köln angesiedelten Organisationen Hilfe zu leisten oder zu organisieren, dennoch muss bedacht werden, inwieweit möglich ist, solche Schieflagen im Vorhinein zu vermeiden:

„Es gibt auch Hilferufe für Geld. Haben wir auch schon mal Leuten geholfen. ... Ja, finanzielle Hilfen. ... Dass wir da so eine Spendenaktion machen anonym. Und dann sagen, hier, wenn jemand... Da gab es einen Fall, da wollte jemand seinen Deutschkurs bezahlen, haben wir das gesammelt und haben es auch bezahlt. ... hierbleiben, müsste wieder zurück. Das war so in letzter Sekunde. Auch mit der Uni zusammen." (9, 10, 66-72)

Grundsätzlich scheint die **finanzielle Situation** vieler Free Mover tatsächlich die **Hauptproblemlage** zu sein, von der sich viele andere Problemlagen, auch psychischer Art, ableiten:

B: „Und dann haben die den Fokus aber nur auf das Geld, weil das Geld das ist, was sie auch bedrängt." I: „Also das ist so die Hauptproblemlage erst mal, die bei Ihnen ankommt?" B: „Ja. Ja, weil alles andere denke ich, da gehen wir von unserem Denken aus." (2, 102-105)
„Ich denke auch, dass sich die finanziellen Probleme doch sehr stark auch auf die Psyche auswirken. ... Also, ich denke, das ist auch nicht zu unterschätzen." (7, 225-235)

"der Druck von der Familie ist wirklich groß. Ja, und dann die beiden großen Pakete psychische Belastungen, finanzielle. Das sind die großen, großen Bereiche, die sich dann wieder differenzieren lassen." (6, 320-323)

Denn auch der **Faktor Geld** kann zu **Isolation** führen. Und zwar in der Weise, dass aufgrund von Geldmangel die Freizeitgestaltung i. d. R. nicht mit deutschen Studierenden zusammen gestaltet werden kann. Hier werden aber aus Scham eher Ausreden gebraucht und es entsteht bei deutschen Studierenden so leicht der Eindruck bzw. das Vorurteil, dass sich ausländische Studierende abgrenzen wollen. Dies fängt schon bei so einfachen Dingen an, wie ein Bier trinken zu gehen:

„Der andere Bereich der Isolation ist auch das Geld. Schönes Wetter, die drei deutschen Kommilitonen sind nett und fragen jetzt den, was weiß ich, den Kameruner: Gehst du mit uns in den Biergarten, Bier trinken? Bier ist ja lecker. Aber 3,50 für ein Bier? Ich habe am Tag nur 2,50 zur Verfügung. Ach, tut mir leid, ich würde ja gerne mitgehen, aber ich habe mich schon verabredet oder ich muss noch lernen oder irgendwas. So. Am nächsten Tag ist immer noch schönes Wetter. Und dann kommen wieder die drei und sagen: Mensch, was ist denn heute Nachmittag, hast du nicht Lust …und, und, und. Ach nee, tut mir leid, tut mir wirklich leid, ich würde ja gerne mitgehen. Also, ich glaube, ein drittes Mal wird der nicht mehr gefragt. So. Er erlebt jedes Mal, ich bin ein Lügner, … Und für die anderen ist das so, ja, den brauchst du nicht zu fragen, der hat ja sowieso nie Zeit. Und dann entstehen mit einem Mal so gegenseitige Parteien dann auch. Dass eben so die eine Gruppe sagt, ja, die brauchst du nicht zu fragen, die kommen sowieso nicht mit. Aber man sieht dann nachher vielleicht da hinten zehn Afrikaner zusammenstehen. Und sagt, ah, die wollen ja nur unter sich sein. Dass die vielleicht da eine Flasche Bier vom Kiosk haben, die sie für 80 Cent gekriegt haben und nicht die 3,50 die sie da im Biergarten…" (2, 507-525)

Hier scheinen durchaus Hilferufe aufzutreten und **Spendenaktionen** wichtig zu sein:

„Es gibt auch Hilfsrufe für Geld. Haben wir auch schon mal Leuten geholfen." (10, 66-67)
„Dass wir da so eine Spendenaktion machen anonym. Und dann sagen, hier, wenn jemand... Da gab es einen Fall, da wollte jemand seinen Deutschkurs bezahlen, haben wir das gesammelt und haben es auch bezahlt. … hierbleiben, müsste wieder zurück. Das war so in letzter Sekunde. Auch mit der Uni zusammen." (10, 69-72)

Zu c) Psychische Probleme und Druck, Isolation und Einsamkeit

Die Hintergründe vieler psychischer Probleme bildungsausländischer **Studierender liegen häufig in den folgenden Begebenheiten:**

Teil I: Problemlagen, Unterstützungsmaßnahmen und die Rolle der Universität zu Köln

Die **psychisch angespannte Situation** ergibt sich **neben der schwierigen finanziellen Lage** auch hieraus, dass die ausländischen Studierenden bei **schwierigeren Studienbedingungen** dieselben Leistungen wie deutsche Studierende bringen müssen, dies vielen nicht gelingt und **Gefühle des Versagens, der Scham** entstehen. **Prüfungsstress**, den deutsche Studierende auch haben, besteht natürlich auch.

„Weil, das ist so das riesen Dilemma, dass wir von den Studenten an und für sich erwarten, dass die eine gleichwertige Leistung bringen zu einem, der also eine Rundum-Versorgung hat über BAföG, Eltern, wie auch immer oder einen tollen Job halt. Und die schaffen es einfach nicht."
„Also, ich bin erwachsen, ich muss jetzt irgendwohin gehen, muss gestehen, dass ich an meine Grenzen gekommen bin und betteln. Also, für die meisten ist es ein Gefühl des Bettelns. Und da ist es immer schon hilfreich, wenn die, also die Info bekommen aus dem Freundeskreis oder so, geh mal dahin, da kannst du das ruhig sagen. Ist trotzdem noch immer beschämend." (2, 41-50)
„Dann haben wir aber auch andere Probleme, psychische." (6, 131)
„Psychischer Stress vor Prüfungen, an der WiSo-Fakultät zum Beispiel auch die Angst, Malus-Punkte anzuhäufen. Dann traut man sich nicht so richtig, dann verzögert sich das Studium, dann fragt wieder die Ausländerbehörde nach, wieso dauert das so lange? Also auch persönliche Probleme, die natürlich sich mit den anderen vermischen." (7, 132-136)
„Dann Prüfungsstress." (6, 207)

Aber auch der **vielfältige Druck aus dem Heimatland** darf nicht vergessen werden: beispielsweise, dass eine finanzielle Unterstützung sogar der Familie zu Hause benötigt wird, Druck auch, das Studium schneller zu beenden oder bei anderen kulturellen Kontexten der Druck, der gerade auf weiblichen Studierenden lastet. Ausländische Studierende kommen z. T. aus einem kulturellen Hintergrund, in dem ein hoher akademischer Erwartungsdruck herrscht und ein Scheitern auch nicht vorgesehen ist (Gesichtsverlust), hier sind dann auch chinesische Studierende betroffen. Dann stellt teilweise das Studium auch eine Flucht vor den Verhältnissen im Heimatland dar, hier ist nicht untypisch, dass die Studierenden die Familie zu Hause noch finanziell unterstützen statt umgekehrt.

„Oder zu Hause die Erwartung ist, weil die Mutter erkrankt ist, Vater erkrankt, muss eine Operation bezahlt werden oder so, dass die von hier Geld schicken." (2, 27-29)
„Das kann aber auch mit dem Druck zusammenhängen, der von zu Hause aufgebaut wird. Du bist schon vier Jahre in Deutschland, du müsstest doch fertig sein. Oder, du bist 25 Jahre als Frau, du müsstest doch langsam Mutter werden. Da gibt es unheimlich viel, was die so mit sich rumschleppen." (2, 65-67)
„Ein Beispiel ist die Erwartung der Eltern und in Hinblick auf die Studiendauer, zum Beispiel, ganz konkret. Im Heimatland ist es oft so, dass ein Bachelor

wirklich nur drei oder vier Jahre dauert und dass die Cousinen und Cousins alle in dieser Zeit auch fertig sind und deswegen fragt man immer wieder nach, wieso studierst du so lange? Ich gebe dir ja so viel Geld und du bist immer noch nicht fertig. Wie kommt das? Und dann sind die Studierenden unter Druck, weil man sie auch nicht verstehen kann." (7, 197-202)

„Ob es nicht grundsätzliche psychische Probleme sind, die sie schon mitgebracht haben. Oder ob sie schlichtweg auch mit Erwartungen überfordert sind. Also intellektuell eigentlich für ein Studium gar nicht in der Lage sind." (8, 307-309)

„Es ist ja sogar so, dass viele noch ihre Familien zu Hause unterstützen. Das ist ganz heftig.... Wenn jemand aus Südamerika oder Asien oder Afrika hierher kommt, haben die ja zu Hause noch viel weniger. Und es kommt auch, es hat auch den anderen kulturellen Hintergrund. Dass man sich verantwortlich fühlt. ... dieses Familien-Denken und dieses Verantwortungsgefühl für mein soziales Umfeld oder so. Das empfinde ich als noch oft viel stärker vorhanden. Was aber auch Druck macht." (4, 119-127)

„der Druck von der Familie ist wirklich groß. Ja, und dann die beiden großen Pakete psychische Belastungen, finanzielle. Das sind die großen, großen Bereiche, die sich dann wieder differenzieren lassen." (6, 320-323)

„dann sind es Studierende, die aus dem, und zwar in der Regel nicht- europäischen Ausland kommen, bei denen kulturell, sie kulturell so geprägt sind, dass ein akademischer Abschluss eine große Bedeutung für die Familie hat. Die im Ausland zurückgeblieben ist. Dass ein Scheitern, ich drücke es jetzt mal hart aus (lacht), fast einem Todesurteil gleich kommt" (8, 48-52)

„Also, wirklich die dramatischen Fälle, die eigentlich hier sagen, wenn ich das hier nicht packe, brauche ich mich zu Hause nicht mehr blicken lassen. Da sind Hoffnungen dran geknüpft. Es sind sehr viele aus dem asiatischen Raum, China. Sehr leistungsorientierte Kultur. Wo sich dann auch oft die Familie krumm legt, damit das Kind jetzt hierhin kann und studieren kann. Die sich aber dort auch nicht die Vorstellung machen, was es hier bedeutet als ausländische Person an einer deutschen Hochschule zu studieren. Das sind aber auch islamische Kulturen. Auch aus dem afrikanischen Raum. Bei denen das Studium hier in Deutschland manchmal auch verknüpft ist mit einer Flucht vor den Verhältnissen im Heimatland. Ja, ich könnte da jetzt ganz viele Details aufzählen. Ja. Ja, die im Grunde auf eigene Faust hierhin kommen, mit minimaler finanzieller Unterstützung aus dem Heimatland. Wenn überhaupt. Wenn sie nicht sogar dort unterstützen. Also umgekehrt." (8, 52-64)

„Also häufig Sorgen machen uns so die Chinesen. Dann auch junge Frauen aus China. Also, das ist wirklich ein Leid. Die sitzen hier und sagen, wenn ich mein Studium nicht schaffe, habe ich den völligen Gesichtsverlust zu Hause, da reiße ich die Familie mit runter. Und die sind aber gleichzeitig dann schon in einem solchen psychischen Druck, dass man sagen muss, aber so wie du bist, bist du studierunfähig. Da kann man nicht studieren.... Und es ist überhaupt keine Alternative, wie man es sonst mit einem deutschen Studierenden hätte, darüber nachzudenken, dann die Sache sein zu lassen, nach Alternativen zu suchen, eine gute Ausbildung oder vielleicht ein anderes Studienfach oder was kann man sonst... Können Sie gar nicht drüber reden. Zugenagelt. Existiert nicht

diese Möglichkeit. Weil diese Alternative B nur bedeutet, den sozialen Status-Absturz in der Heimat und Ächtung. Also da müssen wir auch immer gucken, die können durchaus nah am Suizid auch sein." (8, 285-299)
„Das sind vorgezeichnete Biographien, die Sie dann da sitzen haben. Und in dieser Biographie, in dieser vorgezeichneten, ist ein Scheitern nicht vorgesehen. Und da kann man sich ausmalen, was das dann in Einzelfällen bedeutet." (8, 319-321)

Aus diesen durchgängigen Aussagen der in der Beratung Tätigen wird **die tatsächliche Dramatik deutlich,** gerade der Studierenden aus dem Nicht-EU-Ausland, die als Free Mover hierher kommen und für die der **erfolgreiche Hochschulabschluss auch kulturell geprägt eine andere Bedeutung** hat. Diese Tiefe der Problematik ist den verantwortlichen Stellen an der Universität zu Köln möglicherweise nicht in dem Ausmaß bewusst. Stimmen gehen sogar soweit, dass sie nur noch programmorganisierte Studien zulassen würden, Studien, in denen die Studierenden in ein übergeordnetes Betreuungssystem eingebunden sind. **Denn häufig sei gar nicht das Studium an sich das belastende Moment, sondern die gesamte Lebenssituation, die die Studiensituation schnell in den Hintergrund treten lässt.**

„Ich weiß manchmal gar nicht, ob es wirklich die Studiensituation ist, die dann dazu beiträgt. Ob es nicht die Lebenssituation als solche ist. Hier als Ausländer in Deutschland. Vielleicht auch die Tatsache, finanziell nicht die Möglichkeit zu haben, die man angegeben hat zu haben, um überhaupt hierhin kommen zu dürfen. Aber das stimmt wohl auch nicht immer, was die dann da ausfüllen, mit wie viel Euro sie von zu Hause unterstützt werden. Und dann hier natürlich in obskure finanzielle Abhängigkeitsverhältnisse geraten, also merkwürdige Jobs annehmen und da ganz schnell eigentlich das Studium in den Hintergrund tritt. Und da geht es nicht mehr ums Studieren, da geht es irgendwie hier ums Überleben. Also wenn ich das jetzt so erzähle, man reflektiert ja auch immer erzählend darüber, würde also vieles dafür sprechen, nur noch begleitete Studien, also irgendwie programmorganisierte Studien überhaupt zuzulassen. Dass die Leute irgendwo eingebunden sind." (8, 185-196)

Starke **Gefühle der Einsamkeit und Isolation** von ausländischen Studierenden werden ebenfalls berichtet und können gut anhand eines praktischen und wohl typischen Beispiels aus einem Gruppenangebot nachempfunden werden:

„Und als sie so von Deutschland berichtet hat, in Tränen ausbrach und dann von ihrer Einsamkeit berichtet hat, obwohl sie mit einem Deutschen verheiratet ist, aber der beruflich halt erst am späten Abend kommt und sie haben so keinen größeren Freundeskreis und sind so mehr oder weniger auf sich geworfen. Und sie kannte einfach nur die große Familie, früher in Lateinamerika, und da war immer was los und da war eine Wertschätzung, wenn sie auf die Straße ging

C. Die Auswertung der Stakeholder-Befragung

oder hat auch zwischendurch zwei Jahre in den USA gelebt. Und da war immer direkt eine Offenheit. Und was sie hier so erlebt. Und mit einem Mal wird es unheimlich still im Raum und dann kommt der erste und sagt, das kann ich sehr gut nachvollziehen. Das ist mir auch so gegangen. Und dann kommt der nächste und dann merkt man so ein allgemeines Nicken." (2, 393-403)
„Natürlich dann wahrscheinlich auch ab und zu. Alleine sein oder nicht so viele Freunde zu haben." (7, 208)

Aber auch die **Probleme einer tatsächlichen räumlichen Isolation** treten auf, beispielsweise, wenn **ausländische Studierende ohne Netzwerke**, die abgelegen wohnen, krank werden. Dies korrespondiert damit, dass Wohnungsangebote von Vermietern, die das Kölner Studentenwerk erhält, manchmal einfach nicht geeignet sind für die ausländischen Studierenden (vgl. Punkt g)).

„Krankheiten. Wer kümmert sich um mich? ... dass so einige Leute wirklich krank waren, schwer krank waren, irgendwo auf einem Dorf lebten und gar nicht die Wohnung verlassen konnten. Wer kauft denen denn jetzt mal Lebensmittel ein oder geht zur Apotheke? ... Dass Studierende anrufen können: Hallo, wohnt jemand in der Nähe, ist bereit mal für mich einzukaufen? Also ich habe Fieber, ich kann nicht raus. ... mit berücksichtigen. Das ist relativ neu. Habe ich schon mit dem AStA drüber gesprochen.... Im Wohnheim ist das was anderes, da kann man dem Nachbarn Bescheid sagen. Aber es gibt auch isoliert wohnende Leute. Ja." (6, 209-224)

Dann auch eine **Isolierung in Herkunftskreisen**, d. h. dass sich ausländische Studierende nach Herkunftsregionen nur gruppenintern zusammenfinden, sollte vermieden werden, da diese sich dann als Gruppe wieder isolieren und separieren und darunter leiden.

„Und ich habe jetzt gerade hier bei diesem Zusammenschluss der Hochschulgruppen gemerkt wie lateinamerikanisches Temperament und chinesisches Knowhow zusammen getroffen sind. Das ist ideal. ... Ja, ja, das zeigt dass man aufpassen muss, die nicht zu isolieren. Weil, da leiden die dann auch schnell selbst wieder drunter, wenn die nur so eine In-Group sind. Da können sie sich gut verstecken, fühlen sich auch geborgen, aber kommen nicht raus. Und müssen rauskommen. Um hier an der Uni zu bestehen. Bis sie dann die Deutschen endlich auch kennenlernen. Aber China und Lateinamerika, das hat mir sehr gefallen. (lacht)" (6, 728-741)

Wobei hier von anderer Seite gesagt wird, beides sei wichtig, **einmal die Möglichkeit, sich unter Seinesgleichen** zusammen finden zu können, für das „sich aufgehoben" Fühlen und **auf der anderen Seite den Kontakt zu anderen – auch deutschen Studierenden –** zu finden.

„Das habe ich ja eben schon erwähnt, dass ich sage, weil sie sich dann ihresgleichen schneller öffnen. Also ganz klar. Alleine aus dem Grund. Weil sie sich auch zugehöriger fühlen. Es ist ja anders, als wenn ich denen sage – wenn das jetzt ein international Studierender ist – ich sage: Bleibt hier in Deutschland, das ist doch super und so. Dann ist das ja viel glaubwürdiger, authentischer, weil ich es ja dann geschafft habe und sage, hier, guck mal, ich kann zwischen zwei Kulturen leben. Als wenn ein Außenstehender da irgendwie Werbung machen würde." (10, 1093-1099)

„Es soll nur nicht dazu führen, dass man sich dann komplett verschließt. Das ist halt, was ich manchmal bei asiatischen Studenten gesehen habe, dass die dann nur in einer Gruppe sind, komplett verschlossen. Das finde ich nicht gut. Also man soll, ja wenn man schon in Deutschland ist, die Erfahrung in Deutschland auch machen, deswegen sollte man gut gemischt sein. Also, man sollte beides haben. Das Andocken zu seiner Kultur und natürlich auch das in Berührung Kommen mit deutschen Studierenden. Ganz wichtig." (10, 1100-1106)

In diesem Zusammenhang scheint eine **Willkommenskultur bzw. Gastkultur** tatsächlich gerade in der Anfangsphase und auch für den späteren Aufenthalt sehr wichtig zu sein. **Der Studienstart und die Erfahrungen** sind dabei wohl **prägend für die Gefühlslage über den ganzen Studienverlauf**:

„Oder, dass der Kopf zur Seite geht, die Augen werden verdreht: Oh, wie unmöglich spricht der, oder was sagt der da wieder? Oder wie drückt der sich aus? Und dieses Erleben, das haben die relativ oft in der Anfangsphase. Und das ist das, was die das ganze Studium begleitet. Was wirklich eine starke Persönlichkeit ist, die irgendwann mal soweit ist und sagt, das ist mir ... egal wie ihr mich anguckt, was ihr denkt, ich will hier was lernen. Aber der muss stark sein. Der Rest, der zieht sich zurück." (2, 458-464)

„Investieren wir da annähernd so viel, um den Leuten zu vermitteln, ihr seid uns willkommen und ihr seid eine Bereicherung, und ihr habt uns so viel zu berichten von dem wie ihr euer Leben meistert?" (2, 1951-1953)

Die **psychologische Wirkung einer Willkommenskultur**, einer Willkommensveranstaltung in Verbindung mit einem Hilfsangebot sei nicht zu unterschätzen.

„Also vieles ist psychologisch. Allein dieses so „sich aufgenommen" Fühlen. Das ist ganz wichtig. Diese Willkommensveranstaltung, wenn man die hat und dann sagt man, ihr seid da und wir mögen, also wir freuen uns, dass ihr da seid und wenn ihr Hilfe braucht, kommt zu uns. Ich weiß, dass zum Beispiel bei japanischen Studenten – weil ich die ja mitbetreue – so ein Überbedürfnis an Sicherheit herrscht. So ein riesen Überbedürfnis an Sicherheit. Und, dass sie dann das wirklich auch in Anspruch nehmen." (10, 1216-1222)

Die **Frage „Wie gehen wir mit unseren ausländischen Studierenden um?"** wird auch in Verbindung damit gebracht, dass ein hoher Prozentsatz ausländischer Studierender das Studium abbricht.

> „...schaffen es ja leider nur 50 Prozent. Und ich denke, da hängt bestimmt vieles damit zusammen, wie wir mit den Menschen umgehen. Inwiefern wir denen auch das ermöglichen, so mit all diesen Sachen, die die in der Anfangsphase erleben. Wie die das aufarbeiten können, wie die das Gefühl der Wertschätzung haben." (2, 586-590)

Geldmangel ist dann ein weiterer Faktor, der ausländische Studierende sich **isolieren** lässt, wie oben dargestellt.

Institutionelle Hilfe für bildungsausländische Studierende bei psychischen Problemen:

Betrachten wir **institutionelle Hilfsangebote** für bildungsausländische Studierende bei derartigen psychischen Problemen, bestehen große Zugangsprobleme, eine **psychische Beratungsstelle** aufzusuchen. Der Begriff und die Vorstellung einer psychischen Problematik sind im ausländischen Kontext noch stärker als bei uns negativ besetzt.
Was auch die Gedanken/Vermutungen aus Stemmer 2013 bestätigt.[25]

> „Also, wenn man hier einem deutschen Studenten sagt: Also, wenn du Schwierigkeiten hast, geh in eine Beratung! Da ist wahrscheinlich auch erst die Hand zum Scheibenwischer: Also ich bin doch nicht verrückt, was soll ich da hin gehen? Wobei das hier bei uns einfacher ist. Es ist also nicht so besetzt wie es auch bei vielen ist, so die Vorstellung zu einer Beratung. Und wenn dann irgendwie noch vielleicht psychologische Beratung oder wie auch immer genannt, da verbinden die was ganz anderes mit. Also, wenn Sie mit den Studenten sprechen oder Studierenden, erleben Sie oftmals, dass für diese es verbunden ist mit Politik als Machtfaktor." (2, 105-112)

Es scheinen hier insgesamt **tiefe Ängste** vorzuherrschen, die ein Öffnen ausländischer Studierender schwierig machen.
Ein Herankommen an solche Studierende läuft nur über die Schiene der **positiven Erfahrung eines anderen Beratungsangebotes** an der Universität und dadurch den Zugang auch zu diesen Beratungsformen zu bekommen. Oder tatsächlich auch darüber, dass ein **Erstkontakt im Rahmen einer Einführungsmaßnahme zu Beginn des Studiums** stattgefunden hat und hier dann die erste Zugangshürde genommen ist. Danach ist einfach wichtig zuzuhören und den Raum zu geben für ein auch tieferes Gespräch. **Einfühlsamkeit der Beratungsstellen** ist hier gefordert.

> „Nur dann, wenn also, ja – ist so mein Eindruck – wenn die irgendwie gelernt haben, sei es nun über die Beratungsebene, die sie vorher durchlaufen hatten –

---

25 Vgl. Stemmer 2013, 118-119, 160, 195, 202, 238-239, 243-244, 253-254.

"... Und was die da erlebt haben: ist nichts Schlimmes, wenn ich dahin gehe – dass sie dann auch den Schritt machen und gucken, dass sie irgendwie in eine Therapie reinkommen." (2, 130-134)

„... ich weiß, dass Studierende von uns zur psychosozialen Beratung gegangen sind, weil sie es uns dann auch erzählt haben. Aber ich glaube nicht, dass die das ohne weiteres gemacht hätten, wenn wir in dieser Orientierungsreihe nicht diesen Erstbesuch gehabt hätten, dass wir da mal da waren und die Leuten kennengelernt haben und das vorgestellt haben. ... wenn das so eine anonyme Institution ist, dann ist glaube ich der Schritt, sich dahin hinzuwenden mit Problemen, viel größer als wenn man da mal da war und mit der Frau gesprochen hat und die gesagt hat: Sie können anrufen, das läuft so und so und wir machen das so und so. Also so einfach dieses Wissen, worauf man sich einlässt. Und das machen wir eigentlich mit der zentralen Studienberatung und mit den Studienberatungen in den Fakultäten so. Und, also man war schon mal da, man hat schon mal mit denen gesprochen und dieser Erstkontakt..." (5, 292-303)

„Wenn man aber mal eine Nachfrage stellt, irgendwie: „Wie geht es?" oder „Was macht die Familie?", „Ist es gut in der Heimat?" „Wann waren Sie das letzte Mal zu Hause in Peru?" Oder so was? Hoppla. Da kommen langsam Geschichten. Und dann kommen die auch dazu, wenn sie Vertrauen haben, zu erzählen was sie vielleicht gerade bedrückt." (6, 152-157)

„Und, dass die Studenten die Wahl haben zu einer Frau zu gehen oder zu einem Mann, egal ob ein Mann lieber zu einer Frau geht, eine Frau lieber zu einem Mann, ein Mann lieber zu einem Mann, eine Frau lieber zu einer Frau. Dass diese Wahlmöglichkeit überhaupt besteht. ... Also das ist ein ganz wichtiges Instrument, was man auch nutzen muss." (6, 162-172)

„Das hat sich wirklich bewährt. ... Und es hat sich wirklich gezeigt, weil die psychischen speziellen Probleme, sage ich mal, erfährt man erst im Gespräch ... Sie erzählen ja nicht von Anfang an. Ganz, ganz selten kommt das vor. Und deswegen nehmen wir uns auch die Zeit. Einfach nicht nur eine Bescheinigung zu unterschreiben, sondern auch ein bisschen zu schauen, was steckt dahinter, wie kann man helfen? Wir arbeiten auch mit anderen Kolleginnen und Kollegen hier in der Uni, ... zusammen." (7, 179-187)

„Aber oftmals hilft allein schon das Zuhören." (7, 188-189)

„Einfach den Raum geben. Und nicht auf die Uhr gucken," (6, 190)

„... Also das ist nicht mehr so mit Hemmungen behaftet, wie das noch vor längerer Zeit war.... Es ist selbstverständlicher geworden, sich beraten zu lassen, sich coachen zu lassen, sich Unterstützung zu holen.... Für ausländische Studierende, und vor allem für männliche ausländische Studierende, ist das noch mal was anderes. Und deswegen haben wir da auch einen Kontakt hergestellt zum Akademischen Auslandsamt. Einmal im Semester besuchen die uns mit einer kleinen Delegation. Aber das sind auch Studierende, die in irgendeinem betreuten Zusammenhang sind. Die besuchen uns dann hier, dann wissen sie, okay, ich bin jetzt die nächsten Jahre hier in Köln und wenn mal was ist, ich habe schon mal einen Fuß in diese Einrichtung gesetzt, dann kann ich mich auch hierhin wenden. Das baut ein bisschen Hemmungen ab. Aber das ist natürlich nur ein kleiner Ausschnitt."

Vertrauensaufbau durch die Schlüsselpersonen bzw. Erstkontakte, auf die die ausländischen Studierenden in den universitären Einrichtungen und Kontexten treffen, sind hier ein ganz wichtiger Faktor. Wichtig scheint aus der Erfahrung heraus auch, dass die Studierenden die Möglichkeit haben, im Beratungskontext zwischen einem Mann bzw. einer Frau zu wählen, je nachdem könnten sich männliche oder auch weibliche Studierende mehr öffnen.

> „Medizin-Studium ist sehr schwierig. Jura auch, aber da sind auch relativ wenig Ausländer. Weil bei Jura ist es ja für uns schon ein Problem, das Sprachliche. Enorm. Wenn die das schaffen... Sind aber nicht sehr viele. Medizin, ja, da sind viele Araber, die kommen dann zu mir mit ihren Sorgen, weil es eben wieder Männer sind."

Leider scheinen nicht wenige ausländische Studierende aber dann in psychologischen Beratungskontexten auch **schlechte Erfahrungen** zu machen und enttäuscht über die angebotenen zum Teil unrealistisch empfundenen Lösungen zu sein. Hier wäre genau zu schauen, von wem, wo und in welcher Beratungsqualität psychologische Angebote stattfinden (vgl. auch 2, 135-155).

Möglicherweise treten Beratungsabbrüche und Unzufriedenheit aber dann auch daraus auf, dass die angebotenen Alternativen nicht dem Wunsch oder der Vorstellung der Ratsuchenden entsprechen (können), diese etwas von der Beratung erwarten, was nicht geleistet werden kann.

> „Wir arbeiten dann daran, ein Verständnis dafür zu entwickeln, dass es eben so nicht geht, dass man gucken kann, wo liegen denn die Stärken und gibt es vielleicht doch einen Plan B? Woran könnten wir es noch mal überprüfen? Was würde denn wirklich so schlimm passieren? Oder gibt es andere Alternative? Im Ausland, hier, für dich? Mit denen du was kompensieren könntest? Aber häufig haben wir da dann auch einen Abbruch, weil die natürlich genau das nicht hören wollen. Aber von uns etwas kriegen wollen, was wir ihnen nicht geben können."

Bei der **psychologischen Beratungsstelle in Köln** kann man die **folgenden Fälle, die in die Beratung kommen**, grob zusammenfassen:

- ausländische Studierende, die ohne Abschluss nicht in ihr Heimatland zurückkehren können,
- Studierende, die insgesamt keine Zukunft mehr sehen,
- oder auch eben individuelle Problematiken, die häufig auch einen kulturellen Hintergrund haben und sich in gewachsenen Persönlichkeitseigenschaften ausdrücken,

- oft sind es auch gerade weibliche Studierende, die unter starkem Leistungsanspruch oder Leistungsdruck stehen, häufig aus Osteuropa oder auch Asien,
- Männer scheinen erstens seltener zu kommen und auch häufiger die Beratung abzubrechen, häufig kämen sogenannte „gescheiterte Existenzen". Hier könnte man sich wiederum fragen, ob die Struktur der psychologischen Beratungsstelle so aufgebaut sein sollte, dass Frauen und Männer als Berater zur Verfügung stehen. Denn, wie die Erfahrungen an anderer Stelle gezeigt haben, scheint es wichtig zu sein, sowohl männliche als auch weibliche Ansprechpartner anzubieten:

> „Nun ja, einen gemeinsamen Nenner, den nannte ich ja, den gibt es immer. Nämlich die Situation: ohne diesen Abschluss brauche ich mich zu Hause warum auch immer nicht blicken lassen. Oder sehe ich überhaupt eine Zukunft. Ja? Ansonsten sind es natürlich individuelle Fälle, die stark kulturell geprägt sind. Also, das kann man wirklich beobachten. Also, es gibt unglaublich zähe, leistungsorientierte, hauptsächlich Frauen aus dem osteuropäischen Raum. Also, man kann es fast so schablonenhaft sagen. Es gibt diese leistungsorientierten, aber fragilen Persönlichkeiten aus dem asiatischen Raum. Vornehmlich China. Häufig sind es Frauen. Wenn es Männer sind, dann solche, die auch im Konflikt mit der Kultur in der Heimat stehen. ... Persische Frauen, auch ein ganz spezielles Völkchen. Sehr statusorientiert. In Verbindung mit der Leistungsorientiertheit. Ja. Und dann immer wieder Einzelschicksale. Aus dem afrikanischen Raum."
> I: „Wenn Sie sagen, dass hauptsächlich Frauen zu Ihnen kommen, also die Beratungsstelle aufsuchen, oder generell, oder?" B: „Na ja, das ist grundsätzlich so. Also unabhängig jetzt von der Herkunft ist es eine Faustregel bei uns, Verhältnis zwei zu eins. Und das, ich tippe mal drauf, ... dass es bei den ausländischen Studierenden noch mal extremer ist. Die Männer kommen da eher seltener und da gibt es dann auch häufiger Beratungsabbrüche. Also, dass sie einem auch irgendwie wieder verloren gehen."
> „Also das Leistungsthema ist schon eher eins, was ich gerade bei den Frauen festmache. Bei den Männern sind es häufig so geradezu gescheiterte Existenzen. Also, die mit Leistung vielleicht so gar nicht klarkommen. Eher die Leistungsverweigerung oder das Nichtzurechtkommen mit der Leistung. Auch den Verführungen hier des „freien Westens" unterliegen. Auch das kommt da ab und an vor."

- Insgesamt scheinen **an die Biographie geknüpfte Schicksale** häufig zu sein, auch eher besonderer Art:

> „Aber auch bei uns, dann geknüpft eben an extreme Biographien. Also entweder, dass sie zum Beispiel eine homosexuelle Neigung haben, die im Heimatland geradezu unter Todesstrafe steht. Ja? Oder, dass sie dort den extremen Verhältnissen, vielleicht sogar einer Zwangsverheiratung, entfliehen. Oder aus den asiatischen Räumen, wie ich eben schon sagte, dass sie geradezu dem

Zwang ausgesetzt sind, mit einem Abschluss zurückzukehren, um dann dort den Status der Familie zu sichern oder zu erhöhen."

- grundsätzlich kommt nur die **Spitze des Eisbergs** auch derer, die der Hilfe bedürfen würden, in die Beratung:

  „Freiwillig gehe ich nicht einfach mal so in eine psychosoziale Beratung. Das heißt, wir betrachten natürlich auch eine extreme Clique. Es ist ja nicht so, dass jeder ausländische Studierende hier erst einmal durch das Nadelöhr unserer Beratung müsste. Dann hätten wir natürlich ein breites Spektrum. Aber so sehen wir nur die, die tatsächlich diese eben beschriebenen Probleme haben. Wir sehen aber all die Hunderte oder Tausende nicht, die sich hier vielleicht gut zurechtfinden und integrieren und auch Anschluss haben. Wir sehen natürlich nur die, die problembehaftet, da auch nur die Spitze des Eisbergs, die irgendwie den Weg auch hierhin findet."

  „also, was dann auch wirklich dramatisch daher kommt, das sind oft die, die irgendwie auf irgendwelchen Wegen hierhin gekommen sind. Und auch oft schon Jahre hier sind. Aber bis zu zehn kann man bleiben, um das Studium abzuschließen und dann kämpfen sie mit Verlängerungen der Aufenthaltsgenehmigung und, und, und."

Zu d) Interkulturelle Fragen

Die **interkulturelle Problematik**, die z. T. aus einer unterschiedlichen Sozialisation im Heimatland, einer **unterschiedlichen Lehr- und Lernkultur**, unterschiedlichen Normen und Werten, Lebens- und Verhaltensweisen im Hochschulumfeld resultiert, wird bei Betrachtung von Fallbeispielen deutlich:[26]

- Probleme haben die ausländischen Studierenden insbesondere dann, wenn die kulturellen Unterschiede zu Deutschland stark ausgeprägt sind, d. h. auch das Wertesystem enorm differiert:

  „Wenn die kulturellen Unterschiede wirklich so extrem sind, also einfach die Werte, die ich mitgenommen habe, nicht übereinstimmen mit den Werten, die ich in dem neuen Land vorfinde, bin ich ja als junger Mensch, als Student, nicht nur alleine, sondern auch erst mal irritiert und habe auch finanziell keine Möglichkeiten. Also, es sind mehrere Punkte, die diese schwache Situation ausmachen." (3, 141-146)

- Direkte Unterschiede zwischen lateinamerikanischen, afrikanischen oder asiatischen Studierenden werden nicht in konkreten Problembereichen ausgemacht, die Unterscheidung ergibt sich in der interkulturellen Komponente:

---

26 Vgl. auch Stemmer 2013, 37, 40-42, 85-86, 152, 183-184, 189-191, 194.

Teil I: Problemlagen, Unterstützungsmaßnahmen und die Rolle der Universität zu Köln

„Da sind einfach individuelle Verhaltensmuster. Also, wenn man es pauschalisieren will, was immer problematisch ist: Aber asiatische Studierende sind in der Regel sehr zurückhaltend. Wogegen afrikanische Studierende durchaus direkter und fordernder sein können, klarer ihre Bedürfnisse formulieren, die man bei asiatischen Studierenden möglicherweise also durch sechs oder sieben Nachfragen erst herausfinden muss" (1, 187-192)

– In Ländern wie Südkorea beispielsweise zeigt sich das Verhalten im Unterricht – und Lehrpersonen gegenüber – völlig unterschiedlich, viel stärker von Respekt geprägt:

„Überlegen Sie sich mal die Situation: Südkoreanische Studentin, war vorher 12 Jahre am Gymnasium. Unterricht sieht so aus: Frontalunterricht, und ich habe die ganze Zeit still zu sitzen ... Da vorne ist die Respektperson: der hat ja was gelernt, deswegen darf ich auch keine Frage stellen, weil jede Frage beinhaltet: „Ja, ich zweifle seine Autorität an." ... Ich muss mir zuerst Gedanken machen, ob ich mich ausreichend drauf vorbereitet habe, ob ich mich da wirklich bemüht habe, das zu verstehen und nicht direkt ihm zu unterstellen: er hat es schlecht erklärt ... Dann kommen die hier an die Universität oder generell an die Hochschule.... Dann gibt es welche, die später kommen, die wollen unbedingt in der Mitte den freien Platz haben. Der nächste der sitzt daneben und packt seinen Laptop aus. Der nächste schreibt irgendwelche SMS oder auf Facebook oder was. Der dritte holt einen Apfel raus, der vierte nuckelt an der Wasserflasche. Das ist doch nur Stress ... Und das Schlimme ist, wenn Sie mit Leuten sprechen, die fünf, sechs, sieben, acht Jahre hier sind, die leben immer noch mit dieser Befürchtung, wenn da jetzt vorne der Professor, die Professorin, wenn die in meine Richtung gucken und neben mir sitzt da eine, die meint sie müsste mit Kaugummi dicke Blasen machen und die sieht mich daneben sitzen, dann meint die, ich bin auch so und dann gehen die in Deckung. Und das sind unheimlich viele so Kleinigkeiten, die die wirklich die ganze Zeit mit rumtragen." (2, 639-672)

– Und in Deutschland herrschen eben auch z. B. zu afrikanischen Ländern unterschiedliche Studienbedingungen und auch Prüfungsmethoden vor:

„Oder, wenn ein kenianischer Student, der schon kurz vor seiner Diplomarbeit war, also hatte schon ein paar Jahre Deutsch-Erfahrung. War hier im Wohnheim gewesen, war total integriert, war auch einer, der sehr viel als Netzwerker gearbeitet hat, wenn Neue kamen und, und, und. Die hatten die Erlaubnis: bei Klausuren konnten die ein Buch dabei haben, um nachzuschlagen. Der sagt, ich schaffe das nicht, dass ich einfach mal nachschlage wie jeder andere, der hier im deutschen Kontext groß geworden ist ... Der sagt, ich habe mein ganzes Schulleben immer alles auswendig lernen müssen. Wir durften keine Hilfsmittel nehmen. Ich kann es einfach nicht. Für mich ist es immer noch was Illegales. Der hat nie die gleichen Chancen wie einer, der es immer gewohnt war: Ach, kannst du Buch oder Taschenrechner benutzen. Das ist für ihn alles fremd." (2, 672-687)

C. Die Auswertung der Stakeholder-Befragung

Bezüglich der unterschiedlichen Lehr- und Lernkultur, der differierenden Lebens- und Verhaltensweisen im Hochschulumfeld, scheint ein an der Universität zu Köln entworfener **Studienkompetenzkurs**, nicht nur für ausländische sondern auch für deutsche Studierende ohne akademischen Hintergrund sinnvoll zu sein:

> „… wir haben diesen Studienkompetenzkurs entwickelt oder entworfen aus verschiedenen Teilstücken. So diese Kommunikation an der Uni. Das läuft hier ja ganz anders als in anderen Ländern.
> Und das ist aber auch teilweise für einheimische Studierende ohne akademischen Hintergrund auch nicht so ersichtlich. Wie schreibt man einen Professor an, wie schreibe ich überhaupt so eine E-Mail förmlich korrekt an einen Professor, wie bereite ich mich auf eine Sprechstunde vor, was ist das überhaupt? Das gibt es, glaube ich, gar nicht in allen Ländern. Also dieses Konzept Sprechstunde. Manchmal spricht man die Professoren einfach nur nach der Vorlesung an. Wie kriege ich Kontakt zu meinen Kommilitonen ohne gleich aufdringlich zu wirken? Und dann aber auch so was: Wie halte ich ein Referat, wie bereite ich mich darauf vor? Was ist Zeitmanagement und Selbstmanagement? Und wie kriege ich mein Studium gut organisiert, was ist eine Vorlesung, was ist ein Seminar? Also so dieses, was einem nach zwei Semestern ganz selbstverständlich erscheint... Das nehmen die dann halt vorher mit und sind dann besser vorbereitet.... Also, einfach die wirklich in die Uni reinzuholen und die nicht nur von außen beobachten zu lassen, was denn hier abgeht. Das ist, glaube ich, ganz wichtig."
> „Umgang mit dem Studium. Studiensystem in Deutschland, das muss man auch erst mal verstehen. Wie erwirbt man hier Leistungsnachweise? Muss ich sagen, die WiSo ist da vorbildlich mit ihrer Leistungsübersicht, auf der man immer sehen kann, wie viele Credits habe ich, wie viele Malus-Punkte habe ich? Das wünschen wir uns bei anderen Fakultäten ebenso. Dass man auf einen Blick sehen kann, wo stehe ich denn überhaupt?" (6, 311-316)

Es geht bei der Thematik um Kommunikation an der Universität, Vorbereitung auf die Sprechstunde, Halten von Referaten, Zeit- und Selbstmanagement, den Erwerb von Leistungsnachweisen, das Verstehen des Studiensystems in Deutschland generell.

Gerade **wissenschaftliches Schreiben** ist ein sinnvolles Unterstützungsangebot **auch für ausländische Promotionsstudierende:**

> „und oftmals gibt es, glaube ich, das Bedürfnis auch fachbezogener noch besser betreut zu werden. Und vielleicht spezielle Angebote für ausländische Studierende. Und auch so etwas wie wissenschaftliches Schreiben. Ich glaube das ist vielen, also, in deren Heimatländern ist das auch ein großes Thema, weil das anders verstanden wird als hier. Ich kriege immer wieder Rückmeldungen oder wir kriegen Rückmeldungen von Professoren, die Promovenden betreuen, dass sie sagen: Ich habe erst mal ihn gebeten noch mal Master-Kurse zu besuchen, weil sein… er ist, was die Intelligenz angeht, schon auf diesem Niveau, aber,

was das wissenschaftliche Schreiben angeht, muss noch ein bisschen was getan werden." (7, 678-686)

Und es scheinen durchaus **auch deutsche Studierende** auch aus höheren Semestern dieser Orientierung zu bedürfen:

„Also, wir haben ja diese Studienkompetenzkurse in Klips eingestellt und auch geschrieben für internationale Studierende. Und es hat sich mindestens ein Viertel bis ein Drittel deutscher Studierender dafür angemeldet. Was uns sehr überrascht hat. Und dann auch nicht nur aus dem ersten Semester, sondern auch aus einem höheren Semester."

Eine mögliche Abhilfe bei interkulturellen Problemen sei auch die **enge Begleitung und das direkte Ansprechen dieser Problematiken in der Studienanfangsphase**, wobei dies auch nach mehrheitlicher Meinung nicht damit getan ist, in einer einmaligen Veranstaltung Hinweise zu geben, da die Fülle der geballten Informationen durchaus überfordernd wirken kann, sondern eine tatsächliche Begleitung der Anfangsphase eventuell im Rahmen eines **Mentoring** als sinnvoll erachtet wird:[27]

I: „Könnten Sie sich da auch was vorstellen, was man da machen könnte?" B: „Im Prinzip durch die Begleitung der Anfangsphase. Die müsste letztendlich immer da sein. Dass sie so das Gefühl haben – so meinetwegen einmal im Semester – da ist so ein Tag, da gibt es Leute, die einfach mal ein offenes Ohr haben oder die mir einfach die Erlaubnis geben. Also, es ist oftmals eine Sache von Erlaubnis." (2, 688-692)
„Dass man den Leuten auch wirklich sagt, es ist total normal oder ihr bekommt es erlaubt, jetzt ein Hilfsmittel zu benutzen. Das ist hier nichts Schlimmes. Das muss denen gesagt werden. Und die müssen das mehrmals erfahren. Und da ist es auch nicht damit getan, dass man so zwei Tage irgendwie so eine interkulturelle Sensibilisierung macht und rattert alles runter was hier anders ist. Das ist zu viel. Und deswegen eben begleitend. Und da eben auch durchaus gucken, dass man im Rahmen von einem Mentoring Bildungsinländer dann auch dabei hat, die dann auch als Ansprechpartner da sind. Oder vielleicht der eine oder andere von den Dozenten." (2, 719-727)
„Und da ist es wichtig, dass da eben Tutoren sind, Mentoren, wie auch immer definiert, aus einem höheren Semester, die die da begleiten und sagen, so bestimmte Sachen, die laufen hier total anders." (2, 1434-1437)
„Da müsste einfach wieder geguckt werden, aber das wäre diese Anfangsphase auch dann zu sagen, so und da gibt es die Möglichkeit und du wirst mindestens zwei, drei Mal in der Anfangsphase mit diesen Organisationen konfrontiert. Studentenwerk, oder was AStA ist und so weiter. Also Fachschaften, wie sinnvoll die auch sein können. Weil, da kannst du Skripte kriegen, da kannst du

---

27 Vgl. Stemmer 2013, 43, 45, 192-195, 219-220.

was nachfragen. Und, und, und. So. Nicht nur am ersten Tag oder an den ersten zwei Tagen." (2, 2113-2118)

Ebenso **im Rahmen des Programms „Studienstart International"** der **Universität zu Köln** werden schon **Kurse zur interkulturellen Sensibilisierung** für deutsche und ausländische Studierende angeboten:

„Und auch diese Vernetzung, die ja sonst nicht so stattfindet, die dann auch... Wir haben diesen Kurs interkulturelle Sensibilisierung zum Beispiel. Der ist mit deutschen Studierenden. Und da kann sich jeder anmelden, aber wir gucken immer so, dass wir mindestens ein Drittel deutsche Studierende da drin haben. Damit das, ja, damit sich das für alle lohnt, sich kennenzulernen und wirklich international und interkulturell zu arbeiten."

„Oder wir haben ein Zertifikat zur interkulturellen Sensibilisierung. Da bescheinigen wir vom Auslandsamt den Studierenden – interkulturell sensibilisiert heißt das – den Studierenden Engagement, interkulturelles Engagement. Und das kann jeder Studierende erwerben, wenn er eben so bestimmte Komponenten abgeleistet hat, sage ich mal."

Zu e) Beziehungsprobleme im Umgang mit Kommilitonen, Lehrkörpern, Integrationsprobleme, fehlender Kontakt auch zu deutschen Studierenden

Probleme der Integration und der Beziehung zu Kommilitonen zeigen sich auch in **internationalen Lerngruppen**. Bei gemischten Lerngruppen, die häufig auch von Professoren initiiert werden, scheinen Bildungsinländer eher integriert zu werden. Bildungsausländer hätten, aufgrund diverser Vorurteile, auch was das Können betrifft, eher Anschlussprobleme. Ein typisches Beispiel hierfür scheint zu sein:

„Zwei typische Beispiele. Der Marokkaner an und für sich, wenn er naturwissenschaftliches Abitur hat, ist ziemlich gut in Mathe. Der Marokkaner ist in der Regel aber auch ein Moslem. Und ist was dunkler. Das heißt, der erlebt in der Anfangsphase oft Ablehnung. Warum auch immer. Das kann mit sprachlichen Sachen oder halt Vorurteile und so weiter sein. Mit einem Mal kriegt die deutsche Lerngruppe – und das ist das Schlimme, weil ja auch gerade Professoren hingehen und sagen, macht gemischte Lerngruppen – die haben sich schnell als Gruppe gefunden, weil wir sind ja alle gleich gut, wir haben ja alle in Deutschland Abi gemacht. Weiß ich denn, ob der andere ein gutes Abi gemacht hat?.. Oder gerade der Schwarzafrikaner, was haben die denn für Schulen da?.. Das sind einfach unheimliche Vorurteile. Und jetzt haben die aber mitbekommen, der Marokkaner, der ist gut. Willst du nicht bei uns in der Lerngruppe mitmachen? Aber das Faszinierende ist, bisher haben die meisten gesagt – es gibt da wenige Ausnahmen – die waren für die Lerngruppe dann okay in der Zeit der Lerngruppe. Das heißt aber nicht, in der nächsten Pause in der Mensa, da wäre einer von denen dann an den Tisch gekommen und hätte sich dazu

gesetzt. Und das ist so dieses Gefühl des „Ausgenutztwerdens". Und das ist das, was, wenn es angesprochen wird, relativ oft ist." (2, 410-430)
„Und dann sagte sie, sie hat in der Anfangsphase des Studiums erlebt – und sie war eine der wenigen Afrikanerinnen -, dass sie immer so separiert war. Wenn es um Lerngruppen ging. Mit ihr wollte keiner was machen. Und sie dann irgendwo immer gedacht hat, die mögen mich auch nicht und so weiter." (2, 445-449)
„Also, gerade die ausländischen Studierenden. Und wenn man das jetzt auf Vorlesungen, also auf Lehrveranstaltungen bezieht, ist es ja oft so, das ist das, was wir auch immer wieder mal hören, wir sind eine Leistungsgesellschaft ... es hat manchmal halt Nachteile, wenn man mit ausländischen Studierenden Arbeitsgruppen und so weiter bildet. ...Und das ist auch die Erfahrung von vielen ausländischen Studierenden, dass sie da oft nicht so integriert sind. Jetzt denke ich, es ist aber vielleicht ein Ansatz, über kulturelle Veranstaltungen den Kontakt zu schaffen, herzustellen. Und wenn die Leute sich erst mal kennen, weise ich schwerer jemanden ab, als jemanden, den ich nicht kenne. Und vielleicht werden auch einfach Berührungsängste abgebaut und so." (4a, 334-344)
„Wobei in AGs ... ist es auch oftmals problematisch. Da ist man ja gezwungen zusammen zu arbeiten und trotzdem scheitert es vielleicht. Aber ich denke, dass Sprachkenntnisse doch ein wichtiges Thema sind." (7, 399-402)

Und wenn es dann wirklich innerhalb der Arbeitsgruppe funktioniert, scheint dies noch **nicht zu bedeuten, dass eine tatsächliche Integration** stattfindet. Es scheint tatsächlich schwierig zu sein, Anschluss über die Zeit der Lerngruppe hinaus zu finden. Aber auch die Kontaktanbahnung ergibt sich erfahrungsgemäß nicht von selbst, sondern muss tatsächlich institutionalisiert werden, möglicherweise auch über ein Kennenlernen in kulturellen Veranstaltungen, Exkursionen etc. Der **fehlende Kontakt zwischen deutschen und ausländischen Studierenden** wird sogar teilweise als eines der Hauptprobleme ausländischer Studierender gesehen. Hinderlich sind einerseits auch die Sprachbarriere aber auch gegenseitige unterschwellige Vorurteile:

„... Und dazu ist es ganz wichtig, dass man eben auch Kontakte herstellt, die ergeben sich nicht von alleine, die muss man tatsächlich herstellen zwischen Deutschen und internationalen Kommilitonen. Dass da so eine Art Beziehung, studentische Beziehung auf vielen Ebenen entsteht, dass die auch wirklich viel in Gruppen arbeiten. Ich glaube so was wie internationale Gruppenarbeiten oder so wäre für alle sehr bereichernd." (5, 200-204)
„Und generell so das größte Defizit ist, glaube ich, dass die Gruppe der ausländischen Studierenden zu wenig Kontakt mit den Deutschen kriegt und die Deutschen zu wenig Kontakt zu den Ausländern aufnehmen. ... Wir hören oft rührende Geschichten, wie Ausländer sich bemühen in einen deutschen Kreis zu kommen. Sei es über eine AG oder über irgendwas und oft scheitern sie. Weil sie sprachlich nicht so perfekt sind, weil sie nicht bewusst ausgegrenzt werden, aber kriegen irgendwie das Gefühl, nee, mit dir arbeiten wir nicht so

gerne, du legst uns die Gruppe lahm oder so was. Es wird nicht explizit ausgedrückt. Und ich wüsste nicht wie man das lösen kann." (6, 339-350)
„... dass sie sich auf einer drei-, viertägigen Exkursion kennenlernen. Und wenn schon mal Deutsche mit waren, das hat dann auch oft dazu geführt, dass die sich hinterher noch getroffen haben, mal auf ein Bier und so. Das wäre eine schöne Vernetzungsmöglichkeit. Aber es ist unglaublich schwer, diese beiden Gruppen miteinander zu vernetzen." (6, 360-365)

Fehlender Kontakt zu deutschen Studierenden, aber auch generell, wird also häufig als Problem thematisiert. **Abhilfe** schafft hier für einen Teil der ausländischen Studierenden das **Programm „Studienstart International" der Universität zu Köln**. Ein möglicher Kontakt zu deutschen Studierenden ergibt sich manchmal im **Studentenwohnheim** oder bei anderen **Veranstaltungen gerade bei Studienbeginn**, da in dieser Phase jeder erst einmal neu ist:

„Viele klagen über mangelnden Kontakt." (4a, 332)
„Der Austausch." (3a, 333)
„Also ich weiß, dass die asiatischen Studierenden in der Regel sehr dankbar sind für so eine feste Struktur am Anfang. Weil sie sich dann schneller und besser zurechtfinden. Und die auch sonst vielleicht Kontaktschwierigkeiten eher haben, sich mit anderen Studierenden zu vernetzen. Und das klappt in diesen ganz gemischten Gruppen sehr gut, dass sie sich dann eben nicht nur untereinander, weil wir dann ja auch gar nicht so viele asiatische haben, zusammenschließen. Sondern eben auch mit den arabischen Kommilitonen und denen aus den USA und Afrika oder so." (5, 71-77)
„Und auch diese Vernetzung, die ja sonst nicht so stattfindet, die dann auch... Wir haben diesen Kurs „interkulturelle Sensibilisierung" zum Beispiel. Der ist mit deutschen Studierenden, und also da kann sich jeder anmelden, aber wir gucken immer so, dass wir mindestens ein Drittel deutsche Studierende da drin haben. Damit das, ja, damit sich das für alle lohnt sich kennenzulernen und wirklich international und interkulturell zu arbeiten. Und das sind teilweise dann die einzigen Kontakte zu deutschen Studierenden, die unsere Studierenden auch haben, die etwas tiefer gehen als ein „Hallo" in der Vorlesung oder so. Also da lernen die dann wirklich auch mal deutsche Studierende etwas näher kennen. Also, so dieses, die Studierendenschaft zusammenzubringen, das ist schon noch schwierig, aber es ist ganz wichtig eben für die Integration in die Studierendenschaft, dass die sich gegenseitig kennenlernen."
„Im Studentenwohnheim." (10, 957)
„Ja, meistens so die ersten Begegnungen, zum Beispiel im Studienbeginn, gab es ja früher Infoveranstaltungen und dies und das – und so die Leute, die man da zum ersten Mal trifft, die begleiten einen dann auch irgendwie durchs Studiums. Weil dann irgendwie jeder neu ist." (9, 958-961)

Der Kontakt kann aber auch durch **interkulturelle Missverständnisse (critical incidents)**[28] erschwert sein – typische Beispiele treten bei Verabredungen auf, bei Kommunikationssituationen:

„ein Tandem-Programm. ... Was auch sehr gut angenommen wird von den Studierenden. Aber da sind auch manchmal interkulturelle Probleme. Wie beispielsweise: man verabredet sich und der deutsche Student sagt, heute kann ich nicht, nächste Woche kann er wieder nicht und der ausländische Student empfindet das irgendwie als Zurückweisung: er will nichts mit mir zu tun haben. Und der deutsche Student hat nur einfach gesagt, ich kann jetzt diese Woche nicht, ich meine es aber trotzdem ernst. Und vielleicht auch generell interkulturelle Probleme, man sollte diese nicht überbewerten, aber sie sind doch auch da. Und so können Missverständnisse entstehen und, dass man sich vielleicht ausgegrenzt fühlt und der andere wollte einfach bloß etwas fragen. Wenn man zu neugierig ist, kommt das vielleicht nicht gut an. Wenn man nicht neugierig ist, heißt das, man interessiert sich nicht für jemanden. Aber einfach die Kommunikation." (7, 384-398)

Aber es gibt auch eine tatsächliche **sprachliche Barriere**, die den Kontakt verhindern kann, wobei **ausländische Austauschstudierende anscheinend leichter Kontakt** zu deutschen Studierenden finden können, da diese meist von Partneruniversitäten kommen und hier ein Austausch leichter hergestellt wird:

„Also, das sind Austauschstudierende, die jetzt für ein Semester oder maximal zwei Semester hier sind.... Und da ist aber auch bei deutschen Studierenden die Bereitschaft noch größer, sich zu öffnen, weil das Partnerunis sind. Und das sind dann deutsche Studenten, die schon da waren oder demnächst dahin gehen.... Und außerdem kommen dann die Studierenden immer in Gruppen von mindestens zwei bis sieben, im Falle von bestimmten japanischen Universitäten. Und dann sind sie auch untereinander miteinander vertraut." (7, 431-442)

Wobei einige Probleme auch strukturell begründet sind, also an der **Größe der Universität zu Köln** liegen, die die Kontaktanbahnung oft dadurch erschwert, dass sich die Studierenden möglicherweise nicht wiedertreffen:

„Und vielleicht an der Uni Köln spezifisch, da sich die Studie auf die Uni Köln auch beschränkt, die Größe der Uni. Manchmal ist es ein Vorteil, manchmal ist ein Nachteil. Weil du ja irgendwie nicht dich in Kleingruppen wiederfindest mit 20 Studenten, mit denen du immer unterwegs bist. Sondern, da musst du auch viel Eigeninitiative haben und Mut, Leute anzusprechen, damit du auch Anschluss findest." (7, 79-84)

„...weil die Uni Köln sehr, sehr groß ist und man sich nicht unbedingt wieder trifft auf dem Campus in bestimmten Studiengängen, gerade WiSo, Jura. Wenn

---

28 Vgl. Stemmer 2013, 122, 191-192, 214, 255, 263.

> die Anfangsveranstaltungen alle so riesengroß sind, trifft man sich nicht unbedingt wieder." (6, 87-90)
> „Und ich glaube, die Größe der Universität / Hochschule spielt auch eine Rolle." (7, 398-399)
> „Ist ja auch für deutsche Studierende und alle. ... Also, es klingt jetzt so einfach, ... es gibt ja auch viele, die ganz schüchtern sind. ... und es ist sehr schwer in einer großen Uni Freunde zu finden. Da muss man gucken, ... da, es muss viel mehr Angebote geben. ... Also, die kommen, machen ihre Klausuren und gehen dann wieder zurück. Und das ist ziemlich schade. Vor allem, wenn man jetzt alleine lebt, ist das ziemlich schade, finde ich. Da müsste es viel mehr Kommunikation geben. So Kneipenbummel und Feste." (10, 775-785)

Dennoch liegt es zu einem Teil natürlich **auch in der Person des ausländischen Studierenden selbst**, ob er eher kontaktfreudig ist oder eher nicht, bzw. auch darin, auf welches Gegenüber er gerade trifft:

> „... gut, es gibt auch ausländische Studierende, die total toll integriert sind, die das Glück hatten, sind in eine WG reingeraten oder hatten Kommilitonen, die von vornherein offen auf die zugegangen sind" (2, 430-432)
> „Aber das ist natürlich auch unterschiedlich. Es gibt Leute, die werden schnell Kontakt haben. Andere weniger schnell." (4, 116-117)
> „Es ist ja nun auch nicht nur kulturell, es ist ja auch individuell sehr unterschiedlich. Wie komme ich mit einer Situation zurecht? Kann ich mich öffnen oder so?" (4, 167-168)

Fehlende Kontakte allgemein scheinen für viele ausländische Studierende **zum psychischen Problem** zu werden.

Hier sind gerade zur Unterstützung die **Internationalen Hochschulgruppen ein wichtiges Instrument, in denen sich Freundeskreise bilden können**:

> „Und viele behalten auch ihre Probleme für sich. Also ich kenne viele, die sich im Laufe des Studiums verändern und dann auch so ein trauriges Gesicht annehmen. Weil die halt so viel Stress haben und so viele Probleme und andere Dinge. ... Wo wir sagen, was ist denn los mit dir? Und wo man sich denkt, schade. Dann ... auch diese Hochschulgruppen sind halt wichtig. Die bilden Freundeskreise. Die Leute, die ich gesehen habe, die so zusammen sind, die sind wirklich immer gut drauf, die helfen sich, die haben jemanden mit dem sie reden können. Aber es gibt so einige, die sind dann ganz alleine, die gehen in die Bibliothek lernen und dann wieder nach Hause zurück."
> „In der Anfangsphase, die ersten zwei Jahre, die ich hier studiert habe, hatte ich, glaube ich, nur drei Freunde. Und einer von denen war aus meiner Heimatstadt. Also das heißt eigentlich nur zwei oder drei Leute neu kennengelernt. So maximal. Mehr als fünf waren es nicht. Leute, die ich kannte. Dann habe ich die Hochschulvereinigung kennengelernt. Dann hatte ich plötzlich einen größeren Kreis von bekannten Leuten. Und wenn man sich dann regelmäßiger trifft, weil man eine bestimmte Agenda hat oder weil man Veranstaltungen hat,

die man verwirklichen will, dann kommt man sich auch näher. Und dann hat man auch wiederrum neue Freunde. Und der Freundeskreis erhöht sich. Und dann macht auch Uni mehr Spaß. Dann ist dieses Uni nicht nur ein Stressfaktor."

Hier wäre weiterhin ein **Forum** zu geben, dass sich studentische Vereine zu Studienbeginn noch mehr präsentieren können:[29]

„Weil, jetzt haben wir nicht mehr die Möglichkeiten, uns den neuen Studierenden vorzustellen. Und das ist eigentlich ganz schlimm. Weil, die kommen an die Uni, die kennen niemanden und wir sind aber da, aber wir können die nicht erreichen. Und vielleicht haben die eine Wohnung gefunden, wo sie kein Internet haben, wo sie sich informieren können. Und das ist dann immer ganz schwierig, da den Kontakt herzustellen."

Ein gelungener Start in Bezug auf das Knüpfen von Kontakten scheint unheimlich **wichtig auch für den weiteren Verlauf des Studiums** zu sein. Auch sei es schwierig, wenn man zu Anfang den Anschluss und die Gelegenheit verpasst hat, später noch Kontakte zu knüpfen. Z. T. sei auch Konkurrenzdenken besonders gegen Ende des Studiums dafür verantwortlich:

„Ja, das ist wirklich so. Jeder ist neu, man hat noch keine Vorurteile, man hat noch nicht diesen Stress. Man hat dann zumindest irgend so einen Ansprechpartner oder man belegt dann Kurse, wo man sich dann wiedertrifft. Dann hat man schon mal eine Bezugsperson. Und das ist ganz wichtig. So wie es anfängt, so geht es auch meistens weiter. Und wenn man einen schlechten Start hinlegt, dann geht das ganze Studium erst mal für eine ganze Weile so weiter." (9, 963-968)
„Man ist eher alleine, man kommt irgendwie mit der Uni nicht zurecht. Und dies. Aber sobald man von Anfang an Freunde findet und irgendwie eine Bezugsperson hat, dann hat man immer Leute, die einen auch durchs Studium mit begleiten und man kommt viel besser damit zurecht." (9, 970-973)
„Ach ja, genau, mit Bekanntschaften, … Und wenn man das verpasst hat, dann kommt man sehr schwierig in die Unigemeinschaft rein." (10, 995-998)
„Das stimmt. Also ich finde keine Freunde irgendwie." (9, 999)
„Genau. Ich komme zum Beispiel aus …, also ich komme gar nicht aus Köln. Ganz schwierig Freunde zu finden. Da hat man zwei, drei Personen, die man in der O-Phase irgendwie sympathisch fand. Dann redet man miteinander, wenn man sich trifft, aber wenn es keine gemeinsamen Aktivitäten gibt oder irgendwie was gibt, wo man gemeinsam hingehen kann, dann ist es schwierig, den Kontakt zu halten. Und man hat ja auch ein bisschen Wettbewerb hier an der Uni."

---

29 Vgl. zur Problematik Stemmer 2013, 43, 192-193, 236, 252.

„Aber es ist halt so wirklich, dass viele dann Konkurrenzdenken haben. Das zeigt sich allein bei Lernmaterialien. Also der eine will dem anderen nicht zeigen, was er da geschrieben hat." (10, 1037-1040)

Aber auch die **Beziehung zu den Dozenten** ist häufig von Missverständnissen und interkulturellen Kommunikations- und Interpretationsschwierigkeiten **(critical incidents)** geprägt. Wie auch das folgende Beispiel einer Biologiestudentin aus Afrika klar zeigen kann:

„… eine Biologiestudentin hatte die letzte Prüfung, die hat sie mit eins Komma irgendwas abgeschlossen. Dann kommt der Professor zu ihr hin und sagt, das hätte er ihr nicht zugetraut. Sie hat das direkt ablehnend erlebt. So: von wegen, du als Afrikanerin, du kannst doch nicht denken. Das heißt, sie hat ja viele Vorerfahrungen in der Richtung gehabt. Und da habe ich versucht zu sagen: Kann das vielleicht auch sein, dass du vorher nicht aktiv mitgemacht hast und er dich gar nicht einschätzen konnte und jetzt aber positiv überrascht war? Und das fiel ihr unheimlich schwer das zu akzeptieren." (2, 433-440)

Zu f) Sprachprobleme

Sprachprobleme seien ebenso ein nicht zu unterschätzendes Problem der ausländischen Studierenden auch an der Universität zu Köln. Auch die Begrüßungsveranstaltungen im Rathaus fänden inzwischen mehr und mehr auf Englisch statt. Aber auch während des Studiums und des normalen Lebens treten wohl stärkere sprachliche Probleme auf. Hier ist die Universität gefragt, welche **Zugangsvoraussetzung** für ein Ausländerstudium bezüglich der deutschen Sprachfähigkeit gesetzt werden. Häufig seien die deutschen **Sprachfähigkeiten zu Beginn des Studiums sogar besser** und würden sich während des Studiums eher verschlechtern:

„Also, das ist einfach ein Punkt, der noch mal angesprochen werden kann.... also ohne Sprache eine Integration haben zu wollen, empfinde ich als schwierig. … Zumal wir ja wissen, hinter der Sprache verbirgt sich auch eine Kultur." (3, 258-262)
„Ja. Und auch – ich meine beim Einkaufen, bei allem. Heute sprechen mehr Leute Englisch in Deutschland als vor 20 Jahren. Und trotzdem." (4, 263-264)
„Gut und bei den Bachelor... das kriege ich oft mit bei den Austauschstudenten. Bei den Programmstudenten.... Und die Leute sprechen wirklich oft ganz, ganz wenig oder gar nicht Deutsch.... Ich weiß nicht inwieweit das einfach auch als Erfahrung... was ja auch okay ist... Auslandserfahrung zu machen. Nur... ich glaube die Sprache wird da oft ein bisschen vernachlässigt." (4, 267-277)
„Ja, das sind aber auch Voraussetzungen, die die Hochschule setzt.... also welche Voraussetzungen muss der ausländische Student mit sich bringen, um hier in Köln studieren zu können? Und wenn die deutsche Sprache da keine Rolle spielt, das ist eine große Barriere, die zu überwinden ist." (3, 278-282)

Teil I: Problemlagen, Unterstützungsmaßnahmen und die Rolle der Universität zu Köln

„… wir erleben das jetzt auch im Rathaus. Wir sprechen da schon Englisch. Wir begrüßen mittlerweile schon in Englisch." (4, 283-284)
„… mehr als 50 Prozent der Austauschstudenten kommunizieren mit uns nur in englischer Sprache." (3, 289-290)
„Und ja, die Sprache ist ganz wichtig. Und es ist ja auch oft so, dass die am Anfang besser ist als am Schluss. Also da gibt es Untersuchungen zu, dass die mit der Prüfung zur Hochschulzugangsberechtigung praktisch ihren Zenit erreicht haben und dann wieder absinken. Also, dass man für die Sprache immer wieder sensibilisiert und Angebote schafft,…" (5, 193-197)
„… das Sprachproblem ist natürlich auch ein großes Problem, wobei wir ja schon vorbereiten und von Anfang an großen Wert darauf legen, und die Studierenden darauf hinweisen. Aber dennoch ist es was anderes, gut Deutsch zu sprechen und eine Klausur in Rechtswissenschaften zu schreiben oder Wirtschaftsinformatik beispielsweise" (7, 71-74)

Grundsätzlich sei es dann nochmals ein Unterschied, möglicherweise eine gute deutsche Sprechfähigkeit zu haben, aber dann eine **Klausur** auf Deutsch im jeweiligen Fachgebiet zu bestreiten. **Erfahrungswerte** zeigen, dass vieles an einer guten Beherrschung der deutschen Sprache liegt: **diejenigen ausländischen Studierenden mit guten Deutschkenntnissen seien meist gut integriert, wären erfolgreich in Prüfungen und hätten auch wenig Probleme mit der Ausländerbehörde:**

„Aber ich denke, dass Sprachkenntnisse doch ein wichtiges Thema sind. … Weil diejenigen, die sehr gut Deutsch reden, kriegen wir auch in der Betreuung mit, sie haben sich sehr gut integriert, sie schreiben auch gute Klausuren, sie haben wenig Probleme auch mit der Ausländerbehörde. Und diejenigen, die wenig Deutsch sprechen, die haben auch alle anderen Probleme. Also in der Regel ist es so." (7, 401-407)
„aber die internationalen Studierenden haben riesige Probleme. Das wissen Sie ja. Allein sprachlich. Sprachlich reinzukommen. Vom Lernen. Wenn man schon Sprachprobleme hat und dann soll man noch diese riesigen Klausuren bewältigen. Das ist wirklich eine große Herausforderung. Und schon schwierig." (10, 1181-1184)

Zu g) Wohnraumprobleme

Probleme mit dem Wohnraum treffen angesichts einer Versorgungsquote von nur 7 Prozent insbesondere auch ausländische Studierende, da es für diese Studierendengruppe auf dem privaten Wohnungsmarkt wesentlich schwieriger sei als für deutsche Studierende, eine Wohnung zu finden. Zahlen des Kölner Studentenwerks sprechen von 10.280 Bewerbern in 2012, wobei nur 3.175 Bewerber versorgt werden konnten. Der Anteil der Versorgung an ausländischen Studierenden beträgt hierbei um die 36 – 38 Prozent. Z. T. wird vermutet, dass manchmal hier inoffiziell auch Freunden ein Dach über dem Kopf gewährt wird.

Probleme sind

— dass der Wohnungsmarkt in Köln grundsätzlich überlastet ist und diese Überlastung sich dann auch auf die Situation in den Wohnheimen auswirkt:

> „Wohnen in Köln ist sowieso ein schwieriges Problem. Und jetzt werden ja auch aktuell einige Wohnheime renoviert. Insofern ist noch weniger Platz in den Wohnheimen als sonst." (7, 272-274)
> „Aber es gibt nur wenig Wohnraum. Und die ausländischen Studierenden beschweren sich auch. Das ist etwas, was in den letzten Wochen immer wieder passiert und ich immer wieder zu hören bekomme, ist, dass viele, also dass wenige deutsche Studierende im Wohnheim wohnen in letzter Zeit. Und dass sie gerne noch mehr Deutsche kennenlernen würden." (7, 286-290)

In manchen Wohnheimen scheint die angestrebte Mischung zwischen ausländischen und deutschen Studierenden nicht möglich zu sein, aber dies auch aus den Gründen, dass deutsche Studierende nicht unbedingt in billige, weniger gut ausgestattete oder auch außerhalb liegende Wohnheime gehen wollen:

> „Das Studentenwerk hat Vorgaben, die sollen immer für die Mischung sorgen. ... einige sehr günstige Wohnheime, für 138 Euro ein Zimmer, wie in der Grüngürtelstraße, in Rodenkirchen, sind sehr beliebt bei Ausländern. Weil die Miete relativ viel günstig ist. Und nicht so beliebt bei Deutschen, weil es ein bisschen auswärts liegt. Die können sich mit Unterstützung der Eltern eher was Besseres erlauben. ... dass manche Wohnheime auch in Efferen, Hürth-Efferen liegen, dass da mehr Ausländer wohnen. Gewollt ist das eigentlich nicht, die Mischung ist schon gewünscht, aber der Markt dirigiert da auch rein, ne? Günstige Mieten können die Ausländer leichter bezahlen. Und die Deutschen nehmen was Höherwertigeres. Dadurch kommt es zu dieser Drift. Man kann das nicht steuern jetzt. Klar können die sagen, wir verteilen jetzt auch demnächst 30 Prozent Deutsche in die Grüngürtelstraße, aber der Konflikt ist dann schon vorprogrammiert. Die fühlen sich da dann nicht so wohl. Die Zimmer sind klein. Ich habe doch mehr Geld, gebt mir was anderes. Das sind dann Marktdinge, die da eine Rolle spielen." (6, 292-309)

Grundsätzlich wird natürlich dafür plädiert, gemischte Wohnheimsituationen zu fördern („*dass es da nicht zu Ghetto-Bildungen kommt*" (1, 701)).

— dass die Studierenden aus ihren Heimatländern oder anderen Studienländern teilweise gewöhnt sind, dass gleichzeitig mit dem Studienplatz auch ein Zimmer gestellt wird und so keine eigenen Bemühungen im Vorfeld stattfinden. Hier könnte mehr Vorinformation über die Praxis in

Deutschland betrieben werden, dass grundsätzlich die Studierenden selbst auch gefordert sind, sich zu kümmern:

„Und zumal die oft auch noch, je nachdem, wo sie herkommen, auch einfach andere Zustände gewohnt sind. Es ist ja in manchen Ländern, da braucht man nur nach Frankreich gehen, in dem Moment, wo ich einen Studienplatz habe, habe ich auch ein Zimmer..... Die sind unser System nicht gewohnt. Oder auch in Italien ... ja, bei uns sind so viele Zimmer frei, Wohnhauszimmer. Die kennen das nicht ... Manchmal ist es dann leicht zu sagen, ja, die kümmern sich ja gar nicht. ... Aber nicht, wenn man aus einem System kommt, wo man gewohnt ist, ich habe einen Studienplatz, dann bekomme ich auch ein Zimmer. Das ist ein Gesamtpaket. Und es gibt Länder, da ist das so."
„Richtig. In Frankreich oder vielleicht auch woanders. Aber das ist eine wesentliche Aufgabe der Uni Köln oder des Gastgebers. Also wenn die Uni Köln die ausländischen Studierenden hier zum Studium einlädt und sagt, du darfst hier bei uns ab nächstem Semester studieren, dann muss der Gast die Information bekommen, dass er sich auch selbstständig und eigenständig um die Unterkunft zu kümmern hat. Oder man sagt, okay, wir als Institution, als Universität, als Gastgeber kümmern wir uns auch darum, dass ihr irgendwo untergebracht seid."

– dass das Kölner Studentenwerk grundsätzlich bei weitem zu wenig Kapazitäten hat und Ideen wie ein Guest-House in der Umsetzung an Geldproblemen, Zuständigkeiten und fehlenden Kooperationsmöglichkeiten scheitern:

„ist, glaube ich, schon Fakt, dass im Moment die Studenten damit so ein bisschen alleingelassen sind, oder? Also ich meine, die haben die Möglichkeit, sich ... zu bewerben. Manche haben Glück. Wie viel Prozent?" ... „Also die Free Mover sind mit Sicherheit alleingelassen."
„Das wäre natürlich der Traum. Auch so ein Guest-House und alles Mögliche. Was ja immer schon wieder angesprochen wurde, was ja nie umgesetzt wurde."
„... welche Möglichkeiten haben wir und unsere Kapazitäten sind begrenzt. Auch finanzielle Kapazitäten.... Wir können das nicht alleine stemmen.... Wir können nur das machen, was wir können."

– dass zwar manchmal Wohnungsangebote kommen, aber nicht für Studierende passende, sei es von der Lage her, vom Preis her, sei es von der fehlenden Möblierung her, auch wie die Aktion „Wohnraum Köln"[30] z. T. zeigt. Hier kamen zwar nach Aussagen mehr Angebote von Privat-

---

30 Die Initiative „Mein Zuhause in Köln" startete 2013 einen Bürgeraufruf "Vermieten Sie an Studierende!" und versuchte mit einer Privatzimmer-Online-Börse mehr Wohnraum für Studierende anzubieten. Online: http://www.kstw.de/index.php?option=com_content&view=article&id=958&Itemid=484&lang=de (Stand 12.9.2013).

vermietern (180 Angebote statt vor der Aktion 65 Angebote), dennoch teilweise nicht wirklich geeignete *„ich habe ja eben bewusst gesagt, geeignete Angebote fehlen."*

– dass Studierende, die sehr spät die Studienzulassung bekommen, wie beispielsweise Studierende der Medizin, keine Möglichkeit mehr haben Zimmer zu erhalten, hier wäre ein Notkontingent hilfreich:

> „Große Probleme bringt immer wieder die Wohnungssituation. Also überhaupt erst mal ein Zimmer zu finden im Studentenwohnheim. ... die Studierenden haben sehr lange in das Semester hinein noch Wohnungen gesucht. ... Und zum Beispiel die Mediziner bekommen ihre Zulassung erst sehr spät, also die wissen erst teilweise Anfang Oktober, dass sie dann auch studieren. Und ja, da wäre es natürlich toll, wenn man so ein Notkontingent an Zimmern hätte, die man dann in dem Fall vermieten könnte. Und wenn es nur für, weiß ich nicht, drei, vier Monate ist, dass sie Zeit haben sich was zu suchen und nicht das erste Semester damit vergeuden müssen, nicht zu wissen wo sie wohnen oder von Frankfurt nach Köln zu pendeln oder so. Denn so lebt man sich auch nicht in sein Studium ein." (5, 253-263)

Für Austauschstudierende besteht z. B. ein Zimmerkontingent in den Wohnheimen.

> „Aber für die Austauschstudierenden, ... ein Kontingent... Von 22 Plätzen pro Semester. Diese werden an Austauschstudierende vergeben." (7, 274-280)

– dass viele Studierende Hilfe bei der Wohnungssuche benötigen:

> „Wir könnten jetzt keine Zahl genau nennen, aber es gibt wirklich viele Hilfsanfragen. Es gibt Fragen, wo jemand eine Wohnung sucht oder da Hilfe braucht. Oder auch eine Wohnung, die jetzt, also zum Beispiel: Mädchen wollen ja meistens in eine Mädchen-WG. So an ihre Bedürfnisse angepasst." (10, 62-66)

Zu h) Juristische Fragen, auch bezüglich Aufenthaltsrecht

Juristische Probleme mit dem **Aufenthaltsrecht** oder auch Probleme mit gerade den **Ausländerbehörden**, seien typische Probleme bildungsausländischer Studierender. Als schwierig empfunden werde die vom Aufenthaltsrecht geforderte Offenlegung der finanziellen Verhältnisse, der Nachweis der Studienleistungen und die Konsequenzen des Aufenthaltsverlustes, die bei einem Nichtnachweis drohen. Hier bestehen immense Ängste der bildungsausländischen Studierenden vor der Ausländerbehörde schon von Anfang an, auch vor dem Behördengang an sich:

> „Typische Probleme sind natürlich die Probleme mit den Behörden. Das man auch alles offen legen muss, dass man auch viel, also sehr transparent sein muss

Teil I: Problemlagen, Unterstützungsmaßnahmen und die Rolle der Universität zu Köln

im Vergleich zu deutschen Studenten beispielsweise, das erzählen uns viele." (7, 68-70)
„zum Beispiel chinesische Studierende. Die waren ja im Heimatland sehr gute Studierende, die haben an sogenannten Olympiaden, wie sie in China üblich sind, in der Schule teilgenommen und Bestnoten immer gehabt. Und in Deutschland kommen sie oftmals damit nicht klar, dass sie bei den Behörden als, ... als Ausländer dann oftmals wird auch nicht differenziert zwischen Studierenden und regulären in Deutschland wohnenden Ausländern, das macht ihnen dann oft zu schaffen." (7, 227-233)
„... die Ausländerbehörde fordert mindestens monatlich 700, 800 Euro zur Verfügung zu haben. Wenn man die nicht hat, ist gleich der Aufenthaltstitel gefährdet, wenn die das nicht nachweisen können. Also, diese ständige Angst, ich muss zu den Behörden gehen und die Hose runterlassen. Die wollen alles wissen. Bin ich krankenversichert, sind meine Studienleistungen gut? Da haben die eine unheimliche Angst vor. Ich versuche oder wir versuchen, die immer wieder zu nehmen. Weil wir sehr gute Kontakte zur Ausländerbehörde haben und auch Einzelfälle mit denen hervorragend besprechen können und Lösungen finden. Aber die Angst ist denen nicht zu nehmen. Also es ist entsetzlich." (6, 236-244)
„Für internationale Studierende kenne ich ja die Betreuung im Akademischen Auslandsamt. Die ist super. Also, weil ich habe auch schon mal Studenten gesagt, geht mal dahin. Und die sind auch gegangen und die haben auch wirklich ihre Probleme gelöst bekommen. Weil, da gibt es ja so Sachen wie Ausländerbehörde. Die haben eine riesige Angst. Also vor allem die, die anfangen, haben eine riesige Angst." (10, 1190-1194)
[Betreuung Akademisches Auslandsamt der Universität zu Köln] „Und das ist ganz toll, wenn es so etwas gibt. Dass sie diese Unterstützung, diese Rückendeckung bekommen. Also vieles ist psychologisch. Allein dieses so „sich aufgenommen" Fühlen. Das ist ganz wichtig." (10, 1215-1217)
„... gerade im Zusammenhang mit den Hochschulgruppen, die [Ausländerbehörden] wollen denen anbieten mal zu hospitieren. Dass einzelne ausländische Studierende mal vorübergehend in die Büros der Mitarbeiter der Ausländerbehörde kommen. Damit die sehen wie deren Alltag läuft. ... Das ist auch gut um so ein bisschen die Berührungsängste zu nehmen." (6, 246-251)
„Die Ausländerbehörde in Köln ist auch sehr offen. ... Da haben wir großes Glück. Und die Kooperation ist wirklich hervorragend." (7, 253-255)

Die zugrundeliegende Problematik in diesem Punkt ist aber zumeist von der Gesetzgebung her definiert und also grundsätzlicher Natur. Dennoch sind die **Ängste**, die ausländische Studierende mit diesen Fragen und gerade mit der Ausländerbehörde verbinden, groß. Hier scheint gerade das **Akademische Auslandsamt der Universität zu Köln** mit seiner durchwegs gelobten Betreuungsleistung einen großen Vermittlungsschritt zu tun, aber auch die Ausländerbehörde in Köln selbst beabsichtigt, Berührungsängste zu nehmen. In Köln scheint die **Zusammenarbeit** zwischen den einzelnen Stellen und auch der Ausländerbehörde gut zu funktionieren.

3.2. Auswirkungen politischer Entscheidungen auf die Situation von Bildungsausländern

Gerade politische Entscheidungen wirken sich bei diesem Thema natürlich auch auf die Situation an den Hochschulen aus. Dies gilt einerseits, wie oben schon genannt, für **bundesländerspezifische Maßnahmen** bspw. die Einführung oder Abschaffung von **Studiengebühren**, die Abschaffung **übergreifender fördernder Maßnahmen wie Studienkollegs** oder auch die **Verschiebung außenpolitischer Schwerpunkte**. Dies beeinflusst sowohl die Anzahl der Studierenden als auch die Grund(problem)situation, mit der die Studierenden schon an die Hochschulen kommen:

> „Was ich in den letzten Jahren beobachtet habe: insgesamt kommen weniger Studierende als es früher der Fall war aus den nordafrikanischen Ländern. Also Marokko, Tunesien und Algerien (das waren nie so viele), aber gerade Marokko, Tunesien da hat es also sehr hohe Zahlen von Studierenden gegeben. …. Aber insgesamt hat da die Zahl sehr stark abgenommen. Also merkt man da teilweise auch die Prioritäten, die die deutsche Außenpolitik setzt: also wo sie Visumserleichterungen schafft und besonders dafür wirbt, dass Studierende hierher kommen. Und das hat sich in den letzten zehn Jahren halt ganz eindeutig geändert. Dies[31] hängt natürlich auch mit politischen Dingen wie 9/11 und so weiter zusammen. Dass da auch die Sicherheitsüberprüfungen wesentlich höher geworden sind und so weiter." (1, 247-258)

Die **deutsche Außenpolitik** scheint mit Visumserleichterungen und länder- und regionsspezifischer Anwerbung von Studierenden bzw. verstärkten Sicherheitsbeschränkungen hier Akzente zu setzen.

Gerade von den Entscheidungen und Akzenten die die **Bundesregierung und noch viel mehr die jeweilige Landesregierung** setzen, sind die Hochschulen in starkem Maß auch häufig negativ betroffen. Große Auswirkungen auf die Universität zu Köln hat die **Abschaffung der sogenannten Studienkollege in Nordrhein-Westfalen**, durch die die ausländischen Studierenden zuvor relativ gut vorbereitet an die Universitäten kamen. Im Rahmen von staatlichen Studienkollegen, die nach wie vor in vielen oder allen Bun-

---

[31] Online: http://www.migazin.de/2013/07/29/wissenschaftsrat-fordert-verstaerkte-anwerbung-von-auslaendischen-studenten/; http://www.zeit.de/studium/uni-leben/2013-03/ausland-unis-studenten-eu; http://www.svr-migration.de/content/?p=4795; http://www.kooperation-international.de/detail/info/deutsches-studentenwerk-zum-aktionsplan-der-bundesregierung-quotauslaendische-fachkraefte-bereits.html; http://www.spiegel.de/unispiegel/studium/haushaltsentwurf-2014-daad-stipendien-bedroht-a-908451.html. (Stand 29.7.2013).

Teil I: Problemlagen, Unterstützungsmaßnahmen und die Rolle der Universität zu Köln

desländern außer NRW angeboten werden, können ausländische Studienbewerber, deren Schulabschlusszeugnis nicht zum direkten Studium an einer deutschen Hochschule berechtigt, sich auf i. d. R. kostenlose 2-semstrige Vorbereitungskurse mit Feststellungsprüfung bewerben, diese besuchen und sich dadurch nachqualifizieren. Die **Problematik dieser politischen Entscheidung für die Universität zu Köln** ist einmal, dass viele ausländische Studierende gar nicht mehr kommen, sondern in den Bundesländern verbleiben, wo sie auch das Studienkolleg besucht haben, und, falls sie kommen, nicht mehr, wie vorher, schon etwas integriert in die Kölner Studierendenschaft und Hochschulgemeinschaft waren:

> „dass die ehemalige nordrhein-westfälische Landesregierung das Studienkolleg abgeschafft hat. Also die Studienvorbereitung für ausländische Studierende, die keinen direkten Hochschulzugang haben, sondern durch das sogenannte Studienkolleg müssen. Was in ganz Nordrhein-Westfalen dazu geführt hat, dass Leute die hier studieren möchten, erst mal in andere Bundesländer ausweichen mussten, um dort das Studienkolleg zu machen. Und ja: davon ist auch erst mal nur ein Teil wieder bei uns gelandet. Also, das war eine politische Geschichte, die sich sehr, sehr negativ ausgewirkt hat." (1, 85-93)

> „Das ist teilweise bei Studierenden, die halt durchs Studienkolleg gegangen sind: die sind da besser vorbereitet auf diese Dinge. Ja, sie brauchen natürlich aber für die Gesamtheit ihres Studiums etwas länger." (1, 231-233)

> „früher gab es ja glücklicherweise noch Studienkolleg hier auch. Also so Sprachkurse und das Studienkolleg. Dann waren die ja alle unter ihresgleichen. Gut, da gab es welche mit mehr Deutschkenntnissen, andere mit weniger... War einfach normal, dass man eben auf dem Weg der Entwicklung, der Verbesserung war." (2, 450-454)

> „auch seit es das Studienkolleg nicht mehr gibt. Das gibt es ja nur in Nordrhein-Westfalen nicht mehr. Ist natürlich noch mal eine andere Problematik entstanden. Also die Studienkollegs haben die ausländischen Studierenden, die jetzt nicht aus Europa oder Amerika kamen... ja schon kulturell vorbereitet. Auch mit der Sprache. Auch fachspezifische Sprachangebote. Und die hatten Zeit, rein zu wachsen. Und jetzt muss ja jede Hochschule selber gucken, wie sie das macht. Ob sie was macht, ob sie nix macht." (4a, 365-373)

> „Ja, nur früher war es halt so, die Fachhochschule hatte ihr Studienkolleg, die Universität hatte ihr Studienkolleg, aber das war... die haben miteinander gearbeitet, das war ähnlich.... aber es ist halt nicht mehr so einheitlich." (4a, 382-388) „Ja, es ist nicht einheitlich, es sollte aber einheitlich sein." (3a, 389)

> „Oft ist es halt so, dass die Ausländischen denken, jetzt zum Beispiel das Studienkolleg in einem anderen Bundesland machen und dann versuchen, hier nach Köln zu kommen oder so. Gut, das war eine politische Entscheidung hier. Von der vorherigen Regierung. Das ist jetzt halt so. Aber das hat es nicht gerade vereinfacht."

> I: „Kommen die denn da noch, wenn die die Studienkollegs in anderen Bundesländern machen?" B1: „Die kommen,... Aber selten. Also es sind hier nicht mehr so viele. Die bleiben dann eher auch in ihrem Bundesland." B2: „Aber

obwohl, wir haben ja noch viele. Also ich weiß es nicht genau." B1: „... also es kommen einige ausländische Studierende, die irgendwo... die machen dann Studienkolleg und führen dann hier in Köln ihr Studium fort." B2: „Köln ist ja als Stadt beliebt und interessant." (3a, 4a, 394-403)

Es besteht nach Informationen des Akademischen Auslandsamtes (Stand Dezember 2012) derzeit die Möglichkeit, an drei privaten Studienkollegs im Land NRW, die staatlich anerkannt sind, sich für das Studium an der Universität zu Köln zu qualifizieren, ansonsten muss auf andere Bundesländer ausgewichen werden.[32]

Eine andere politische **Maßnahme der Bundesagentur für Arbeit** zur Unterstützung von ausländischen Absolventen beim Übergang in die Arbeitswelt, wird zwar grundsätzlich begrüßt, aber als initiiert für die falsche Zielgruppe, nämlich die der sowieso gut vermittelbaren Studierenden aus den MINT-Bereichen.[33] Gerade die ausländischen Studierenden der geisteswissenschaftlichen Fächer stünden hier vor ganz anderen Arbeitsmarktproblemen:

> „Und in der Schlussphase gibt es interessanterweise jetzt gerade eine Initiative der Agentur für Arbeit, die jetzt Programme anbieten wollen für ausländische Absolventen in Richtung Bewerbungstrainings. Also, das ist so ein bisschen zwiespältig, weil einerseits ein gutes Programm, andererseits aber aus unserer Sicht für die falsche Zielgruppe... Also, diese Studierenden finden viel, viel schneller etwas, als das im Bereich von Geisteswissenschaften, Pädagogik und so weiter der Fall ist. Und gerade da wäre es, glaube ich wichtig, da spezielle Beratungsangebote auch zu schaffen." (1, 346-369)
>
> „... die zentrale Arbeitsvermittlung macht ja im Auftrag der Bundesagentur für Arbeit ... Angebote für Leute, die also Ende des Studiums sind, Übergang in den Beruf.... Wer wird damit ins Auge gefasst? Die MINT-Leute, der Mathematiker, der Ingenieur, der Naturwissenschaftler, der ganze technische Bereich. Die Leute haben eine Arbeitslosigkeitsquote von zwei Prozent. Was ist mit den anderen? Mit den Geisteswissenschaftlern? Die zehn Prozent bis 20 Prozent haben. ... die sind außen vor. ... das sind ja Steuergelder, die werden ja an und für sich für Integrationsmaßnahmen genommen. Wieso nimmt man die für die Zielgruppe, die sowieso leicht vermittelbar ist?" (2, 1979-1993)

---

32 Online: http://verwaltung.uni-koeln.de/international/content/e138/e4223/e4297/ AAAINFOBLTTER_ger.pdf (Stand 29.8.2013).

33 Online: http://www.verwaltung.fh-koeln.de/aktuelles/2013/07/verw_msg_06104.html (Stand 29.7.2013).

Aber auch die **strategischen Entscheidungen und Voraussetzungen, die die Universität zu Köln selbst setzt**,[34] gerade auch an **Studienzugangsvoraussetzungen**, bestimmen mit die spätere Lage und Ausgangssituation der ausländischen Studierenden, hier auch die sprachlichen Voraussetzungen. In Fächern wie Jura und Medizin gibt es derzeit schon mit **„Studienstart International"**, ein Programm, das die ausländischen Studierenden vor Studienbeginn verpflichtend durchlaufen müssen, eine Maßnahme, die – neben einer freiwilligen Basis an der WiSo-Fakultät – angedacht ist, auch auf die anderen Fächer auszuweiten:

> „Ja, das sind aber auch Voraussetzungen, die die Hochschule ja setzt.... also welche Voraussetzungen muss der ausländische Student mit sich bringen, um hier in Köln studieren zu können? Und wenn die deutsche Sprache da keine Rolle spielt, das ist eine große Barriere die zu überwinden ist." (3, 278-282)
> „da ist die Idee, dass man „Studienstart International" dann als Studienzugangs-Phase nimmt. Da kann die Universität oder muss die Universität auch Studierende mit einer HZB berücksichtigen, die so bisher nicht zum Studium berechtigt in Deutschland, sondern die im Heimatland zum Studium berechtigt. Und da kann die Universität jetzt definieren was sie an zusätzlichen Studieneignungstests und Zulassungsvoraussetzungen definiert." (5, 28-33)

Eine Idee ist, schon viel früher anzusetzen **im Heimatland der Studierenden**, dass **dort schon studienvorbereitende Maßnahmen** stattfinden würden, eventuell im Rahmen eines vorbereitenden Semesters, um hier Studierende mit realitätsfernen Vorstellungen über ein Studium in Deutschland von vornherein abzuhalten:

> „... wenn ich schon mal irgendwie Kontakt zu einer Hochschule hatte, kommt hier erst gar nicht hin, wäre das sicher hilfreich. Das würde sofort die Spreu vom Weizen trennen.... Also, wo klar ist, einschreiben kann sich nur hier, wer ein vorbereitendes Semester im Heimatland gemacht hat." (8, 253-258)
> „... wenn sie hier nun schon mal sind, erst mal Deutschkurs machen, ja, okay, ist wichtig, aber ich glaube das müsste schon vorher beginnen. Und das würde die abhalten und ich meine das um Himmels Willen jetzt nicht sozialpolitisch. Dass wir uns da richtig verstehen. Aber es würde die abhalten, eine Flucht nach Deutschland und in ein Studium nach Deutschland zu suchen, die hier, also die realitätsfremde Vorstellungen haben von dem, was sie damit erreichen können. Und die eigentlich hier nur noch mehr in die Katastrophe steuern. (8, 261-267)
> „Für die müsste eigentlich im Heimatland schon irgendein Filter gesetzt werden. Dass sie gar nicht erst in diese Situation kommen, hier unter Umständen

---

34 Vgl. auch die Leitlinien zur Internationalisierung der Universität zu Köln. Online: http://verwaltung.uni-koeln.de/international/content/e138/e53894/LeitlinienInternationalisierung_ger.pdf (Stand 29.7.2013).

über Jahre irgendwie sich durchzulavieren, die Problematik zu verfestigen und es wird immer schwieriger den Schritt zurück zu machen. Für die anderen, ich sage mal, die normalneurotisch (lacht) unterwegs sind, kann man sicher eine Menge anbieten, was es ihnen erleichtert hier Fuß zu fassen und ein ordentliches Studium hinzulegen." (8, 345-350)

Auch in Bezug auf einen späteren Studienabbruch risikobehaftete Studierendengruppen sollten von vorneherein von einem Studium in Deutschland abgehalten werden.

3.3. Die speziellen Problemlagen von Bildungsinländern

Eine **spezielle Problematik von Bildungsinländern bzw. Studierenden mit Migrationshintergrund** wird ebenfalls gesehen und thematisiert. Bei den Bildungsinländern geht es **häufig** auch um **finanzschwache, bildungsferne Schichten**, bei denen die Studierenden einerseits Probleme mit dem Verstehen und der Akzeptanz des Hochschulstudiums in ihrem familiären Umfeld erleben, andererseits aber auch selbst mit der Fremdheit und dem Umgang im Hochschulsystem konfrontiert sind, genauso wie mit einer gefühlten Nichtakzeptanz innerhalb der Studierenden akademischer Herkunft (vgl. auch 2, 779-851). Es mangelt stark an der Unterstützung des eben meist bildungsfernen Elternhauses. Auch sind von den Familien grundsätzlich nur bestimmte Studiengänge wie z. B. Medizin, Lehramt, Jura und Ingenieurswesen akzeptiert:

> „Ich würde sagen, oft kommen viele aus bildungsfernen Familien. Also, sie haben nicht diese Unterstützung.... Man hört sogar oft, ah, der studiert, der hat es zu nichts gebracht. Das hört man sehr oft. ..., es geht um schnell Geld machen. Also warum studieren? Du studierst immer noch? Also solche Dinge muss man sich dann anhören." (10, 620-625)
> „... also, man wird nicht ernst genommen, weil man denkt, das ist, also Student hat irgendwie so einen Schülercharakter." (9, 626-627)
> „Und man hat es im Leben noch nicht weit gebracht. Und man lernt immer noch und man hat noch nie gearbeitet, denkt man sich. Und man lebt nur von den Eltern so. So man wird nicht ernst genommen, ganz einfach." (9, 629-631)
> „Vor allem, wenn es eine bildungsferne Familie ist und die Migration war ja dann auch so, dass da nicht die Elite nach Deutschland kam, sondern Leute aus dem Land zum Beispiel ... gibt es ja viele, die das Gleiche sagen würden. Warum studiert der?" (10, 632-635)
> „Also, vor allem wenn man jetzt nicht Medizin studiert, nicht Lehrer wird, Jura, das sind so die drei, vier Sachen, die alle kennen, wo die sagen, ja, der macht was. ... Oder Ingenieur. ...Ja, genau, Ingenieur. Wenn man was anderes stu-

diert, dann ist es ja noch ganz schlimm. Was studiert der denn? Also was macht man denn damit?" (9, 10, 637-641)

„... und man fühlt sich auch nicht verstanden. Auch von den Eltern oder den Verwandten." (9, 642-647)

„Und bei deutschen Familien, also, die Leute die studieren, wir haben natürlich auch viele Arbeiterkinder, gibt es ja einige, aber viele da ist es ganz normal, die Eltern haben studiert und da studiert er auch. Und dann wissen die ganz genau, fünf, sechs Jahr studieren und sagen auch dem Sohn oder dem Kind, ja, mach deine Lebenserfahrung, ist eine coole Zeit und mach ein Auslandssemester, also er kriegt das schon in die Wiege gelegt. Wo viele dann von uns natürlich ihren Weg dann erst mal machen müssen. Und das ihren Kindern irgendwann mal erzählen werden.... Und da ist auch die Bereitschaft von den Eltern, dass sie dann auch mitinvestieren, auch Geld." (10, 647-655)

Daneben besteht grundsätzlich die Meinung (vgl. auch weiter oben), dass Bildungsinländer sicher auch Probleme haben, aber eher die **Bildungsausländer** diejenigen sind, bei denen die Hauptprobleme liegen:

„Also, die Bildungsinländer haben bestimmt auch... gibt es bestimmt auch Knackpunkte, wo man unterstützen und helfen kann. Aber für die Bildungsausländer kommt natürlich diese ganze Orientierungsphase dazu. Was ich halt oft auch bemerkt habe, dass in Hochschulgruppen, was ich natürlich auch sehr begrüße und sehr sinnvoll finde, oft Bildungsinländer sind. Die dann helfen. Das ist natürlich super." (4, 62-67)

3.4. Direkt von Studienabbruch bedrohte ausländische Studierende

Insgesamt **münden die Problemlagen** zu einem nicht geringen Prozentsatz **in einem Studienabbruch**. Häufig werden die Fälle der ausländischen Studierenden, die studienbedrohende Probleme haben, **erst sehr spät bekannt**. Dies liegt wohl auch daran, dass traditionell in den betreffenden Kulturkreisen Probleme nicht öffentlich angesprochen werden, sondern „in die Familie" gehören und zum Teil nicht einmal im Freundeskreis thematisiert werden, aber auch daran, dass Ängste und Bedenken davor bestehen, sich einer Institution gegenüber zu öffnen. Die Problemfälle scheinen erst fast zu spät für ein Eingreifen bekannt zu werden:

„Weil, man muss sich ja bei den meisten Situationen vorstellen, die kommen ja aus einem Elternhaus, wo eben sehr traditionelle Werte herrschen. Wie auch immer man die dann definieren mag. Und die Werte haben oftmals beinhaltet, all die Probleme, die da sind, gehören nur in die Familie. Finanzielle Schwierigkeiten ist noch was, was die eher auch schon mal im Freundeskreis ansprechen." (2, 90-94)

„Die Problemfälle, die kriegt man oft erst ganz spät mit." I: „Sie meinen dann zu spät wahrscheinlich?" B: „Oft. Also ich glaube, viele mussten gehen, weil sie eben nicht auf jemanden getroffen sind, der ihnen da den Weg leiten konnte oder so. Und ob sie es jetzt nicht selber genug versucht haben oder... das kann ich nicht einschätzen." (4, 171-175)

„Die kommen dann um fünf vor 12. Bis dahin glauben sie immer noch, irgendwo... Zumal, wenn sie vielleicht auch Tätigkeiten nachgehen, die ihren Aufenthaltsstatus hier gefährden könnten, dann überlegen sie sich ein paar Mal, ob sie sich an irgendeine Institution wenden, von der sie nicht wissen wie die im Kontakt steht mit anderen. ... Da geistern auch Phantasien, was dann passieren kann. Also die zögern wirklich bis zum letzten Moment." (8, 423-429)

Insgesamt wird in den Interviews bezogen auf die hohen Studienabbruchquoten[35] **neben dem Elend des Einzelnen** eine **Verschwendung von Ressourcen**, (hier konkret auch auf Bildungsinländer bezogen), angemahnt:

„Also die stürzen ja auch leider zu 40 Prozent ab. Und das ist was ich denke, wie können wir das zulassen? Wie können wir all die Millionen verschwenden? Bei den Medizinstudenten. Wenn da 185.000 ein Studium kostet und nach dem achten Semester aus irgendwelchen Gründen, weil er damals die 500 Euro Studiengebühren nicht hatte und hat die nicht erlassen bekommen, hört der auf. Wie viele Tausend sind da investiert worden? Abgesehen von dem Elend des Einzelnen?" (2, 734-740)

Insgesamt sollten sich die **Verantwortlichen an den Universitäten bewusst sein, welches Elend an einem Studienabbruch hängt** und welche Außenwirkung für Deutschland als Studienland dadurch auch erzeugt wird:

„Wie viele Familien nehmen Kredite auf? Verkaufen Land oder irgendwas? Damit das Kind hier studieren kann. Wenn dieses Kind den Abschluss nicht schafft, das hat ein „Schwarzes Gesicht", das ist „Persona non grata". Wollen wir nicht mehr haben. Das geht relativ vielen so, die dann entweder gucken, dass sie hier irgendeinen Mensch mit verfestigtem Aufenthalt kennenlernen, den sie heiraten oder bleiben illegal in Deutschland oder wandern woanders hin, wo sie aber auch mit der Familie keinen Kontakt mehr haben. Das ist das Elend auch das wir erzeugen."

„Oder Kamerun wieder, es gibt da so Nachbarschaftsmodelle. So wie hier so Sparkästchen in der Kneipe. ... dass die Eltern eben aus so einer Kasse das Geld bekommen haben. Das heißt, die Eltern müssen das Geld wieder zurückzahlen. Die wenigsten sagen offen, meine Eltern erwarten, dass ich das Geld nachher wieder denen zurückbezahle. ... So. Und wenn jetzt 50 Prozent das Studium nicht schaffen, wie viel Elend erzeugen wir?"

---

35 Vgl. Stemmer 2013, 22-25, 60, 72-74.

Teil I: Problemlagen, Unterstützungsmaßnahmen und die Rolle der Universität zu Köln

> „Und dann? Also, das muss man sich auch überlegen, welche Außenwirkung wir erzeugen, wenn wir so viel Elend mit verursachen. Also, Deutschland ist ja sowieso nicht der beliebteste Studienort." (2, 1275-1311)
>
> „… ist es tatsächlich ja, wenn schon wieder ein Studierender sein Studium abbricht, ein Verlust für die Uni, aber auch was ganz Fürchterliches für den Studierenden selber, der wahrscheinlich mit großem finanziellen und organisatorischen Aufwand versucht hat, hier was auf die Beine zu stellen und es dann nicht klappt." (5, 329-333)
>
> „Und wir sehen dann, wie hier viele derer, die hier einfach daran scheitern, an diesem Projekt, ich studiere in Deutschland." (8, 229-231)

Es scheinen sich **unterschiedliche Problemlagen** abzuzeichnen: Einmal wirklich dramatische Fälle, **die schon vor Studienbeginn im Heimatland abgefangen werden müssten und könnten**. Oder die Fälle, bei denen sich vielschichtige und existenzielle Themen wie hohe Erwartungen, Existenzsicherung der Familie, Gesichtsverlust in der Heimat bei einem Scheitern auftun, auch die Fälle, die stark unter einem Kulturschock leiden. Und auf der anderen Seite ausländische Studierende, die auch vermehrte Probleme aufweisen, **für die jedoch gut Unterstützungsmaßnahmen angeboten werden können, damit sie erfolgreich ihr Studium beenden können**:

> I: „Ich hätte jetzt auch gedacht, dass vielleicht Fälle hier sind, die sehr einsam sind und sehr traurig vielleicht und dann mit dem Studium nicht zurechtkommen, dass man die vielleicht in Netzwerken oder irgendwie stützen kann oder wie auch immer." B: „Die gibt es auch, natürlich. Die gibt es auch. Aber das ist, ach Gott, das ist harmlos." I: „Das ist harmlos?" B: „Das ist wirklich dann geradezu harmlos. Das sind aber auch sicher die Fälle, an denen die Hochschule gut was tun kann." (8, 399-406)
>
> „Schwierig sind die Fälle wirklich, an denen die Tatsache eines Studienabschlusses selbst noch ganz andere Dinge geknüpft ist. Da geht es um Ehre, da geht es um Gesichtsverlust, da geht es um die ganze Zukunft einer ganzen Familie sichern in der Heimat. Also, da geht es um Erwartungen, vielleicht auch um Flucht, also, bei denen die gar nicht mehr zurückwollen. Es sind wirklich dann existentielle Themen. Oder eben solche des Kulturschocks auch. Wo also wirklich so eine Reizüberflutung da ist mit den Eindrücken, die hier auf sie einströmen, die sie, wo sie keine adäquaten Strategien haben, das zu verarbeiten dann quasi." (8, 414-421)

4. Handlungsbedarfe

4.1. Übergreifende Handlungsbedarfe bezüglich deutscher und ausländischer Studierender

Es stellen sich neben einer Differenzierung aber auch **übergreifende Handlungsbedarfe** dar, in der Weise, dass ausländische Studierende genau wie deutsche Studierende generell **in der Anfangsphase einer intensiven Betreuung** bedürfen:

> „Also, da würde ich generell sagen, alle ausländischen Studierenden brauchen gerade in der ersten Zeit, in der sie hier sind, eine intensive Betreuung" (1, 164-165)

Hier wird auch eine **Stärkung der Fachschaften** genannt, die in der Betreuung auch für deutsche Studierende eine große Rolle spielen:

> „… sicherlich haben auch deutsche Studierende Probleme, also, dass man da die Betreuung an vielen Bereichen verbessern könnte... Ich würde sagen Stärkung von Fachschaften und so weiter. Weil, also das ist meiner Erfahrung nach die beste Beratung... Und das ist letztlich am effektivsten." (1, 613-618)

Und die **Wohnraumproblematik** gilt natürlich auch für die deutschen Studierenden, wobei ausländische Studierende auch hier in einer verschärften Lage sind:

> „Natürlich brauchen da auch deutsche Studierende mehr bezahlbaren Wohnraum, also in Form von Studentenwohnheimen und so weiter." (1, 620-621)

Die ausländischen Studierenden werden von der Intensität der Problematik als die verwundbarere Studierendengruppe eingeschätzt:

> „Die Deutschen haben mit Sicherheit auch Schwierigkeiten, aber das sind andere als jetzt die ausländischen Studierenden." (3a, 325-237)

4.2. Differenzierte Handlungsbedarfe bei den ausländischen Studierenden

4.2.1. Angebote nach Herkunftsregionen – Gründung länderspezifischer Hochschulgruppen

Differenzierte Angebote nach Herkunftsregionen sollten v. a. durch die Gründung **eigener länderspezifischer Hochschulgruppen** erfolgen. Hier wird die **Bildung und Organisation von Vereinen ausländischer Studierender**, den sogenannten „**Internationalen Hochschulgruppen**" an der

Universität zu Köln, schon seit längerem vom Akademischen Auslandsamt unterstützt.
Hinsichtlich dieser Angebote besteht die Meinung, dass hier am besten ausländische Studierende selbst mit einzubinden sind, und zwar in der Weise, dass sie ehrenamtlich, in Vereinen organisiert, ihre ausländischen Kommilitonen beraten können. Häufig sind dies Bildungsinländer, die diese Tätigkeit derzeit schon ausfüllen:

> „dass in Hochschulgruppen, was ich natürlich auch sehr begrüße und sehr sinnvoll finde, oft Bildungsinländer sind. Die dann helfen." (4, 65-66)

Die Internationalen Hochschulgruppen an der Universität zu Köln stellen **häufig die ersten und einzigen Anknüpfungspunkte** für die bildungsausländischen Studierenden dar. Genauso können sie deren **Kontakt- und Zugangsprobleme ausgleichen**, sich bei Schwierigkeiten auch in psychosozialen Fragen zu öffnen. Einmal, indem sie einfach präsent sind unter der Studierendenschaft und andererseits auch dadurch, dass **sie gut vernetzt** sind und über **viele Kontakte** verfügen bzw. dadurch, dass man unter „Seinesgleichen" eher bestimmte Probleme anspricht. Derartige gruppenspezifische Angebote nach Herkunftsländern oder Regionen werden teilweise aus dem Grund befürwortet, da sich die Studierenden **ihresgleichen leichter öffnen und auch eher deren Ratschläge annehmen**. Dies darf aber nicht dazu führen, dass sich diese Gruppen in sich abschotten, sondern es sollte beides gelingen, das Andocken in seiner Kultur und die Berührung mit deutschen Studierenden.

Auch beim Zurechtfinden, bei der Orientierung an der Universität, bei Vergesellschaftungsriten wie Kneipengängen sind die Hochschulgruppen die geeigneten Ansprechpartner. Insgesamt kommt den Vereinen ausländischer Studierender eine essentielle Funktion zu:

> „Jetzt Südamerika, China, Afrika oder so. Das heißt, die kommen wirklich in eine ganz andere Kultur und sind dann erst mal auch alleine. Außer den Kontakten, die sie hoffentlich durch unsere regen Hochschulgruppen hoffentlich relativ schnell..." (4, 112-115)

> „Es gibt auch Leute, die wir zum Beispiel zur psychosozialen Beratung vermitteln.... Die würden sich aber jetzt weniger per E-Mail wenden, es ist wichtig, dass die Leute ... dann auch immer präsent sind. Viele Leute kennenlernen. Dann kommen die Leute auch und sagen, kannst du mir nicht helfen, ich brauche Hilfe. Da guckt man auch was man machen kann. Man kann auch die Ressourcen, die man auch in der Stadt hat, dafür nutzen. ... Und dann sieht man auch wirklich, dass da auch Leute sind, die auch gerne bereit sind zu helfen." (10, 102-111)

> „Und Hochschulgruppen erfüllen riesige Aufgaben. Weil, man öffnet sich seinesgleichen viel eher. Mit seinen Problemen. Und dann kann man auch die Hemmungen abbauen und sagen, alleine psychosoziale Beratung als bestes Beispiel, da wollen viele gar nicht hin, denken, ich gehe doch nicht in die Klapse oder so.... Und wenn man dann so als Person so als seinesgleichen sagt, komm mit, die helfen dir, das ist nicht das was du denkst, dann geht der eher dahin." (10, 746-752)
>
> „Das habe ich ja eben schon erwähnt, dass ich sage, weil sie sich dann ihresgleichen schneller öffnen. Also ganz klar. Alleine aus dem Grund. Weil sie sich auch zugehöriger fühlen. Es ist ja anders als wenn ich denen sage, wenn das jetzt ein international Studierender ist, ich sage, bleibt hier in Deutschland, das ist doch super und so. Dann ist das ja viel glaubwürdiger, authentischer, weil ich es ja dann geschafft habe und sage, hier, guck mal, ich kann zwischen zwei Kulturen leben. Als wenn ein Außenstehender da irgendwie Werbung machen würde." (10, 1093-1099)
>
> „Also, ich denke, so Hochschulgruppen erfüllen eine sehr wichtige Aufgabe. Sollten immer an der Uni präsent sein. Vor allem diese Orientierungssachen, was du jetzt erzählt hast. Viele Sachen kann die Uni nicht machen. Es gibt ja am Anfang diese Kneipengänge. Ja. Da kann ich mir jetzt keinen Verwaltungsmitarbeiter der Uni vorstellen, jetzt gehen wir in die Kneipe. Also, mit nem Partyhut. Das müssen halt Studierende machen." (10, 752-758)
>
> „... Also das halte ich für ein unglaublich gutes Konzept... Eine der wichtigsten Geschichten war aber immer, dass wir ausländische Studierende gebeten haben, einfach auch mal ihre Erfahrungen zu schildern. Wie war das als sie hier nach Köln kamen, welche Probleme hatten sie und was würden sie neuen Kommilitonen empfehlen, welche Fehler, die sie selber gemacht haben, sie vermeiden können oder wo sie genau drauf achten sollen? Also, das ist, glaube ich, ein sehr, sehr gutes Konzept, ausländische Studierende da selber mit einzubinden. Gut. Das hat natürlich in gewissen Bereichen dann auch Limitationen. Weil – wenn sie beispielsweise Beratungen im Bereich von Aufenthaltsrecht und so weiter, arbeitsrechtlichen Geschichten und so weiter anbieten... " (1, 492-534)

Es wird als sinnvoll erachtet, für jede Herkunftsregion ausländischer Studierender eine eigene Gruppe aufzumachen, schon um eine **Art Zugehörigkeit** zu schaffen an einer großen Universität wie Köln:

> „Genau. Ja, es muss für jede Gruppe, Koreaner, alles, also egal welche Gruppe, da sollte es wirklich eine Gruppe geben, weil, dann hat man so eine Zugehörigkeit. Man kann sich dann so zusammenfinden." (10, 771-773)
>
> „Also ich hatte so einen japanischen Studenten, der kam zu mir, kam zu mir, kam zu mir, dann habe ich ihn zum japanischen Institut geschickt, der kam wieder zurück, richtig lächelnd, der sagt, die können alle japanisch. Da war er glücklich, dass jemand japanisch sprechen konnte. Und wenn man da so dieses Gefühl vermittelt, du bist, da sind Leute die betreuen dich und dir kann geholfen werden, dann ist denke ich mal ganz gut. Ich kann ja von Betreuungsangeboten sprechen, weil ich auch drin arbeite als Student." (10, 1226-1232)

> „... haben wir auch einen Dachverband gegründet für alle Hochschulgruppen ... der die Interessen aller Hochschulgruppen bündelt. Auch neue mit einbezieht, – mit dem AStA verbunden ist, mit dem autonomen Ausländerreferat verbunden ist. Und ich glaube, das ist ein guter Weg. Aber es ist immer noch nicht am Ziel. Wir haben Regionen, wo wir bisher keine Hochschulgruppen haben. ... Aber das ist so ein Instrument, was wir hier gefunden haben, wo wir glauben, dass wir den echten Ausländern auch helfen können. Da sind wir aber noch auf dem Weg."

Trotz einem „sich aufgehoben" Fühlen in einem fremden Umfeld durch die Organisationsmöglichkeit in regionenspezifischen Gruppen, sollte darauf geachtet werden, wie oben schon angesprochen, dass sich die Studierenden aber dann nicht in ihren Gruppen gegenüber der Außenwelt abschotten:

> „Ja, ja, das zeigt dass man aufpassen muss, die nicht zu isolieren. Weil, da leiden die dann auch schnell selbst wieder drunter, wenn die nur so eine In-Group sind. Da können sie sich gut verstecken, fühlen sich auch geborgen, aber kommen nicht raus. Und müssen rauskommen. Um hier an der Uni zu bestehen. Bis sie dann die Deutschen endlich auch kennenlernen. Aber China und Lateinamerika, das hat mir sehr gefallen. (lacht)" (6, 728-741)
> „Es soll nur nicht dazu führen, dass man sich dann komplett verschließt. Das ist halt, was ich manchmal bei asiatischen Studenten gesehen habe, dass sie dann nur in einer Gruppe sind, komplett verschlossen. Das finde ich nicht gut. Also, man soll ja, wenn man schon in Deutschland ist, die Erfahrung in Deutschland auch machen, deswegen sollte man gut gemischt sein. Also, man sollte beides haben. Das Andocken zu seiner Kultur und natürlich auch in Berührung Kommen mit deutschen Studierenden. Ganz wichtig." (10, 1100-1106)

Bezüglich der Finanzierung bekommen diese Internationalen Hochschulgruppen zwar **einen kleinen Betrag für Öffentlichkeitsarbeit** etc., könnten aber durchaus mehr Hilfen gebrauchen:

> „Die haben ja nur gerade, die Hochschulgruppen haben doch eine Minimal-Unterstützung, dass sie so ein bisschen organisieren können... Öffentlichkeitsarbeit und so."

Auch das Engagement innerhalb dieser Vereine erfolgt **ehrenamtlich** und angesichts der Wichtigkeit dieser Gruppen könnte die Universität zu Köln überlegen, ob nicht in irgendeiner Weise eine **Anerkennung dieser Tätigkeit** erfolgen kann, denn unter den Engagierten sind auch viele Free Mover, die selbst in keiner sehr privilegierten Lage sind:

– beispielsweise über eine Art Nachweis für den Lebenslauf: *„ Wir machen es ehrenamtlich. Und machen auch eine Arbeit, die später nicht in ihrem Lebenslauf vorkommen wird. ... Also man macht es halt gerne und es macht Spaß und man macht es aber ehrenamtlich."* (10, 169-175)

- die ehrenamtliche Tätigkeit der ausländischen Studierenden sollte aber auch im finanziellen Bereich überdacht werden eventuell mit einer Aufwandsentschädigung:

> „Also, es gibt da eine sehr, sehr gute Initiative seitens des Akademischen Auslandsamtes. Die versuchen momentan Vereine ausländischer Studierender zu unterstützen oder mit zu initiieren... Und dann ist bei diesen Geschichten, glaube ich, sehr wichtig, dass die finanziell auch gut ausgestattet sind. Man kann nicht nur darauf setzen, dass jetzt ausländische Studierende die schon länger hier sind, ehrenamtlich ihren neuen Kommilitonen Beratung zukommen lassen. Das ist gut und wichtig, das tun sicherlich viele auch. Aber wenn sie dafür mehr Zeit aufwenden müssen, geht das wieder auch von der Zeit ab, in der sie teilweise für ihren Lebensunterhalt sorgen müssen – sofern sie keine Stipendien haben... Wie gesagt, ich rede von den Free Movern. Die sich diese Zeit, halt eben, Engagement für andere, auch erst mal nehmen können müssen... Also, insofern ist es da extrem wichtig, dass das dann auch wenigstens mit einer Aufwandsentschädigung honoriert wird." (1, 492-503)
> „Wenn ich jetzt überlege, man bräuchte viel mehr Studierende. Weil, Ehrenamt in allen Ehren, aber das ist ja begrenzt. Begrenzte Zeit, begrenzte Ressourcen. Ich hätte jetzt auch zum Beispiel meine ... Arbeit nie gerne gegen Geld gemacht. Weil ich es gerne gemacht habe. Aber, wenn man jetzt vor allem Beratungsangebote..." (10, 1318-1322)
> „...erwartet, dass die also kostenlos das machen. Dass die die wenige Freizeit, die die haben, noch die Leute, die mit einem Stipendienprogramm, dass die mit denen hier zu den Behörden gehen und dass die denen zeigen, wie man hier in Köln so tickt oder was. Hat das vorher mal einer mit denen gemacht? Die sind doch verdammt gut versorgt." (2, 1040-1044)

Ein weiteres Problem, vor dem die Vereine ausländischer Studierender stehen, ist die durch die Einführung des Bachelors gestiegene **Fluktuation und damit die Sicherstellung der Kontinuität der Arbeit**. Große Probleme für den Fortbestand der Internationalen Hochschulgruppen gibt es auch, wenn diejenigen, die aktiv sind, an das Ende des Studiums oder in Klausurphasen kommen:

> „Also, der Wechsel ist einfach intensiver geworden und macht es dann natürlich auch in solchen Vereinen ausländischer Studierender schwieriger, die gut weiterlaufen zu lassen." (1, 559-561)
> „Das bedarf natürlich ehrenamtlichen Engagements neben dem Studium. Das ist nicht so leicht. Viele Leute sind begeistert, aber dann kommen die Klausurphasen, dann stirbt die Gruppe fast wieder." (6, 124-126)
> „Hängt immer auch von den Handlungsträgern ab ... und wenn diese Persönlichkeit geht, bricht unter Umständen auch die Struktur darunter wieder zusammen. Also, wir hatten eine sehr gut funktionierende türkische Hochschulgruppe. Der Vorsitzende, der da Hervorragendes geleistet hat, der macht aber jetzt sein Diplom in BWL oder VWL, kann nicht mehr weiter machen und es kommt keiner nach. Ich fürchte, dass diese tolle Gruppe einfach jetzt erst mal

stillsteht. Also, vieles hängt an Einzelpersönlichkeiten, die irgendetwas vorantreiben wollen. Und wenn die nicht mehr da sind oder sich auf anderes fokussieren müssen, dann bricht auch gleich ein System irgendwie zusammen." (6, 760-769)

Teilweise ist es aber auch schwierig, derartige Vereine zu organisieren, da sich die Studierenden selbst nicht immer ausreichend engagieren. Dies wird aber auch der Überlast zugeschrieben, neben dem Studium arbeiten zu müssen etc.:

„man organisiert etwas, ... Also, es findet sich dann schon ein größeres Team, die was machen können. Aber es gibt viele, die kriegen nicht viele Leute zusammen, die dann aktiv was machen." (10, 846-849)
„Aber da kommen wir auch wieder zurück ... Zu den Arbeitsverhältnissen, finanziellen Verhältnissen. Dass die halt eben auch nichts machen können, weil die eben nicht diese Möglichkeit haben, weil die arbeiten müssen." (9, 850-853)

4.2.2. Unterscheidung der Handlungsbedarfe zum Studienstart/während des Studiums/zum Studienabschluss

a) Einführung in die Angebotspalette in der Phase des Studienbeginns

Hier wird gerade auf die **Wichtigkeit adäquater Angebote zu Beginn und in der Schlussphase des Studiums** hingewiesen. Eine Bündelung der Programme bzw. ein Aufzeigen des gesamten Netzwerkes erscheint als wichtig. Gerade **zu Studienbeginn** sollte das **komplette Angebot aufgezeigt** werden, aber nicht nur schriftlich sondern tatsächlich durch ein Kennenlernen der Dienste und Stellen, die diese Angebote vorhalten, daran würden sich die Studierenden auch später bei Bedarf besser erinnern und hätten einige Zugangsprobleme dadurch, dass sie die konkreten Ansprechpartner bereits kennengelernt hätte, nicht mehr:

„Strukturell würde ich sagen, sind Anfangs- und Schlussphase aber eigentlich das, was am entscheidensten ist." (1, 345-346)
„Dass das einfach so eine homogene Veranstaltung wäre. Dass man also wüsste, so, am Anfang des Studiums bis zum Ende gibt es so verschiedene Sachen, die hilfreich sind. Am Anfang würde ich das zwangsweise machen, dass, wenn ein Bedürfnis auftritt, die einfach wissen, aha, hier komme ich nicht weiter und es gibt die und die und die Anlaufstellen. Also, es wäre ja auch wichtig so das ganze Netzwerk aufzuzeigen, was für die ja auch fremd ist. Was macht zum Beispiel Studentenwerk?" (2, 2029-2035)
„denn es gibt ja viele Angebote. Wichtig wäre, dass man die bündelt. Also, dass man guckt, wo gibt es was? ... Das muss jetzt nicht immer ganz fest sein,

aber dass man so ein relativ übersichtliches Einstiegsprogramm hat. Dass man die Studierenden im ersten Semester an die Hand nimmt und sagt, so. Und denen diese ganzen Sachen, die so wichtig sind zur Vernetzung und zum Reinkommen und zum „sich Zurechtfinden" im universitären Alltag an die Hand gibt und sagt, so, und jetzt könnt ihr aber selber. Aber man will sie ja nicht durchs ganze Studium an die Hand nehmen. Aber dann haben die so die Kompetenz entwickelt, das auch tatsächlich selber zu können." (5, 347-357)
„Ich kenne jetzt nicht alle, aber da sind Angebote da. Aber viele wissen das nicht oder nehmen die nicht wahr. Also, man muss da irgendwie gucken, dass man denen ganz am Anfang diese breite Palette an Angeboten auch wirklich nahebringt, – nicht nur einmal erzählt, sondern richtig nahebringt und dass die sich dann erinnern, ach ja, Zeitmanagement, das geht ja jetzt immer schief, da mache ich doch mal den Kurs da und da. Da gab es doch was oder so. ... Dass man auch mal da war. ... Also, dass man wirklich mal durch die Uni gegangen ist oder mal die Leute kennengelernt hat und gesehen hat, da gibt es so was. Also vielleicht kann man das nicht bei allen Sachen machen. Aber die, die der Fakultät jeweils am nächsten sind oder so, da... Jede Fakultät hat ja auch so spezielle Angebote. Dass man die wirklich mal gesehen hat, hier ist unser Schreibzentrum bei der philosophischen Fakultät oder so ... Und dass das nicht nur auf irgendeinem Zettel steht." (5, 369-388)
„Aber man, gerade die ausländischen Studierenden sind vielleicht überfordert am Anfang. Und wir begrüßen die und schicken denen Informationen und da kann man vielleicht auch einfach direkt darauf hinweisen und sagen, das und das und das. Aber nicht zu viel. Weil dann ist es ja auch wieder nicht." (7, 713-717)
„Ja, Semesterbeginn auf jeden Fall." (9, 64)
„Also ich habe gesagt, dass halt zum Semesterbeginn ganz viele da sind. ... Weil die sich dann halt erst mal zurechtfinden müssen. Und wir haben halt ein Plakat aushängen im Hauptgebäude. Und ich denke mal, dass einige die halt neu sind, die das sehen und dann kontaktieren die uns auch direkt." (9, 56-59)

b) Finanzielle Förderung in der Studienendphase bzw. der Übergangsphase ins Berufsleben

Die **Schlussphase des Studiums, aber auch die Übergangsphase in das Berufsleben** sei dann ebenfalls wieder entscheidend. Für den Übergang ins Berufsleben bestehen derzeit auch von der Bundesagentur für Arbeit initiierte **Initiativen für Bewerbungstrainings** etc., aber momentan nur für ausländische Studierende der MINT-Fächer:

„Also, gerade diese Übergangsphase in den Beruf ... auch für die Studierenden zu gucken, ja, wo will ich hin, was will ich überhaupt, in welchem Land. Will ich das hier, was gibt es hier für Möglichkeiten?" (5, 361-364)
„Immer mehr kommt jetzt in den Fokus auch der Studienabschluss. Oder was passiert nach dem erfolgreichen Studienabschluss? Bisher waren auch viele,

was weiß ich, Stiftungen, Stipendien eher der Meinung man sollte zurückkehren, für sein Heimatland etwas tun. Und jetzt ist auch immer mehr die Tendenz auch politisch und auch die Ausländerbehörden vertreten das, dass man auch hier bleiben kann." (7, 595-597)
„Projekt zusammen mit der ZAV, Zentralstelle für Auslands- und Fachvermittlung. Und mit der Bundesagentur für Arbeit, also mit der Agentur für Arbeit Köln und mit der Fachhochschule Köln. Und dann die Universität zu Köln sozusagen. Es geht allerdings erst mal nur um die Studienfächer, wo Fachkräfte-Mangel herrscht. Deswegen sind das eher die Studierenden, die es wahrscheinlich sowieso leichter als andere haben einen Job zu finden. Dennoch ist es aber ein guter Anfang. Es sind Trainings. Es ist ein Programm von Workshops und Trainings, Bewerbungstraining von wie bewerbe ich mich, CV-Check, Lebenslauf, Bewerbungsanschreiben und so weiter bis zum Interview. Und wenn es dann konkreter wird, gibt es auch Eins-zu-Eins-Beratungen für ein Interview das nächste Woche beispielsweise stattfindet. Und die letzte Stufe soll so eine Art Messe sein, wo dann die Studierenden in Kontakt kommen mit potenziellen Arbeitgebern. Bisher war es, es gab das Projekt als Pilot-Projekt an unterschiedlichen Unis. Und es wurde auch schon, ich glaube an vier Unis auch als reguläres Projekt dann durchgeführt. Und bis jetzt kam es nie zu dieser letzten Stufe, weil die Studierenden alle vorher schon einen Job gefunden hatten." (7, 601-618)

In der Endphase des Studiums ist das Schaffen eines **Auffangnetzes bei finanziellen Problemen oder finanziellen Notlagen** zum Ende des Studiums gerade für bildungsausländische Studierende von großer Bedeutung. Angesprochen wird hier **eine finanzielle Unterstützung schon während der Abschlussarbeiten,** aber auch **Darlehen zu Studienende**, die aber häufig von den Zugangskriterien (beispielsweise das Vorlegen von Bürgschaften) für internationale Studierende nicht in Frage kommen. Aber auch für Bildungsinländer, die aus der BAföG-Förderung aufgrund beispielsweise einer zu langen Studiendauer herausgefallen sind, kommen diese Unterstützungsmöglichkeiten aufgrund nicht beizubringender Elternbürgschaften häufig nicht in Betracht. Im Falle einer gewährten Unterstützung scheint diese aber wirklich entscheidend für einen erfolgreichen Abschluss des Studiums gewesen zu sein.

Als problematisch bei den bereits bestehenden Möglichkeiten für **Studienabschlusskredite** (z. B Daka-Darlehen)[36] wird geschildert, dass diese Unterstützungsangebote den ausländischen Studierenden teilweise nicht bekannt seien, und wenn, dann bestehen große Hemmungen, diese auch in Anspruch zu nehmen. Oder können eben auch die Zugangsvoraussetzungen, wie z. B. Bürgschaften beizubringen, nicht erfüllen. Grundsätzlich bestehen neben **BAföG** die Möglichkeiten für Studierende an der Universität zu Köln **Studienabschlussdarlehen der Studentenwerke (Daka-Darlehen),** zinslose Darlehen oder, in begründeten Einzelfällen, auch Zuschüsse beim **Studierendenförderungsfonds (SFF)** zur Vorbereitung auf ihre Abschlussprüfung oder Abschlussarbeit im letzten Studienabschnitt, in Notlagen ein zinsloses Darlehen (Bürge erforderlich) oder ein geringeres Überbrückungsdarlehen (Bürge nicht erforderlich) bzw. eine Beihilfe zu ungedeckten Krankheitskosten beim **Hilfsfonds des Kölner Studentenwerks**, zinslose Kurzdarlehen des **AStA**, Zuschüsse der **Hochschulgemeinden (KHG, ESG)**, oder auch **Bildungskredite der Bundesregierung** zu beantragen:[37]

> „Und deshalb, das Studiumende ist sehr wichtig, finde ich. Weil Studium, da ja BAföG nicht gilt ab einem bestimmten Semester und da das zusammenbricht, sollte man auf jeden Fall, es gibt ja auch Unterstützung in der Universität, so wie ich das weiß. ... Im Studiumende, das ist ganz, ganz wichtig." (10, 376-381)
> „Apropos, es gibt ja das Angebot dieses Daka-Kredits für Studierende, die halt kurz vorm Ende stehen. Aber das kommt für die internationalen Studenten irgendwie gar nicht in Frage, weil die ja keine Bürgschaft vorlegen können. Das ist nämlich eine Voraussetzung dafür. Und insofern ist denen damit gar nicht geholfen. Und auch viele, die vielleicht auch hier leben und vielleicht auch Eltern hier haben, die können das auch nicht wahrnehmen, weil die nichts als Bürgschaft vorzeigen können. Also, da sind die Kriterien, denke ich, ein bisschen falsch verteilt, so dass das denen quasi nicht erleichtert wird wiederum. Man sagt dann zwar, okay, wenn du kein BAföG mehr kriegst, dann geh dir ein Daka-Darlehen holen, das gibt es ja. Aber wenn man sich dann die Kriterien anguckt, dann kommt man gar nicht dafür in Frage und dann steht man da." (9, 382-392)

---

36 Studierende, die sich an einer staatlichen Hochschule in Nordrhein-Westfalen in der Endphase des Studiums befinden und auf eine Finanzhilfe zur Sicherung des Lebensunterhaltes angewiesen sind, können bei der Darlehenskasse der Studentenwerke ein zinsfreies sogenanntes Daka-Studiendarlehen beantragen. Antragsvoraussetzungen sind u. a. die Möglichkeit, einen Bürgen als Sicherheit zu stellen (vgl. hierzu auch online: http://www.kstw.de/index.php?option=com_content&view=article&id=366&Itemid=200 (Stand 20.4.2014)).

37 Vgl. hierzu auch online: http://verwaltung.uni-koeln.de/abteilung21/content/e1718/e4898/e32576/Finanzierung_ger.pdf (Stand 20.4.2014).

„… es gibt ja Unterstützung auch schon bei Abschlussarbeiten, glaube ich. Das ist ja ganz gut, weil, für die Abschlussarbeit muss man sich wirklich konzentrieren. Bei vielen zählt die auch viel. Also, es kommt ja auf das Studium an, aber es zählt viel. Es ist ein wichtiges Aushängeschild, wenn man sich bewirbt, sagt man, ich habe meine Master-, Diplomarbeit in dem Thema geschrieben und es ist gut, wenn man dann auch forschen kann irgendwo." (10, 394-399)
„Weil er aus dem Ausland kam. Hat studiert. Und sein Studium auch fast zu Ende gemacht, aber er arbeitet wirklich sehr viel. Also sehr, sehr viel. Und wenn ich ihn besucht habe, ich merke das ihm auch an, dass ihn das belastet, dass er so viel arbeiten muss. Und dann hat er diesen Kredit beantragt, auch bekommen. Und das kam zu einer günstigen Zeit, weil, seine Mutter starb im Heimatland, dann hat er seine Familie besucht wenigstens. Also so. Er hatte das Glück, dass er seine Mutter vorher gesehen hat. Also er konnte dann gehen, weil er sich so ein bisschen erleichtern konnte, das hat ihm geholfen. Und dann kam er wieder und hat ganz in Ruhe seine Arbeit geschrieben. Das war ganz gut. Also das war wirklich toll." (10, 417-426)
„Und dann hat er diesen Kredit beantragt, auch bekommen. … und das hat ihm wirklich Türen geöffnet. Ich weiß auch nicht wie schwierig das war. Es ist, viele kennen die Angebote nicht. Das größte Problem ist, die kennen das nicht." (10, 421-430)
„Genau. Studienabschlusskredite oder so. Genau. Darlehen. Und die zweite Sache ist, auch wenn sie wissen dass es das gibt, dann gibt es diese Hemmung und sagen, die nehmen mich sowieso nicht." (10, 436-438)
„… eine Uni hat ja nichts verloren, wenn sie sagt, wenn jemand seine Abschlussarbeit schreibt, dann kann er sich das holen. Dann würde ja nicht die ganze Uni eingerannt. … Ich finde, man könnte das ruhig ganz laut kommunizieren. Und sollte da gar keine Hemmungen haben, vor allem als Universität. Man hat ja so viel Geld, was man irgendwie in Sachen reinsteckt, die keiner benutzt von den Studierenden. Beratung für Karriere oder so. Und wo dann ganz viele Mitarbeiter sind. Da geht keiner hin. Muss man mal offen kommunizieren. Da hätte man das Geld viel lieber in diese Stipendien gesteckt, die dann diese Leute unterstützen in ihrer Abschlussarbeit." (10, 442-452)

c) Krisenbezogene Angebote während des Studiums

Angebote während des Studiums seien zwar wichtig, dass sie vorhanden sind und den Studierenden bekannt sind, aber greifen nicht bei jedem Studierenden, sondern **eher bei persönlichen und fallabhängigen Krisen**. Dennoch ist sicherzustellen, dass auf diese Angebote, die zu Beginn aufgezeigt werden sollten, jederzeit während des Studiums wieder zurückgegriffen werden kann. Während des Studiums sollten aber dann auch die **Selbstkompetenzen** der Studierenden zum Tragen kommen:

C. Die Auswertung der Stakeholder-Befragung

„Also gut, während des Studiums könnten natürlich immer wieder Krisen auftauchen. Und da ist es einfach wichtig, dass bekannt ist.: wenn es psychische Krisen gibt, kann man zum Studentenwerk gehen, da gibt es eine psychologische Beratung. Wenn es soziale Probleme gibt, kann man gegebenenfalls zu einer der kirchlichen Beratungsstellen gehen oder so. Wenn das bekannt ist, ist es in Ordnung." (1, 340-345)

„Dass man die Studierenden im ersten Semester an die Hand nimmt und sagt, so. Und denen diese ganzen Sachen, die so wichtig sind zur Vernetzung und zum Reinkommen und zum „sich Zurechtfinden" im universitären Alltag an die Hand gibt und sagt, so, und jetzt könnt ihr aber selber. Aber man will sie ja nicht durchs ganze Studium an die Hand nehmen. Aber dann haben die so die Kompetenz entwickelt, das auch tatsächlich selber zu können." (5, 352-357)

„Und während des Studiums ist natürlich gut, wenn es immer Stellen gibt, auf die man zurückkommen kann, wenn man eben, ja, nicht nur Probleme hat, sondern eben Hilfestellungen braucht. Aber da ist auch schon über die psychosoziale Beratungsstelle, die haben ja auch ein großes Angebot. Und die PhilFak hat ein großes Angebot." (5, 365-369)

Wobei auch durchaus die Meinung besteht, dass bei bekannten Schwachpunkten der ausländischen Studierenden, die sich auch nach Fächergruppen unterscheiden, **genügend, aber adäquate Angebote** vorzuhalten sind. Gerade **Mentoren- und Tutorensysteme** werden hier für sehr geeignet gehalten.

III. UNTERSTÜTZUNGSMAßNAHMEN

5. Vorschläge für an der Universität zu Köln umzusetzende bzw. zu erweiternde Unterstützungsmaßnahmen

5.1. Konkretisierung von allgemeinen Maßnahmen für ausländische Studierende

Als **konkret umzusetzende Maßnahmen** an der Universität zu Köln werden fokussierend genannt:

a) eine **bessere Kinderbetreuung** für die Gruppe gerade der alleinerziehenden Studierenden,
b) eine über allgemeine und formale Begrüßungsveranstaltungen hinausgehende Information zu Studienbeginn der „neuen" ausländischen Studierenden in Form einer **persönlichen Vorstellung der Personen innerhalb des gesamten Angebots der bestehenden konkreten Beratungs- und Hilfeleistungen an der Universität**,

c) eine **Generierung und Aufstockung finanzieller Hilfen** auch seitens der Universität und auch auf Fakultätsebene,
d) spezielle Angebote von **(kostenlosen) Deutschkursen** für ausländische Studierende **in englischsprachigen Studiengängen**,
e) spezielle Angebote von **Englischkursen** für ausländische Studierende **in deutschsprachigen Studiengängen**,
f) eine noch stärkere **Förderung des interkulturellen Austausches** durch die Vereine ausländischer Studierender, gemischte Wohnheimsituationen („dass es da nicht zu Ghetto-Bildungen kommt" (1, 701)); den Vereinen ausländischer Studierender wird allgemein eine große Bedeutung für die Unterstützung der internationalen Studierenden zugemessen und eine Ausweitung der Gründungsunterstützung befürwortet,
g) unter konkrete Maßnahmen, die als sinnvoll erachtet werden, fällt auch die Bereitstellung von finanziellen Mittel zur **Stärkung der Personaldecke der in der Betreuung Tätigen**, explizit auch der Unterstützung der Arbeit des Akademischen Auslandsamtes, eben auch personell – bzw. insgesamt mehr personelle Mittel für die in der Beratung tätigen Einrichtungen bereit zu stellen,
h) potenziellen ausländischen Studierenden ein **realistisches Bild vom Studium in Deutschland zu vermitteln** und Informationsangebote der Universität zu Köln **schon vor Ort in den Heimatländern der ausländischen Studierenden** zu schaffen,
i) ein Informations- bzw. Servicezentrum an der Universität zu Köln als **zentrale Anlaufstelle für ausländische Studierende** aber auch für eine verbesserte interne Koordination und einen genaueren Überblick über vorhandene Maßnahmen einzurichten,
j) mehr Angebote für internationale Arbeitsgruppen im Rahmen einer **strukturierten Studieneingangsphase** zu schaffen, und auch sich konkret Gedanken zu machen über eine **bessere Vernetzung von deutschen und ausländischen Studierenden**,
k) hinsichtlich konkreter Betreuungsmaßnahmen werden auch **Mentoren-Programme** als sinnvoll erachtet,
l) grundsätzlich eine noch **engmaschigere Betreuung** für die ausländischen Studierenden, am besten **innerhalb eines institutionalisierten Rahmens** anzubieten,
m) sich bei den zu initiierenden Programmen verstärkt sowohl über die **Wirksamkeit**, über die **Ausgestaltung** als auch im Sinne der **Nachhaltigkeit** über eine mögliche verpflichtende Teilnahme nachzudenken,

n) sich auch der Probleme anzunehmen, die **nicht nur mit der Studien- sondern auch mit der Lebens- und Versorgungssituation** der ausländischen Studierenden zu tun haben.

Zu b) Personalisierte Vorstellung der Angebotspalette zu Studienstart

Hier wird gerade **auch auf Fakultäts- und Fachbereichsebene** ein Erfordernis für spezielle Erstsemesterveranstaltungen gesehen, bei denen verschiedenste Beratungs- und Hilfsangebote sowie deren Funktionsträger vorgestellt werden können:

„Es ist nicht so, dass da alle gleich drauf zugreifen müssen, aber dass die Möglichkeit sich in bestimmten Krisen.. an den oder die Organisation zu wenden, wenigstens bekannt ist. Also, das wäre eine Handlungsmöglichkeit für neue Studierende." (1, 318-324)

Zu c) Generierung und Aufstockung finanzieller Hilfen seitens der Universität

Gerade auch **finanzielle Hilfen** sind ein großer Brennpunkt, wobei sich die Interviewpartner durchaus bewusst sind, dass hier **die Universität zu Köln nicht der alleinige Problemlöser** sein kann. Dennoch wird hier auch die Initiative und Rolle der Universität zu Köln bei der Aufstockung von finanziellen Mitteln, bei der Initiation von Kooperationen mit Stiftungen, bei der Vergabe von Stipendien oder auch bei der Schaffung von studentischen Hilfskraftstellen gesehen:

„...ansonsten ist halt eben immer wieder auch die Frage von materiellen Bedürfnissen ein Problem. Das ist nun nichts, was die Universität Köln alleine lösen kann. Aber ja: Initiativen wie das beispielsweise vor ein paar Jahren, als palästinensischen Studierenden DAAD-Gelder zur Verfügung gestellt wurden und deren soziale Notsituation erheblich gelindert wurde und dadurch die Leute sich mehr auf ihr Studium konzentrieren konnten. Als Finanzierung aus der Heimat weggebrochen war. Solche Dinge sind natürlich auch ganz, ganz wichtig. Und wir wissen, dass es beim Akademischen Auslandsamt auch sehr gute Leute gibt, die dort Beratungen machen, die sich für die Interessen der Studierenden einsetzen. Aber letztlich sind da halt immer zu wenig Mittel vorhanden. Mehr Stipendien (lacht) würden logischerweise auch vielen Leuten helfen. Aber okay. Wie gesagt, ist nichts was man jetzt halt in der Universität alleine lösen kann." (1, 324-336)
„Das Finanzielle, ne?" (4a, 352-354)

Diesem Wunsch entspricht die Universität zu Köln immer wieder durch verschiedene Initiativen, beispielsweise aktuell in dem Sinne, dass sie zweckgebundene Spenden für syrische Studierende in Not sammelt.[38] Auch auf Fakultätsebene werden schon vorhandene Beispiele zur **Zusammenarbeit mit Stiftungen** genannt, eine Initiative, die möglicherweise universitätsweit nachahmbar wäre:

> „Da habe ich aus meiner Beratungspraxis beispielsweise erlebt, dass es z. B. im Bereich der Medizinischen Fakultät für etliche Studierende, mit denen auch wir im Laufe des Studium mal zu tun hatten, Hilfen durch die Maria-Pesch-Stiftung gegeben hat. Also ganz konkrete finanzielle Hilfen, wenn Leute in Notsituationen waren, oder Abschlussbeihilfen. Das ist in letzter Zeit – soweit ich das mitbekommen habe – schwieriger geworden, dass Studierende da Anträge stellen können ... eben in dem letzten halben Jahr vor dem Abschluss dort eine Förderung kriegen konnten. Also das erleichterte den Abschluss sehr. Und ob es da also in Bereichen anderer Fakultäten ähnliche Möglichkeiten gäbe, also das wäre sehr zu begrüßen." (1a, 19-30)

Als besonders hilfreich werden finanzielle Hilfen eingeschätzt, die **bei Problemen kurz vor Studienabschluss** greifen, sei es aus einer plötzlichen Notsituation heraus oder auch bei einer notwendigen Aufgabe eines zusätzlichen Verdienstes zugunsten einer Konzentration auf die Schlussphase des Studiums.

Genauso die Unterstützung durch den **Studierendenförderungsfonds** oder auch andere **Fonds für Kriegs- oder Krisenländer**:

> „Da ist es immer sehr hilfreich, wenn wir Leute dann gegebenenfalls auch noch mal zum Studierendenförderungsfonds schicken können"... „Also, wenn da die Perspektive besteht, dass jemand da für ein halbes oder teilweise ein ganzes Jahr eine Absicherung bekommen kann, die hinterher zurückgezahlt werden muss, was vielen Leuten dann natürlich Sorgen macht.".. „Aber trotzdem als zinsloser Kredit eine sehr, sehr sinnvolle Geschichte ist. Also das auch weiter mit zu stärken und sich da in der Bewilligungspraxis auch bei ausländischen Studierenden nicht von der möglichen Perspektive abhalten zu lassen, dass dann Leute eventuell doch irgendwann ins Heimatland zurückkehren oder einfach Schwierigkeiten haben, das wie gewollt zurückzuzahlen." (1a, 38-48)
> „Finanzielle Unterstützung über Fonds." (3a, 355)
> „Also die Finanzierung noch mal. Bei den syrischen Studierenden war das ja jetzt auch ganz extrem, dass da die Gelder nicht mehr flossen aus dem Heimatland wegen des Krieges. Dass man für solche Fälle vielleicht einen größeren Fond hat. Oder vorübergehend, ja, dass man vielleicht auch generell guckt, wie man studentische Hilfskraftstellen schafft, die von ausländischen Studierenden

---

38 Online: http://verwaltung.uni-koeln.de/international/content/index_ger.html (Stand 29.7.2013).

C. Die Auswertung der Stakeholder-Befragung

ja gut ausgefüllt werden können. Damit die auch auf so eine Weise in den Uni-Alltag integriert werden können. Ja. Und sonst? Nee. Vernetzung, Kompetenzen schaffen. (lacht) Es kommt immer wieder auf das Gleiche." (5, 628-635)

Darlehen werden auch vom AStA der Universität zu Köln ausgegeben. Derzeit gibt es die Möglichkeit von Darlehen und Zuschüssen aus dem Hilfsfonds, Überbrückungsdarlehen und Beihilfen zu ungedeckten Krankheitskosten, die über das Kölner Studentenwerk vergeben werden oder dann auch Studienabschlussdarlehen der Daka, Bildungskredite, Darlehen über den Studentenförderungsfonds der Universität, Sozialdarlehen der Asten aber auch die Möglichkeit zur Schuldnerberatung:[39]

> „Dann bin ich zum AStA gegangen und habe ihm gesagt, bitte mach, dass da Darlehen ein bisschen... Also, was anderes wäre mir da nicht eingefallen. Einfach nur das Darlehen vom AStA. Die sollen mehr Geld bekommen. Damit sie halt dann wenigstens sich Geld ausleihen können. Weil, da waren viele, die haben sich vom Freund ausgeliehen, der hat sich vom Freund ausgeliehen. Die waren in so einer schlimmen Situation, weil, das ist dein Freund und du kannst ihm das Geld nicht zurückgeben. Das heißt, du hast keine Freunde, du hast kein Geld und das ist schon so eine schwierige Situation, wo man gucken muss, dass es diesen international Studierenden besser geht." (10, 232-240)

Hier wird eine Aufstockung der Gelder, die der AStA vergeben kann, als sinnvoll erachtet.

Angedacht wurde in den Interviews auch, beispielsweise **studentische Hilfskraftstellen** teilweise gezielt mit ausländischen Studierenden auszufüllen.

Zu d) Spezielle Angebote von Deutschkursen für ausländische Studierende in englischsprachigen Studiengängen

Aus der Beratungspraxis zeigt sich, dass gerade **Studierende in englischsprachigen Studiengängen** häufig nur über rudimentäre Deutschkenntnisse verfügen, was zu großen **Problemen im normalen Lebensalltag** führt. Hier scheint möglicherweise ein **Defizit an deutsch-sprachlicher Begleitung** in diesen Studiengängen bestanden zu haben:

> „Also, beim Bäcker können sie noch auf die Brötchen zeigen, die sie haben wollen, aber viele andere Bereiche sind da schon komplizierter."... „...die Englischkenntnisse der Allgemeinbevölkerung lassen sich auch nicht unbedingt als 100 prozentig bezeichnen"... „Das ist in einem Land wie Holland oder Nor-

---

39 Online: http://www.kstw.de/index.php?option=com_content&view=article&id=112&Itemid=17 (Stand: 20.4.2014).

wegen ganz anders. Aber bei uns ist es, glaube ich, extrem wichtig, dass wenigstens Deutschkenntnisse.. auch neben den englischsprachigen Studiengängen erworben werden können. Und so wie ich das aus meiner Beratungspraxis mitbekommen habe, ist das nur teilweise der Fall. Teilweise sollen Leute diese Kurse bezahlen, teilweise können sie sie gar nicht besuchen, teilweise wird offiziell kein Wert drauf gelegt." (1, 677-690)
„Also, wir haben dann zum Beispiel auch Masterstudiengänge in Englisch. Und ich glaube, da muss man noch mal ein Augenmerk drauf haben. Weil, ich kann jetzt nur schildern was ich wirklich mitbekommen habe, von einer Studierenden zum Beispiel aus Amerika. ... Nur in dem Fall war es dann halt so, also die kam hierher, hat dann keine finanzielle Unterstützung bekommen. Wollte eigentlich Deutsch lernen.... und was ich damals wirklich sehr, sehr schade fand, war, es gab keine Möglichkeit für einen Deutschkurs. Für einen kostenlosen Deutschkurs an der Universität. Und das würde ich anregen. Also jetzt mal unabhängig von dem speziellen Fall." (4, 191-210)
„Nur, wenn wir diese englischen Kurse anbieten, dann müssen wir natürlich auch gucken, dass wir die Leute auch integriert bekommen." (4, 214-217)
„Aber es ist auch so, welches Signal setze ich, wenn ich ein Studium in englischer Sprache anbiete? Und gleichzeitig von Integration spreche ohne die Sprache miteinzubeziehen." (3, 222-224)
„Und zunehmend, also das macht mir Sorge, wenn die Uni sich weiter internationalisiert und es sollen irgendwann alle Masterstudiengänge auf Englisch sein. Man erwartet keine Deutschkenntnisse mehr, man kann nach Deutschland kommen ohne Deutschkenntnisse, man scheitert im Alltag. ... Alltagsfragen, Ausländerbehörde, Einkäufe tätigen, Verträge mit Handy oder so was abschließen, wen frage ich da, wenn ich kein Deutsch kann? Jobs zu finden als nur Englischsprachiger. Wir haben die ... Stipendiaten, die würden auch schon mal gerne irgendwo ein Praktikum machen, die sprechen nur Englisch, lernen zwar hier Deutsch... – aber können es nicht anwenden. Und haben dann massive Probleme an vielen Stellen. Also ich wäre gar nicht dafür, flächendeckend jetzt hier englischsprachige Studiengänge einzurichten ohne dass nicht Mindestkenntnisse von A2 in Deutsch oder so was schon mitgebracht werden. Die scheitern im Alltag. Das wird viel zu sehr übersehen. ... Unabhängig davon, dass wir erst mal das Lehrpersonal auf das richtige Englisch einstellen müssen, das ist ja auch noch nicht die Regel, dass alle das können. Das macht mir große Sorge." (6, 408-427)
„Nee, kann ich nicht sagen. Also, ich kann jetzt weder sagen, dass es daran liegt, dass sie der deutschen Sprache nicht genügend mächtig sind. Wobei es da auch Probleme gibt, aber das hängt sicher auch vom Studienfach ab, wie viele Kenntnisse man braucht und wie man auch ganz gut mit Radebrechen durchkommt." (8, 303-306)

Hier wird auch konkret gefragt, **welche strategischen Überlegungen** die Universität zu Köln mit der Einrichtung von englischsprachigen Masterstudiengängen verfolgt:

C. Die Auswertung der Stakeholder-Befragung

„Also, welches Signal setzt die Kölner Hochschule mit dem Angebot von englischen Studiengängen? Was bezweckt sie damit?" (3, 236-237)
„Ich weiß nicht ob das in der Zeit entstanden ist als wir noch Studiengebühren hatten. Möglicherweise. Und damit natürlich auch... klar, es ist ja auch ein Wirtschaftsunternehmen. Also will ich jetzt auch nicht... meine ich auch gar nicht vorwurfsvoll. ... Nur man muss ja überlegen... Es muss ja fair sein. Also und ich denke wenn man die Leute nur hierher holt wie bei dieser Amerikanerin" (4, 238-245)
„weil ich weiß, (lacht) dass die Uni es eigentlich gerne hätte hauptsächlich nur noch problemlose Masterstudierende hier nach Köln zu holen.... Und sich damit halt eben verschiedenste Probleme zu sparen." (1, 210-215)
„Aber vielleicht so eine Frage, die ich ja eben noch gestellt habe mit diesen Masterstudenten und englischer Sprache. Also das erst mal mitnehmen und nachhören, aus welcher Motivation heraus oder welche Beweggründe haben die Uni veranlasst, diese Kurse in englischer Sprache anzubieten. Und das Thema Sprache. ... Kulturelle Integration findet über die Sprache... findet in erster Line über eine Sprache statt." (3a, 697-704)

Zu e) Spezielle Angebote von Englischkursen für ausländische Studierende in deutschsprachigen Studiengängen

Bei ausländischen **Studierenden in deutschsprachigen Studiengängen** ist dann wiederum angezeigt, dass diesen zumindest **Grundkurse in englischer Sprache** zur Verfügung gestellt werden, einmal aus Sicht der Vermittlung in die Arbeitsmärkte aber auch, da im Rahmen des Studiums immer wieder mit englischsprachiger Forschungsliteratur zu arbeiten ist:

„... fast alle Arbeitgeber brauchen heutzutage mindestens rudimentäre, wenn nicht teilweise gute Englischkenntnisse. Das ist bei vielen Studierenden so nicht der Fall.".. „... wir reden von afrikanischen, lateinamerikanischen Studierenden (asiatischen teils weniger, weil da die Ausrichtung auf Weltsprache Englisch, wenn man ins Ausland geht, also fast unerlässlich ist). Aber wir reden halt, wie gesagt, von vielen französischsprachigen Ländern in Afrika, wir reden in Lateinamerika von Studierenden, die, wenn sie überhaupt eine formale Ausbildung in Englisch haben, die teilweise meiner Erfahrung nach relativ katastrophal ist. (lacht) Und wo also, wie gesagt, weiterführende Englischkurse oder teilweise sogar Beginner-Kurse, Basics, unglaublich hilfreich wären. Also, sowohl was die Studiensituation anbetrifft, weil, ich sage jetzt mal, ein lateinamerikanischer Student der oder die vorher nur Spanisch sprach, jetzt Deutsch gelernt hat, hat aber in Sozialwissenschaften und in Politik logischerweise immer mit englischsprachigen Forschungssituationen zu tun." (1, 637-655)

Zu f) Förderung des interkulturellen Austausches durch Vereine ausländischer Studierender

Den Vereinen ausländischer Studierender wird eine hohe Bedeutung für die Betreuung der internationalen Studierenden zugesprochen (siehe auch weiter oben). Hier sollte Unterstützung bei der Gründung und Aufrechterhaltung seitens der Universität erfolgen. Aber auch die Studierenden selbst, besonders die Bildungsinländer, seien dazu aufgerufen, sich für ihre Landsleute zu engagieren:

> „Vielleicht hätte auch viel mehr von Migrantenseite kommen müssen, dass die so Vereine etablieren." (10, 196-197)

Zu g) Stärkung der Personaldecke der in der Betreuung ausländischer Studierender Tätigen

Die in der Betreuung Tätigen scheinen hier selbst auch einen großen Bedarf zu sehen, **Personal** aufzustocken, auch wenn man sich die Betreuungsquote ansieht:

> „Geld. Mehr Stellen." (6, 575)
> „Personal. Geld. Ja." (7, 576)
> „Weil, so, wir hoffen sehr, dass hier mindestens eine Stelle langfristig noch dazu kommt."
> „Also, wenn man mal klassisch umrechnet, ... circa 3.000 Studenten wären unsere Klientel, ne? Von den Ausländern, echten Ausländern. Die kommen nicht alle. Nicht alle haben Probleme. Aber wenn die mal alle auftauchen würden, ..."

Zu h) Vermittlung eines realistischen Bildes vom Studium in Deutschland schon vor Ort in den Heimatländern der ausländischen Studierenden

Daneben besteht die starke Forderung, den zukünftigen ausländischen Studierenden ein **realistisches Bild vom Studium in Deutschland zu vermitteln**. Denn häufig bestehen auch unrealistische Erwartungen bzw. fast naive Vorstellungen über ein Leben und Studium in Deutschland. Für viele ausländische Studierende sei beispielsweise neben dem Studium arbeiten zu müssen erst einmal nicht vorstellbar, und genauso, falls Prüfungsphasen anstehen, geschehen oft Kurzschlusshandlungen wie das schnelle Aufgeben einer lebensunterhaltssichernden Arbeitsstelle. Auch eine Studierendenauswahl im Sinne eines **Studieneignungstest** in den Heimatländern wird für sinnvoll gehalten:

> „Aber haben die ja nie gebraucht, das können die sich auch nicht vorstellen. Weil die sind ja zum Studium gekommen. Und Studium heißt ja lernen, heißt ja nicht, arbeiten gehen. ... Oder wie viele kommen gerade in Prüfungsphasen und sitzen dann da und sagen, ja, ich habe jetzt die Arbeit aufgehört, weil, ich muss mich auf das Studium konzentrieren. Ja, und wovon wollen sie leben? ... Also, da gibt es ja so Kurzschlussreaktionen auch. Weil die ja den wahnsinnigen Druck haben, die Prüfungen zu schaffen." (2, 1364-1376)
> „Aber das sind jetzt Probleme, da kann eigentlich eine Hochschule nichts tun. Es sei denn auch dort im jeweiligen Heimatland schon zu sagen, bevor jemand das macht, macht man mal vor Ort einen Interessens- und Neigungstest. Prüft die Eignung. Denn wenn die erst mal hier sind, ist es eigentlich schon zu spät." (8, 323-326)

Diesen und anderen Problematiken vorzubeugen, könne einerseits dadurch geschehen, dass aus der Universität zu Köln heraus **Informationsdienste schon in den Heimatländern** der ausländischen Studierenden vor Ort etabliert werden, einerseits durch Personalentsendungen in Botschaften oder an Partneruniversitäten, andererseits über Informationsbroschüren etc.:

> „ich fände es auch nicht verkehrt, wenn die ausländischen Studierenden, die Bildungsausländer, die Free Mover, auch dort abgeholt werden, wo sie herkommen. Was ich damit meine, ist, dass Dozenten oder Abgeordnete von der Universität sie vor Ort informieren." (3a, 204-210)
> „In China passiert so was teilweise, glaub ich. Bei irgendwelchen Botschaften. Oder auch über die Botschaften kann... also ich glaube, in manchen Ländern, also gibt es auch so Börsen wie in China oder so, dass man... überhaupt die Hochschule ist da ja auch sehr aktiv. Dass man da versucht, den Leuten schon ein relativ realistisches Bild...... über Deutschland" (4a, 211-219)
> „Ein realistisches Bild zu geben. ... Schon im Heimatland." (3a, 218-221)
> „... da passiert das bei einigen, dieser Kulturschock oder einfach so ein Schock... manche kommen hierhin und haben... also mit ganz anderen Vorstellungen, einer ganz anderen Erwartungshaltung. Und dann ist so ein Schockzustand selbstverständlich. Und was macht man dann?" (3a, 223-227)
> „Ja, oder auch Informationen. Wir hatten ja auch schon so Sachen, wo wir über die Akademischen Auslandsämter schon Infos,... also noch in die Heimatländer geschickt haben..." (4a, 228-230)
> „... also eine realistische Einschätzung zu geben.... kein Schönreden, nicht Schönreden. Nicht etwas Schönreden, was nicht schön zu reden ist. ... Und auch denen auch bewusst zu machen, welche Schwierigkeiten sie hier haben werden. Und wenn die dann sich dennoch dafür entscheiden, dann wissen die halt auch, worauf sie sich einlassen.
> Aber einen jungen Menschen zu locken mit wunderbarem akademischen Abschluss, den er hier erwerben kann, ohne zu sagen, welche Schwierigkeiten er erst hier zu überstehen hat, das ist nicht fair. Also gut, Fairness lassen wir mal dahingestellt sein."

„Ja, ja und dann kommt das große Erwachen." (4a, 263)
„Mit den, es sind ja dann nicht Hochschulen, in der Regel auch noch Schulen, also, mit entsprechenden Institutionen an den Heimatorten in Kontakt treten, so dass die dort schon vorbereitet werden auf das, was sie hier erwartet,.. zu studieren. Also schon frühzeitig mit Vorurteilen und falschen Erwartungen aufräumen. Also wirklich vorbereiten. ... Und ich glaube, dass viele mit sehr vielen naiven Vorstellungen hierhin kommen. Also für uns naive. Aus deren Sicht sind das Informationen und Halbwahrheiten, die sie dort irgendwie bekommen, Phantasien, an denen dann oft auch ganz viel dranhängt, von den Familien her auch an Erwartungen. Und wir sehen dann, wie hier viele derer, die hier einfach daran scheitern, an diesem Projekt, ich studiere in Deutschland." (8, 214-231)
„Ich weiß nicht, dortige Goethe-Institute oder wie auch immer, als Anlaufstellen nehmen." (8, 234-235)
I: „Ein realistisches Bild quasi vom Studium in Deutschland zu vermitteln?"
B: „Vom Studium und vom Leben in Deutschland. Sie erreichen nie alle. Die, die ganz andere Motive umtreiben, dem Heimatland den Rücken zu kehren, die werden sie damit auch nicht erreichen." (8, 236-242)

Zu i) Zentrale Anlaufstelle für ausländische Studierende

Ein **derartiges Servicezentrum** wird zur Bündelung der Maßnahmen sowohl für den Überblick der Studierenden als auch für die Universität selbst – auch im Sinne der Effektivität – für sinnvoll erachtet. Als essentiell wichtig wird hierfür eingeschätzt, umfassende Räumlichkeiten vorzuhalten:

„Also das Infocenter des Studentenwerks in der Zentralmensa beispielsweise. ... Die Idee war eigentlich klasse. Aber die Umsetzung war problematisch. Und es waren dann halt eben auch nicht mehr Gelder aufzutreiben, ... Wir haben versucht, das den Prorektoren, die für Internationalisierung zuständig waren, im Gespräch auch mit einzubringen. Dass so was sinnvoll sein könnte, auch dieses Projekt des Studentenwerks. Wenn die Universität das unterstützen würde" (1, 384-423)
„Da fände ich glaube ich so ein Zentrum auch ganz gut. Wo man so Richtlinien bekommt. Also so Wegweiser und so weiter. (4, 27-28)
„wirklich hilfreich würde ich ein Zentrum halten, wo man wirklich ein bereichsübergreifendes internationales Zentrum, wo man Räumlichkeiten hat, wo man sowohl Seminare, Sprachkurse, ich weiß ja, dass das Akademische Auslandsamt selbst auch Probleme hat, Räume zu finden, um... oder außerhalb anmieten müssen, um irgendwie Integrationskurse oder irgendwas anzubieten. Und natürlich, wo man auch Veranstaltungen machen kann, übergreifende. Also das sind natürlich immer nur so Highlights, trotzdem glaube ich, dass das sehr wichtig ist.
Ob das jetzt so eine Multi-Küche ist oder so ein Rathaus-Empfang oder ein gemeinsames Fastenbrechen oder was auch immer, eine Weihnachtsfeier, eine internationale, ich glaube, solche Highlights verbinden die Menschen. Und wenn es in so einem Zentrum stattfinden, wo man dann auch noch die Mög-

lichkeit hat, Beratung oder sonst irgendwas... oder wo die Fachbereiche ihre Infos kommunizieren können, also es ist vielleicht ein Traum, aber ich glaube, das würde vieles verbessern und vereinfachen. Für die... für uns, für also alle, die wir mit denen arbeiten. Auch wir hätten einen besseren Überblick, wenn es so läuft. Also ich kann mir nicht vorstellen, dass es hier irgendwo einen Menschen gibt, der wirklich weiß, was alles läuft."
„Ja, aber vieles könnte effektiver laufen, wenn es irgendwie gesammelter wäre. Also ich weiß nicht, vielleicht widersprechen Sie mir, aber ich glaube, so ein Zentrum könnte einfach helfen, die Dinge ein bisschen zu ordnen, zu strukturieren und effektiver zu gestalten." (4a, 293-296)
„Also, es gibt hier so ein Konzept auch mit dem Akademischen Auslandsamt zusammen und das liegt auch dem Rektorat vor und ich möchte es einfach noch mal anbringen, weil ich bin überzeugt davon, dass solche Sachen... wissen Sie, man kann so vieles... nur irgendwo muss es auch Raum geben. ... Ich erlebe es als sehr zentral. Sprechen Sie mit den Gruppen, die haben keine Büros, die haben keine Veranstaltungsräume. Ob das jetzt die Internationalen Hochschulgruppen sind ... oder wie ESN ... und suchen für ihre Summer-School und jedes Jahr das gleiche." (4a, 301-310)
„Es ist anstrengend. Und es geht viel verloren. Es ist viel einfacher, wenn man weiß, da ist Raum für etwas Spezielles. Dann kann man eigentlich anfangen, wirklich zu arbeiten. Wenn man immer wieder suchen muss, geht viel verloren." (4a, 315-318)
„Und auch, dass deutsche Studierende durch diese internationalen Veranstaltungen und so profitieren. Also, das ist ein mit-... also ich wünsche mir ein Miteinander. Und dafür brauch es Raum. Das muss gewollt werden. Und ich glaube, da könnte man mal ein Signal setzen." (4a, 346-349)
„Aber ich glaube, wenn es irgendwie so eine Stelle gäbe, wie das die WiSo vergleichsweise, aber für „echte" Ausländer, Fachstudierende, wo wir dann auch einen Ansprechpartner hätten, wo wir auch zusammen arbeiten könnten. Aber, auch wieder Geld, auch wieder Personal. Aber ich glaube, so etwas wäre ideal. Weil, dann könnte man auch die Studierenden genau gezielt dahin schicken." (7, 689-692)
„Und bei einer Fakultät alleine schon so etwas zu etablieren, wäre auch schon mal ein erster Schritt und zu bündeln. Ich finde es auch immer gut, dass es eine zentrale Stelle gibt, nicht, dass viele Ansätze machen und parallel das und das machen, sondern dass man irgendwie etwas institutionalisiert. Weil ich das Gefühl habe, es gibt sehr viele Angebote an der Uni." (7, 709-713)

Zu j) Strukturierte und institutionalisierte Vernetzung von deutschen und ausländischen Studierenden im Rahmen der Studieneingangsphase

Geregelte Angebote für internationale Arbeitsgruppen wären schon aus dem Grund wichtig, um die Kontakte zueinander herzustellen, da eine internationale Gruppenbildung normalerweise nicht automatisch stattfindet, und auch danach meist angeleitet werden muss. Dies könnte am besten im Rahmen einer **strukturierten Studieneingangsphase** stattfinden:

„Also, was bestimmt toll wäre, wären mehr Angebote zum, ja, international, also arbeiten in internationalen Gruppen, internationales... Also wie man... Also einfach um die Studierendenschaft mehr zusammen zu bringen und dass die wirklich Kontakt zueinander kriegen. Denn das funktioniert nicht von selbst. Da gibt es auch Studien zu. Die vermischen sich nicht einfach so und arbeiten auch nicht freiwillig so in international zusammengesetzten Gruppen und das funktioniert auch meistens nur unter Anleitung gut." (5, 468-475)
„Also diesen Mehrwert über dieses interkulturell und international zusammengesetzte oder überhaupt divers zusammengesetzte erfährt man, glaube ich, erst, wenn man das mal erfolgreich gemacht hat. Und das geht nur, wenn man das unter Anleitung macht -, also wenn das eng begleitet wird. Weil, wenn man die Studierenden dann sich selbst überlässt, dann teilen die sich die Aufgaben auf und arbeiten aber nicht wirklich zusammen und dann ist je nachdem wie gut der ausländische Student weiß, was er jetzt machen muss und ob er das überhaupt machen kann, ja, ist er dann oft der, der es nicht gut genug gemacht hat und dessen Arbeit man noch mit übernimmt." (5, 483-489)
„... Ja. Und ich denke mal, so eine strukturierte Studieneingangsphase würde vermutlich allen, aber eben besonders den ausländischen Studierenden, zu Gute kommen. Also einmal am Anfang des Semesters ein Programm zu haben, was man abarbeiten muss, um dann zu verstehen wie es geht. Wie Uni in Köln funktioniert – sozusagen." (5, 490-494)

Aber es wird auch grundsätzlicher gefordert, sich stärker über die **Vernetzung durch die deutschen und ausländischen Studierenden selbst**[40] Gedanken zu machen, gerade auch, wie man die Eigeninitiative und das Interesse der deutschen Studierenden an einem solchen Kontakt wecken kann:

„... Aber es ist unglaublich schwer diese beiden Gruppen miteinander zu vernetzen. Also wenn man da in der Studie etwas fände, ein Instrument fände: Wie kriegt man das Interesse von Deutschen stärker fokussiert? – ... Aber was findet man für eine Möglichkeit das Interesse der Deutschen an ihren ausländischen Kommilitonen zu wecken, zu stärken? Also das ist glaube ich das ganz große Problem für die ausländischen Studierenden, zu wenig von den Deutschen wahrgenommen zu werden, integriert zu werden. Ausnahmen gibt es immer, die wunderbar klappen. Aber das Gros leidet, glaube ich, sehr darunter, dass sie keine deutschen Freundinnen und Freunde haben." (6, 365-375)
„Auch gerade die echten Ausländer und Fachstudierenden. Die Austauschstudierenden durch Buddy-Programme und ähnliches finden die ja noch Anschluss und deutsche Freunde. ... also alle wollen das, aber irgendwie klappt das nicht. Die deutschen Studierenden haben auch gesagt: Mensch, ich komme jetzt aus Spanien wieder, ich will unbedingt ausländische Studierende, egal woher, kennenlernen. Und irgendwie in der Umsetzung scheitert es dann trotzdem. Aber ja das empfinde ich auch als großes Problem. (7, 376-384)

---

40 Vgl. Stemmer 2013, 142-143, 146, 152, 169-170, 172, 184-186, 195-196, 251-252.

Zu k) Mentoren-Programme

Konkrete Betreuungsprogramme, die als sinnvoll erachtet werden, seien auch **Mentoren-Programme**, die zwar kostenintensiv, aber auch wirksam seien:

> „Und dann wäre wieder die Förderung über Mentoren-Programme und so weiter wichtig." (6, 870-871)

Zu l) Engmaschige Betreuung innerhalb eines institutionalisierten Rahmens

Es wird auch dafür plädiert, die ausländischen Studierenden **engmaschig** an die Hand zu nehmen und institutionell begleitete Studienmöglichkeiten anzubieten:

> „Wie gesagt, ich kann mir nur vorstellen, also wirklich programmgestützte, geleitete, begleitete Studien anzubieten. Engmaschig an die Hand nehmen... Solche Sachen wie, wie kann man ausländische Studierende in den Wohnheimen ansprechen, einbeziehen, kulturelle Angebote machen? So was eben auf universitärer Ebene initiieren. Café Babylon gibt es." (8, 208-214)

Zu m) Berücksichtigung von Wirksamkeit und Nachhaltigkeit bei der Initiierung von Betreuungsprogrammen

Allgemein wird geäußert, dass sich die Initiatoren von Unterstützungsmaßnahmen und – programmen darüber klar sein müssen, dass möglicherweise die **Maßnahme nicht so wirkt wie erwartet** bzw. nicht die erhoffte Wirkung zeigt:

> „Und dann kommen wir von außen und denken, wenn wir ein bestimmtes Programm machen, so hat der das auch zu übernehmen. Und so zu adaptieren,... Und das kann nicht funktionieren. Es kann nicht so funktionieren, dass ich von außen etwas vorgebe und sage, indem ich da zusätzliches Wissen einbläue, dann hat der das verstanden und dann macht der das so. ... Und das ist so das Fatale, dass wir – denke ich mal – zu wenig Gedanken darum machen über die Vielfalt der jeweiligen Persönlichkeit, die da ist." (2, 1172-1183)

Als sinnvoll wird hierbei angesehen, grundsätzlich **kleinere Gruppen zu bilden** und die **Programme aber dann für alle zu öffnen**, also nicht nur für Bildungsausländer sondern auch für Bildungsinländer und deutsche Studierende, damit auch das Gefühl einer Diskriminierung oder einer Stigmatisierung nicht auftreten kann. Und diese Programme dann aber nicht auf freiwilliger Basis sondern **verpflichtend für alle**. Sinnvolle Programme könnten hierbei sein: Sprachkurse, Kurse zu „intercultural behavior", Formulieren von Anträgen, Kurse zu wissenschaftlichem Arbeiten etc. Hierfür könnte eine Art **Credit-Point-System** eingeführt werden.

> „Ja, man muss auf kleinere Gruppen zurückkommen. Also, das kann ich nicht in der Masse machen. ... Ja, vielleicht wirklich langsam anfangen über die Anfänger. Und dann wirklich sagen, wir machen Programm für alle.... Das heißt, ... ich muss an und für sich so offen sein und sagen, wir haben unheimlich viele Studenten hier, die große Ressourcen haben, die aber aus irgendwelchen Gründen die nicht entfalten können. Welche Möglichkeiten gibt es? ... Das ist der Sprachkurs, das ist meinetwegen Benimmkurs, ob als Knigge oder wie auch immer definiert. Plus, wie formuliere ich irgendwelche Anträge oder wissenschaftliche Arbeiten. Das wissen auch die, die hier das Abi gemacht haben, auch nicht unbedingt.
> So Sachen aber verpflichtend machen. Und sagen, so, ihr habt da ein Heft in der Hand, wenn ihr zehn dieser Einheiten gemacht habt, gibt es drei oder fünf Credit Points oder irgendwas. Aber das wirklich für alle offen haben, dass die auch wirklich merken, das ist nicht nur, weil ich also jetzt schwarz bin, kriege ich ein Programm draufgedrückt, sondern das ist ein Angebot für alle. Und wenn das für alle ist, ach, dann ist es ja wahrscheinlich vernünftig, dass ich das mache. Und nicht nur, wenn ich was für die Ausländer anbiete, ja, wieso das denn, so defizitär bin ich doch nicht, ich habe doch auch mein Abi gemacht, ich bin doch auch nach Deutschland gekommen. Also einfach so diese Hemmschwelle da wegzunehmen und ... zu sagen, das ist für uns das Normalste auf der Welt, dass wir im ersten Semester oder die beiden ersten Semester parallel Angebote machen, dass die eine Chance haben, einfach so damit umzugehen wie was Normales." (2, 1210-1234)

Zu n) Annahme auch der Lebenssituation der ausländischen Studierenden als Thema und nicht nur der Studiensituation

Die **Lebens- und Gesundheitssituation wirke sich** ja insgesamt wieder auch **auf die Studiensituation aus**. Insofern besteht von verschiedener Seite der **Appell, sich an der Universität zu Köln** auch solchen **Themen** zu widmen. Einbezogen sind hier beispielsweise:

– Probleme mit dem Aufenthaltsrecht,
– für eine Schließung finanzieller Lücken über Fonds zu sorgen,
– auch, sich mit Versicherungsfragen auseinanderzusetzen,
– bzw. mit Fragen, die die Gesundheitssituation betreffen.

Hier seine **Stärke als Institution zu nutzen** und in **Verhandlungen mit anderen Einrichtungen** zu gehen:

> „Ich weiß nicht, ob da sich Hochschule Gedanken zu machen kann? Können wir nicht mal schauen wie wir dafür sorgen, wie wir versicherungstechnisch, krankenversicherungstechnisch, wie wir die hier absichern? Über einen be-

C. Die Auswertung der Stakeholder-Befragung

stimmten Tarif oder mit Versicherungen da in...? Also solche Gruppentarife. Wo auch gerade so was mit berücksichtigt wird. Dann schließen solche Kassen eben auch Vorerkrankungen aus, aber die kommen manchmal aus Ländern, bei denen nie eine Vordiagnose gestellt wurde. Dann stellt sich hier heraus, dass sie vielleicht schon immer Diabetes hatten. Ja. Und dann gucken die aber hier in die Röhre. Ist die Vorerkrankung, es ist schon eine Vorerkrankung, das bestand schon bei Vertragsunterzeichnung, dafür tritt man dann nicht ein." (8, 459-468)

„Das gehört jetzt wieder zu den Lebensumständen. Wie kommen die überhaupt hierher? Mit welcher Vorgeschichte, mit welchem Gesundheitsstatus, physisch wie psychisch? Und kann man dafür sorgen, dass sie da auch angemessen abgesichert sind, damit von der Seite nicht noch Probleme auftauchen?" (8, 476-479)

5.2. Personal- und Organisationsentwicklungsangebote zur interkulturellen Sensibilisierung von Dozentenschaft/Einrichtungen

Vielfach scheint die Dozentenschaft **keinen Eindruck von bzw. Einblick in die tatsächliche Brisanz der Lage** der ausländischen Studierenden zu haben. Auf der anderen Seite gibt es durchaus **positive Beispiele**, die eine gewisse interkulturelle Sensibilität von Haus aus mitbringen:

„Also selbst so im Unikontext oder überhaupt Hochschulkontext, wenn ich mit Professoren so mal drüber rede, die an und für sich sehr positiv zugewandt sind, auch. Und wenn ich so Details schildere und welche Kleinigkeiten oft mal auch verletzend sein können, dann sind die total erstaunt, weil sie sich da nie ein Bild von haben machen können." (2, 77-81)

„Und bin hingegangen, habe mit den Dozenten geredet und habe da super Erfahrungen gemacht. Es war auch ein internationaler Dozent, der dann direkt so gesagt hat, nee, die soll in meinen Kurs kommen, hat direkt mit ihr geredet, das mit den Materialien und so. Und das fand ich ganz toll wie er mit ihr umgegangen ist. Das hängt aber, glaube ich, auch von der Hierarchie ab. So viele Dozenten sind auch ein bisschen jünger. Auch international ausgerichtet.... Haben ja auch diese interkulturelle Sensibilität. Die ja nicht bei allen vorhanden sein muss." (10, 1365-1371)

Gerade hinsichtlich interkultureller Probleme ist es wichtig, dass auch diejenigen Stellen, die im direkten Kontakt mit den Studierenden stehen, bezüglich der Probleme und **kulturell unterschiedlicher Verhaltensweisen sensibilisiert** werden:

„Wo man wirklich sehr, sehr differenziert hinschauen muss und wo es auch in der Beratung wichtig ist, dass die Beratenden zumindest rudimentäre Kenntnisse der dortigen Kultur haben und so weiter, um auf bestimmte Reaktionen

der Studierenden richtig reagieren zu können oder sie einschätzen zu können." (1, 140-144)
„Also a) ich kann nicht von den Menschen, also selbst, wenn die guten Willens sind, erwarten, dass die sich das ansatzweise vorstellen können …" I: „Was könnten Sie sich da vorstellen? Würde es dann darauf hinzielen, dass man eventuell Hochschullehrer oder sonstiges auch irgendwie einbezieht?" B: „Ja, klar. Ich würde alle nehmen." I: „Was könnten Sie sich da vorstellen?" B: „Allen ein interkulturelles Training an die Backe hängen. Ich würde das wirklich zwangsweise machen." (2, 905-917)

Interkulturelle Sensibilisierungskurse, die lediglich geringen Zeitaufwand bedeuten, werden hier schon als sinnvoll eingeschätzt. Zum Teil ist aber auch nicht klar, inwieweit in der Dozentenschaft selbst ein Interesse daran bestünde. Ein **derartiges Programm** würde derzeit an der **Universität Hildesheim** (online: http://www.uni-hildesheim.de/qualiko/qualiko.html (Stand 20.9.2013)) praktiziert.

„Wäre durchaus in manchen Bereichen hilfreich. Ja, Dozentinnen und Dozenten auch auf die besondere Problemlage von ausländischen Studierenden hinzuweisen. Da mal gegebenenfalls mal eine Fortbildung oder so. Da reicht ja eigentlich fast, wenn man mal zu einer Veranstaltung von einer Stunde oder eineinhalb einlädt und die besondere Problematik darlegt, unter der viele ausländische Studierende ihr Studium leisten müssen. Also mit den bereits mehrfach erwähnten Aspekten: das Fehlen des gewohnten kulturellen Hintergrundes, Eingewöhnen in eine neue Sprache, Zeit aufwenden müssen gegebenenfalls für studentische Jobs." (1a, 124-131)
„Damit da dann also für möglicherweise auftauchende Probleme auch mehr Verständnis besteht." (1a, 136-137)
„Ja, also wenn die Dozentenschaft... Also, ich glaube, dass interkulturelle Sensibilisierung also zum Beispiel nicht jedem gegeben ist und auch nicht von alleine kommt, wenn man mal irgendwie ein halbes Jahr im Ausland gelebt hat oder so. Das ist ja schon was, was so ein bisschen tiefer geht. Und das wäre sehr wünschenswert, wenn sich Lehrende dafür interessieren würden und man dafür ein Angebot schaffen würde. Also es gibt vom DAAD ganz tolle Fortbildungen für Trainer, um Lehrende auch zu sensibilisieren, sage ich mal. Und da gibt es durchaus Konzepte. Und ich weiß, dass das deutschlandweit ein großes Thema ist. Wie kriegt man die Dozierenden dazu, auch diese Angebote wahrzunehmen?" (5, 511-519)

Bei der Frage **interkultureller Trainings für Dozenten**, die zwar auch als sinnvoll erachtet werden, stellt sich die Frage, ob diese auch vom Aufwand her realistisch durchführbar sind oder bei **interkulturellen Trainings für Studierende**, dass diese von der Hochschulleitung her initiiert und gewollt sein müssen:

„Ja. Wäre in jedem Fall sinnvoll, meiner Einschätzung nach, es anzubieten. Es ist halt eben die Frage, wer sich Zeit dafür nimmt. Es hat halt als Voraussetzung

C. Die Auswertung der Stakeholder-Befragung

auch eine gewisse Sensibilität für die Problematik.".. „Interkulturelles Training ist natürlich als solches wesentlich zeitaufwendiger. Also da wäre schon gegebenenfalls ein ganzes Seminar zu machen und so weiter. Ob das realistisch ist, das mit einer größeren Zahl von Leuten zu machen, kann ich nicht beurteilen." (1a, 151-164)
I: „Inwieweit schätzen Sie das als realistisch ein, dass das im Hochschulalltag stattfinden kann?" B: „In Hamburg funktioniert es." I: „Okay." B: „Wenn da so viele sind. Dann muss die Hochschulleitung Interesse haben. Das muss vom Akademischen Auslandsamt über das Rektorat laufen, dass die sagen, okay, wir haben da ein riesen Interesse daran, dass hier mehr miteinander passiert. Nicht das Schielen auf Elite und alles andere ist uns da egal." (2, 988-995)
„Ja, auf jeden Fall. Ich glaube schon, dass viele das... Dass die Dozenten geschult werden. ...Ja, diese interkulturellen Trainings und...Selbstverständlich. ... Ja, auf jeden Fall." (3a, 4a, 746-751)
„wir wollen uns jetzt gemeinsam, holen wir uns einen chinesischen Trainee. Und dieser Trainee soll... wir haben jetzt erst mal darüber gesprochen, zum Beispiel auch Mitarbeiter an den Wohnhäusern auch so ein bisschen... also interkulturelles Training."

Insgesamt gehe es aber im Kern auch darum, **wie man mit den ausländischen Gästen umgehe und dieses Wissen dann auch lebe**, also die Frage einer **gelebten universitären Gastfreundschaft und Willkommenskultur:**

„Es geht ja da nicht um Inhalte, die vermittelt werden sollen, sondern wie gehe ich mit unseren ausländischen Gästen um." (4a, 772-773)
„also das, was wir lernen und das, was wir wissen über eine fremde Kultur, das auch wirklich zu leben und mit zu tragen, das fällt schwer. Und in dieser Hinsicht trainiert werden, wenn ich einem ausländischen Studierenden gegenüber sitze. Wie begegne ich ihm." (3a, 780-783)
„Es ist nur wichtig, dass das auch gelebt wird. Gewollt wird. Nicht einfach gemacht wird, weil das jetzt in ist." (3a, 793-795)

5.3. Interkulturelle Vorbereitung der ausländischen Studierenden

Aber im Gegenzug sollte nicht vergessen werden, eben auch die **ausländischen Studierenden darauf vorzubereiten**, in welche Studien- und Lebenskultur sie in Deutschland integriert sein werden:

„Und sie aber auch vorzubereiten auf das, was ihnen an deutscher Kommunikationskultur hier entgegen kommt." (1, 146-147)

Aber nicht nur die ausländischen Studierenden allgemein zu sensibilisieren, sondern für die **Programm- und Austauschstudierenden unter ihnen eine Bewusstmachung ihrer privilegierten Lage gegenüber ihren ausländi-**

schen Studienkollegen, den Free Movern, aber auch etlichen deutschen Studierenden gegenüber und auch hier über die Unterschiede zum Heimatland:

> „macht denen klar, welche Unterschiede zu der Heimat sind. ... Und zum einen darüber aufzuklären, wie hier die Lebensrealität der meisten Studenten ist. Und wenn hier über 80 Prozent der Leute im Grundstudium, wenn das Free Mover sind, dann geht es relativ vielen von denen schlecht." (2, 1067-1076)

Derartige interkulturelle Sensibilisierungskurse werden an der **Universität zu Köln** für Studierende der Fachgebiete Medizin und Jura derzeit verpflichtend angeboten im Rahmen von **„Studienstart International",** an der WiSo-Fakultät auf freiwilliger Basis.

6. Good Practice Beispiele

a) Kenntnis bereits bestehender und geplanter Angebote an der Universität zu Köln

An der Universität zu Köln besteht bereits eine Vielzahl an Maßnahmen zur Betreuung der ausländischen Studierenden. Was ist hiervon den befragten Stellen bekannt? Wie schätzen sie die Wichtigkeit ein?
In Beantwortung dieser Frage werden v. a. **Anlaufstellen zur Beratung ausländischer Studierender genannt** wie die **Zentren für Internationale Beziehungen (ZIB)**[41] an den Fakultäten, das **Akademische Auslandsamt** der Universität zu Köln, die **Psychosoziale Beratungsstelle** des Kölner Studentenwerks, die **Finanzberatung des AStA,** daneben das **Programm „Studienstart International"**[42] und der **„Runde Tisch Ausländerstudi-**

---

41 Diese an den Fakultäten angesiedelten Zentren koordinieren einen großen Teil der internationalen Aktivitäten an den einzelnen Fakultäten und fungieren als Ansprechpartner für die ausländischen Studierenden in fachspezifischen Studienfragen. Grundsätzlich sollten aber auch hier mehr finanzielle und personelle Mittel bereitgestellt werden.
42 Mit der Initiative „Studienstart International" sind schon einige Probleme der ausländischen Studierenden an der Universität zu Köln angegangen, es gilt derzeit jedoch nur für Studierende der Fächer Jura und Medizin, in einer etwas veränderten Form auch für die Studierenden der WiSo-Fakultät. Enthalten sind zusätzliche kostenlose, auch fachsprachliche Deutschkurse.

um"[43] als Netzwerkinitiative Kölner Einrichtungen. Hier sieht man insgesamt, dass eine koordinierende Stelle bzw. Einrichtung, an der sämtliche Betreuungs- und Unterstützungsangebote gesammelt aufgezeigt werden, sowohl intern als auch extern ein Gewinn zur Orientierung an der Universität zu Köln sein kann.

Gerade die **Zentren für Internationale Beziehungen (ZIB)** werden als wichtig beschrieben und sollten mit zusätzlichen Mitteln gefördert werden:

> „Also grundsätzlich finde ich die ZIBs eine gute Geschichte, dass die eingerichtet wurden. Die kann man möglicherweise auch mit zusätzlicher Kompetenz noch stärken" (1, 723-724). „... und auch im Bereich von finanziellen Möglichkeiten." (1a, 18-19)
>
> „Oder meinetwegen im Bereich der Hochschule, da gibt es ja die einzelnen ZIBs die da sind, da gibt es ja auch Dozenten, die sich ja als Ansprechpartner fühlen. Ich weiß aber nicht, wie viel Zeit die wirklich dafür zur Verfügung haben ..." (2, 1454-1459)
>
> „Also jede Fakultät hat ein Zentrum für Internationale Beziehung. Also, vermutlich ist halt speziell die Universität hier in Köln auch sehr dezentralisiert." (3a, 458-459)
>
> „Ja, dann gibt es noch ganz viele Fachberater zum Beispiel, das Philosophikum ist ja voll mit Fachberatern zu jedem Fach. Das ist auch ganz, ganz wichtig, dass man da jemanden hat. Da habe ich Studenten kennengelernt, die wirklich orientierungslos sind, die da hingehen und dann wirklich Orientierung bekommen. Das ist ganz wichtig." (10, 1236-1240)

Dies gilt auch für das **Akademisches Auslandsamt der Universität zu Köln**, das ebenfalls als sehr aktiv beschrieben wird und für das ebenfalls Aufstockungen gefordert werden:

> „Also, es gibt das Akademische Auslandsamt, was sich besonders für die ausländischen Studierenden einsetzt und dann gibt es die Zentren für internationale Beziehungen." (3a, 452-453)
>
> „Für internationale Studierende kenne ich ja die Betreuung im Akademischen Auslandsamt. Die ist super. Also, weil, ich habe auch schon mal Studenten gesagt, geht mal dahin. Und die sind auch gegangen und die haben auch wirklich ihre Probleme gelöst bekommen. Weil, da gibt es ja so Sachen wie Ausländerbehörde. Die haben eine riesige Angst. Also vor allem die, die anfangen, haben eine riesige Angst," (10, 1190-1194)

---

[43] Diese Initiative besteht seit mehr als 15 Jahren und wurde initiiert von der evangelischen und der katholischen Hochschulgemeinde als Forum zur Zusammenarbeit zwischen dem Akademischen Auslandsamt der Universität zu Köln, der Ausländerbehörde, dem Arbeitsamt, der FH Köln.

Daneben haben die **Psychosoziale Beratungsstelle des Kölner Studentenwerks** und die **Finanzberatung des AStA** eine essentielle Funktion in der Unterstützung ausländischer Studierender:

> „Also psychosoziale Beratung ist, denke ich, mal ganz, ganz wichtig" (10, 1233-1234)
>
> „... die AStA-Beratung, diese ganzen Finanzberatungen sind wichtig. Wo, denke ich, mal auch noch mehr Kapazitäten sein sollten. Damit Leute da auch über die Runden kommen." (10, 1234-1236)

Bei der Frage nach der **Kenntnis von geplanten Programmen für ausländische Studierende** wird konkret genannt **eine Initiative der Agentur für Arbeit für Studierende der MINT-Fächer,** die sich in der Endphase des Studiums befinden. Diese umfasst Bewerbungstrainings, Beratung, Coaching und Vermittlung. Innerhalb des Projekts „Nach dem Studium in Deutschland arbeiten" der Zentralen Auslands- und Fachvermittlung (ZAV) und der Bundesagentur für Arbeit werden internationale Absolventen der Fachhochschule Köln, die in Deutschland arbeiten wollen, so auf den Berufseinstieg vorbereitet. Dies betrifft ausländische Absolventen und Studierende, die kurz vor dem Abschluss der Informatik- und ingenieurwissenschaftlichen Studiengänge stehen, also der MINT-Fächer. Projektpartner ist auch die Universität zu Köln:[44]

> „Und in der Schlussphase gibt es interessanterweise jetzt gerade eine Initiative der Agentur für Arbeit.., die jetzt Programme anbieten wollen für ausländische Absolventen in Richtung Bewerbungstrainings, wie präsentiere ich mich gut. Das allerdings – aus unserer Sicht leider – bisher nur für die Gruppe von Studierenden, die momentan auf dem deutschen Arbeitsmarkt händeringend nachgefragt werden. Also, sprich Ingenieurberufe, mathematisch-naturwissenschaftlich, also die sogenannten MINT-Fächer. Was sicherlich eine positive Initiative ist, aber gerade die anderen Fakultäten und anderen Bereiche bräuchten es faktisch viel, viel mehr... Das ist ein bisschen zwiespältig, weil einerseits ein gutes Programm, andererseits aber aus unserer Sicht halt eben für die falsche Zielgruppe... denn diese Studierenden finden viel, viel schneller etwas als das im Bereich von Geisteswissenschaften, Pädagogik und so weiter der Fall ist. Und gerade da wäre es, glaube ich wichtig, da spezielle Beratungsangebote auch zu schaffen." (1, 346-369)

Aufbauend hierauf ist eine **eigene Initiative der Universität zu Köln** in Vorbereitung, eine derartige Struktur auch für Studierende der anderen Fächer aufzubauen:

---

44 Online: http://www.verwaltung.fh-koeln.de/aktuelles/2013/07/verw_msg_06104.html (Stand 29.7.2013).

„hatte die Anregung auch von den Hochschulgruppen bekommen, von den Studierenden selbst quasi, da noch was zu tun. Und wir versuchen auch mit den Career-Services und sind jetzt im Gespräch mit den Kolleginnen und Kollegen und auch mit dem Professional Center, ob wir nicht parallel eine Struktur aufbauen können? Natürlich im Moment ohne viel Geld. Wo wir vielleicht von dem Projekt einige Sachen dann aufnehmen können und anwenden können für andere, auch für andere Studierende, für andere Fachbereiche."

„Im Moment sind es nur die MINT-Fächer, Mathematik, Ingenieure, Naturwissenschaften, Technologie. Da haben wir alle gesagt, Mensch, die kommen doch schon unter, macht doch mal was für die anderen, für die Geisteswissenschaftler, für die BWLer, für Pädagogen und so. Ja. Aber das wird nicht gefördert. Aber wir wollen gucken, ob wir das nicht in der Universität mit Hilfe der Professional Center und der Career Services selbst irgendwie auf den Weg bringen.... Also das wäre eine schöne Sache. Da haben wir aber gerade erst mit angefangen."

„Und das ist auch vielleicht eine Motivation, wenn man als ausländischer Student weiß, ich habe eine Chance, da was zu erreichen. Dass man nicht so schnell aufgibt. Jetzt man kann es ja nur vermuten. (lacht) Wir sind noch ganz am Anfang. Aber..."

Bei den befragten Stellen sind also konkrete stattfindende Betreuungs- und Unterstützungsprojekte der Universität zu Köln eher unbekannt, genannt werden die Einrichtungen, an die sich die Studierenden mit Problemen wenden können. Hier wird deutlich, dass seitens der Universität zu Köln tatsächlich eine **stärkere Netzwerk- und Informationsgestaltung** nötig sein könnte.

b) Good Practice – Beispiele aus der Universität zu Köln und anderen Hochschulen

Trotz als hoch eingeschätzem Ressourcenbedarf gibt es an der Universität zu Köln und auch an anderen Hochschulen **Good Practice – Beispiele,** die von den Befragten genannt werden:

– die **Fachhochschule Köln** mit der Begrüßung der ausländischen Studierenden[45]

„... dass die das also intensiver betreiben: Die Begrüßung der ausländischen Studierenden. Da gibt es nicht nur die Rektoratsbegrüßung wie bei uns, sondern auch noch mal eine spezielle Veranstaltung..." (1a, 100-103)

---

45 Online: http://www.international-office.fh-koeln.de/incomings/u/03676.php (Stand 20.4.2014).

Teil I: Problemlagen, Unterstützungsmaßnahmen und die Rolle der Universität zu Köln

- die **Rheinische Fachhochschule** Köln mit einem Modell einer Art Mentoring durch die Professoren[46]

  „Rheinische Fachhochschule.... Die hatten ein tolles Modell. Verpflichtend einmal im Semester hat jeder Student zu seinem Prof zu gehen. Es gab immer für jede Fakultät, so der eine Prof, ..., ist jetzt für die Gruppe der Studenten zuständig. Da sind die hingegangen. ... Der hat die gefragt, wie ist es? Wie klappt es mit dem Studium, wie klappt es sonst so? ... Aber dadurch, dass man wusste, so, zu dem Prof gehe ich dann, kann ich auch zwischendurch mal hingehen, ist auch nicht schlimm, aber dann habe ich sowieso meinen Termin.... Da ist eine Vertrauensbeziehung, die da ist. ... Ja, das ging über das ganze Studium." (2, 1650-1676)

- die **Universität Bielefeld** mit PunktUm, einem Projekt, das auf die sprachliche Unterstützung internationaler Studierender zielt – konkret mit einem modular strukturierten Sprachbegleitprogramm, das auf die jeweiligen Qualifikationsphasen (BA, MA, PhD) abgestimmt ist[47]

  „Es gibt teilweise sehr gute ... Angebote zum Deutschlernen und sich weiterentwickeln und schreiben und Korrektur lesen und so Partnerschaften oder so. Und da gibt es, glaube ich, was an der Uni Bielefeld, was ganz gut läuft. Oder was sich zumindest anhört als ob es gut läuft. Man ist ja nicht da. Also weiß man es nicht. Aber wenn die so davon erzählen." (5, 435-439)

- die **Universität Erfurt** mit einem Internationalen Büro und einem Internationalen Begegnungszentrum für Gastwissenschaftler[48]

  „...das war, glaube ich, in Erfurt. Die haben dann wirklich so ein Zentrum aufgebaut, aufbauen können. Auch mit Kulturprogramm und mit.." (4a, 561-652)

- die **Universität Hamburg** mit PIASTA (Programm International für alle Studierenden und Alumni), einem Förderprogramm zum interkulturellen Austausch, gleichermaßen für deutsche wie internationale Studierende[49]

  „..In Hamburg gibt es das Modell Piasta. Die machen ja die zwei Tage interkulturelles Training. Plus dann gehen die irgendwo in eine Moschee, Museum, was auch immer. Und dann noch ein zweites Angebot. In der Zeit lernen die sich kennen." (2, 594-597)

---

46 Online: http://www.rfh-koeln.de/ (Stand 20.4.2014).
47 Online: http://www.uni-bielefeld.de/Universitaet/Studium/Studienbegleitende%20 Angebote/Punktum/ (Stand 20.4.2014).
48 Online: http://www.uni-erfurt.de/international/ib/ (Stand 20.4.2014) bzw. http://www.uni-erfurt.de/international/ib/ibz/ (Stand 20.4.2014).
49 Online: http://www.uni-hamburg.de/piasta/ueber-uns.html (Stand 20.4.2014) bzw. http://www.uni-hamburg.de/piasta/veranstaltungen/international-welcome-week.html (Stand 20.4.2014).

- die **Universität Heidelberg** mit dem Info Café International (ICI), einem Begegnungs- und Informationstreffpunkt für deutsche und ausländische Studierende[50]

  „...Heidelberg mit dem ICI. ... Info Café International." (4a, 565-569) „die Heidelberger hatten so eine Anlaufstelle für ausländische Studierende ... Auch wenn die neu anreisen, da konnten sie dann die Koffer abgeben, dann... so eine Anlaufstelle, so eine Info quasi für ausländische Studierende, wo sie dann auch... ihre Schlüssel haben sie bekommen für das Wohnhauszimmer und so was." (4a, 617-619)

- die **Universität Münster** mit der „Brücke", dem Zentrum für ausländische Studierende und verschiedenen Angebote sowie Kontaktadressen der internationalen Studierendenvereine[51]

  „Also, was ich jetzt vom International Office kennengelernt habe, war so ein Angebot in Münster. Das nannte sich, glaube ich, die Brücke. Und da haben die so ein Betreuungszentrum aufgebaut für internationale Studierende, wo fast nur, also auch nur Leute aus den Ländern da sind. Also intelligenter hätte man das gar nicht konstruieren können. ... Weil, man hat dann ja alle Länder. Man weiß ganz genau, ein arabischer Student hat ein Problem, die haben einen Araber. Da ist eine Japanerin, wir haben Asiaten. Also diese Nähe aufzubauen. Fand ich ganz gut. Und auch dass die Leute verschiedene Bereiche hatten. Da war einer, der macht jede Woche einmal kochen. ... also man hat dann als international Studierender in Münster, ich weiß nicht inwieweit das genutzt wird, aber so eine breite Palette an Dingen, die man dann machen kann in der Woche. ... also ist wichtig diese Freizeitangebote." (10, 1245-1257)

Aber auch die **Universität zu Köln** ist **Vorzeigeuni in bestimmten Bereichen**:

- die **Universität zu Köln selbst** mit „Studienstart International", mit einem maßgeschneiderten Programm, das internationale Studierende optimal auf ihr weiteres Studium an der Universität zu Köln vorbereitet,[52]

  „Na ja, mit dem, was wir machen, sind wir tatsächlich Vorzeigeprojekt in Deutschland. Also wenn vom DAAD irgendeine Tagung zu Studieneingangsphase ist, dann werden immer wir eingeladen. ... Das ist schon so, ja, das erste Projekt in Deutschland, was sich so umfassend der ganzen Situation ausländischer Studierender angenommen hat."

---

50 Online: http://www.uni-heidelberg.de/studium/kontakt/auslandsamt/ici.html (Stand 20.4.2014).
51 Online: http://www.uni-muenster.de/DieBruecke/ (Stand 20.4.2014).
52 Online: http://verwaltung.uni-koeln.de/international/content/incoming/studium_in _koeln/studienstart_international/index_ger.html (Stand 20.4.2014).

oder auch mit sonstigen eigenentwickelten Initiativen an der Universität zu Köln zur Förderung ausländischer Studierender,

> „Also ich habe den Eindruck, (lacht) dass wir hier sehr viel aufbauen und machen, was an anderen Universitäten mit viel Geld vom DAAD und so als Pilotprojekt gefördert wird, das machen wir selbst." (6, 956-958)
> „einen eigenen Workshop zu leiten zu einem Thema das wir dann doch in vielen Sachen auch wenn wir keine Preise bekommen oder auch immer doch irgendwie gut aufgestellt sind und tolle Ideen entwickeln." (7, 968-971)
> „Also würde mich interessieren was andere Unis da machen. Aber ich habe keine Zeit. (lacht) Und erfinde das Rad vielleicht manchmal unnötigerweise vielleicht selbst neu, obwohl es das schon gibt." (6, 976-978)

bzw. mit einem differenzierten Kultur- und Sportprogramm auch für internationale Studierende[53]

> „Uni Köln hat ja auch viele Sportsachen und so. Es darf aber nicht anonym sein. Also mit 30 Leuten irgendwo Fitnessübungen machen oder so, sondern es sollte schon so kennenlernen, also in einem Fußballteam. Fußballteam ist zum Beispiel ein gutes Beispiel dafür. Man ist dann untereinander und lernt auch die verschiedenen Personen kennen." (10, 1257-1261)
> „Und es gibt Cologne Internationals, gibt es auch, ... Das ist ganz lustig. Die haben einen tunesischen Torwart, die haben zwei afrikanische Spieler aus verschiedenen Ländern, das ist ganz cool, dass die das kennenlernen, weil die Afrikaner sind in der afrikanischen Hochschulgruppe, er ist so islamische Hochschulgruppe, da ist einer von der arabischen Hochschulgruppe. Und dann vernetzen die sich untereinander." (10, 1261-1268)

7. Erfahrungen aus der Praxis der befragten Stakeholder

Grundsätzlich werden im nachfolgenden Abschnitt die Zitate nicht bezeichnet, um im Rahmen des Datenschutzes keine Rückschlüsse auf die Interviewpartner ziehen zu können.

---

53 Online: http://verwaltung.uni-koeln.de/international/content/incoming/studium_in _koeln/wege_durchs_studium/studentisches_leben_in_koeln/kultur_und_sport/ind ex_ger.html (Stand 20.4.2014).

7.1. Erkenntnisse aus erfolgreichen und auch gescheiterten Projekten zur Unterstützung ausländischer Studierender

Erfolgreiche Projekte

Gefragt bezüglich der **Erfahrung aus erfolgreichen Projekten**, wurden mehrere Initiativen von den Befragten genannt, die sowohl nachhaltig als auch von der Inanspruchnahme erfolgreich zu sein scheinen:

– Einmal die Veranstaltung unter dem Namen „**Neu in Köln**", die in den **jetzigen Rathausempfang** für ausländische Studierende gemündet ist und der durchaus auch von Free Movern gut besucht scheint. Einerseits fühlen sich die ausländischen Studierenden durch eine derartige Veranstaltung „willkommen". Es wird aber auch die Problematik angesprochen, dass die Veranstaltung im Laufe der Jahre immer größer geworden ist, wodurch das Beratungselement im Laufe der Jahre immer geringer wurde:

„.. das hochwillkommene Begrüßungsrituell, also was von den ausländischen Studierenden geschätzt wird. Aber ja, allein durch die Größe der Geschichte ist halt eben das Beratungselement also bei so einer Veranstaltung im Laufe der Jahre immer geringer geworden."
„Ja. Also wir haben ja immer zwischen 400, 450 Teilnehmer. Und ich glaube auch gerade die Free Mover nehmen daran teil. Die suchen ja Kontakt, ne? ... Orientierung irgendwie. Und fühlen sich natürlich auch aufgewertet durch so eine offizielle Begrüßung. Also aufgewertet... also angenommen."

– Dann auch eine **laufende Veranstaltungsreihe seitens der Katholischen Hochschulgemeinde Köln „Zwischen den Kulturen"**, bei der ein gemeinsames Essen und anschließend ein interkultureller Austausch auch mit kunsttherapeutischen Elementen sowie gruppendynamischen Übungen stattfinden.[54] Die Teilnehmerzahl variiert zwischen zehn und zwanzig Studierenden:

„In der Prüfungsphase haben wir so zehn, zwölf. Der Rekord war einmal 19 Leute aus 18 Ländern".
„Und darüber lernen die unheimlich viel auch voneinander und stellen mit einem Mal fest, also die Probleme die meinetwegen der Kameruner hat, die hat vielleicht der aus Guatemala genauso. ... Oder vielleicht der Moslem, der hat dieselben Probleme wie der Christ."

---

54 Online: http://gemeinden.erzbistum-koeln.de/hochschulgemeinde-koeln/khg-koeln /modules/events/event_0009.html?uri=/hochschulgemeinde-koeln/khg-koeln/inde x.html (Stand 13.8.2013).

- Ein weiteres erfolgreiches Projekt ist das **Projekt des Kölner Studentenwerks** seinen **Mietern bei Streitigkeiten einen Mediator** bzw. Konflikt-Coach kostenlos zur Verfügung zu stellen, wobei in Einzel- oder Gruppengesprächen Lösungsmöglichkeiten erarbeitet werden:[55]

  „Also, was ein sinnvolles Projekt ist jetzt bei uns, was auch gut gelaufen ist, ist unser Projekt mit unserem Konflikt-Coacher und -Mediator. Wobei, das hat jetzt weniger im Bereich der ausländischen Studierenden zu tun, sondern Konflikte haben auch die Deutschen. ...Aber das war ein wertvolles Projekt. Auch nachhaltig sinnvoll. ... Ist jetzt weniger so der Hochschulbereich, wobei, ich denke mal, ein Student, der befriedigt und glücklich wohnt, der studiert vielleicht auch anders. Ja."

- Oder auch **übergreifende kulturelle Veranstaltungen des Kölner Studentenwerks** sei es der Rathausempfang, Konzerte, das Café Babylon (Sprachstammtische), die Multi-Kulti-Küche und auch ein gemeinsames Fastenbrechen werden genannt.[56]

- Ein **Vorzeigeprojekt an der Universität zu Köln** ist auch das **Programm „Studienstart International",** das im Moment die ausländischen Jura- und Medizinstudenten betreut und in einer etwas veränderten Form auch die Studierenden aus der Wirtschafts- und Sozialwissenschaftlichen Fakultät. Das Programm umfasst für die Mediziner und die Juristen ein Semester und beinhaltet nochmals Deutschkurse, fachsprachliche Deutschkurse, einen Studienkompetenzkurs, ein Seminar zur interkulturellen Sensibilisierung und eine Orientierungsreihe sowie jeweils Komponenten aus dem Fachstudium. Daneben eine enge Betreuung und eine Vernetzung mit den anderen Studierenden aus dem Fachbereich, aus höheren Semestern, mit der Fachschaft und auch mit den Studienberatern. In der Wirtschafts- und Sozialwissenschaftlichen Fakultät läuft es momentan im Studium Integrale. Die Studierenden dort können über das Studium Integrale studiumsbegleitend in den ersten zwei bis drei Semestern an diesen Veranstaltungen freiwillig teilnehmen. Dieses Programm soll aber innerhalb der Universität weiter ausgeweitet werden:

  „... es gab eine Änderung im Hochschulgesetz und ähm, da ist die Idee, dass man „Studienstart International" als Studienzugangs-Phase dann nimmt. Da

---

[55] Online: http://www.kstw.de/index.php?option=com_content&view=article&id=318&Itemid=247 (Stand 14.9.2013).

[56] Online: http://www.kstw.de/index.php?option=com_vseiten&view=liste&Itemid=127&lang=de (Stand 14.9.2013).

kann die Universität oder muss die Universität auch Studierende mit einer HZB berücksichtigen, die so bisher nicht zum Studium berechtigt in Deutschland, sondern die im Heimatland zum Studium berechtigt. Und da kann die Universität jetzt definieren, was sie an zusätzlichen Studieneignungstest und Zulassungsvoraussetzungen definiert."
B: „Das Programm ist im Moment für Studierende aus dem Nicht-EU-Ausland. Weil nur die anders zugelassen werden als die deutschen Studierenden." I: „Also für Bildungsinländer derzeit quasi nicht?" B: „Nein. Also, die können freiwillig an unseren Veranstaltungen teilnehmen. Die Veranstaltungen sind bei Klips gelistet und es nehmen auch welche teil. Zumindest, also, wenn man das so an den Namen sieht, aber die werden jetzt nicht dazu verpflichtet im Rahmen dieses Einstiegssemesters..."

Gescheiterte Projekte

Die Erfahrungen aus gescheiterten Projekten der in der Praxis Tätigen hier sind dergestalt, dass immer genau zu überprüfen ist, **was sind die Erfolgskriterien für ein Funktionieren der geplanten Angebote**:
Zu beachten, ist hier beispielsweise die Ausgestaltung der Angebote in der Weise, dass eine **Inanspruchnahme durch die Zielgruppen**, hier die ausländischen Studierenden, tatsächlich dann auch stattfindet. Also einerseits adäquate Angebote zu schaffen.
Aber andererseits sei auch die tatsächliche Umsetzung der Projekte entscheidend. Hindernisse können sein: Defizite in der **Ausgestaltung**, eine ungenügende **Bewerbung** von Angeboten, eine plötzlich auftretende **Finanzierungsproblematik** bzw. Finanzierungslücke. Manchmal kann von guten Ideen bei begrenzten Möglichkeiten nur das Machbare umgesetzt werden. Ein Erfolgskriterium sei auch in kleinerem Rahmen Angebote vorzuhalten, **dezentral** durch Stellen, von denen die tatsächliche Inanspruchnahme und Relevanz der Maßnahmen besser eingeschätzt werden kann.
Breit diskutiert bzw. geäußert von den meisten Befragten wurde ein Projekt des Kölner Studentenwerks, das gescheitert ist, bzw. nicht so umgesetzt wurde wie ursprünglich geplant, nämlich das **Infocenter des Studentenwerks in der UniMensa**. Dieses Projekt wurde dann mit dem InfoPoint in einer „abgespeckten Version" im Kölner Studentenwerk realisiert (vgl auch: http://www.dradio.de/dlf/sendungen/campus/281637/ (Stand 4.9.2013)). Aber auch konkrete Überlegungen durch verschiedene Personen, beim Umbau der Zentralmensa **eine Anlaufstelle der Ausländerbehörde für die Gastwissenschaftler und ausländischen Studierenden** im Bereich der Zentralmensa zu schaffen. Dort hätte auch Beratung durch die Hochschulgemeinden und die Hochschulvereine erfolgen können. Es wurden allerdings im Bezirksrathaus Lindenthal Räume frei, die vorübergehend zur Be-

Teil I: Problemlagen, Unterstützungsmaßnahmen und die Rolle der Universität zu Köln

ratung durch die Stadt genutzt wurden. Zwischenzeitlich wurde diese Möglichkeit wegen fehlender Mittel der Stadt Köln wieder eingestellt. Ein weiteres gescheitertes Projekt sei die Unterstützung von **Studierenden mit Handicap**, die ins Ausland gehen wollen.

Grundsätzlich scheinen die meisten Projekte an **Geldmangel** aber möglicherweise auch durch Interessensschwerpunkte von Entscheidungsträgern zu scheitern.

7.2. Erfahrungen bezüglich der Wirkungsweise von Maßnahmen – Inanspruchnahmeverhalten und Nachhaltigkeit

Spricht man über Handlungsbedarfe und an der Universität zu Köln umzusetzende bzw. zu erweiternde Unterstützungsmaßnahmen, ist es von immenser Bedeutung, den Wirkungsgrad von vorhandenen und zu planenden Betreuungs- und Unterstützungsmaßnahmen zu kennen.
Wichtig ist hier, die Erfahrungen über

– Inanspruchnahmeverhalten der Studierenden und
– Nachhaltigkeit von Maßnahmen

einzubeziehen.

a) Inanspruchnahmeverhalten der Studierenden

Bei der Thematik der Inanspruchnahme durch die Studierenden zeichnen sich **grundsätzliche Problematiken** ab bei Unterstützungs- und Betreuungsmaßnahmen, die das Studium betreffen:
In der Frage der **Inanspruchnahme von Sprechstunden oder sonstigen Betreuungsmöglichkeiten**, die sich aus der Vorstudie heraus[57] als teils zweifelhaft erwiesen hat, wird hier geäußert, dass **schwierig einzuschätzen** ist, in welchem Umfang eine tatsächliche Inanspruchnahme stattfindet, dennoch muss es die Chance zur Wahrnehmung solcher Angebote geben und sollten derartige Angebote vorgehalten werden:

> „Unterschiedlich ... Und deswegen weiß ich auch nicht so sehr, wie das denn in Anspruch genommen wird. ... ich kriege da auch nur segmenthaft so ein bisschen was mit.... Und ja, ich denke, das wäre auch so was, einfach so dieses

---

57 Vgl. Stemmer 2013, 154-155, 195, 239, 271.

> Gefühl zu haben, ich kann da hingehen und das gehört genauso dazu wie ich eine Anwesenheitspflicht habe, dass ich da die Chance wahrnehmen kann und hingehen kann. Ob ich das wahrnehme, das ist meine Entscheidung." (2, 1704-1724)
>
> „wir wissen ja nicht, wen wir nicht erreichen ... ich glaube die, die wir erreicht haben... Die sind aufgehoben." (3, 4, 158-162)

Hilfreich für eine Inanspruchnahme scheint es zu sein, **nicht nur über Angebote zu informieren** sondern einen **realen Erstkontakt** hergestellt zu haben:

> „Und dieser Erstkontakt ist schon mal hergestellt. Und ich glaube, das ist also unheimlich wichtig. Weil ausländische Studierende sonst eher nicht so diejenigen sind, die aktiv Hilfe suchen. Das kam auch in diesen HIS-Studien raus, dass gerade diejenigen, die es am dringendsten brauchen, die Angebote, die es gab, nicht so wahrgenommen haben." (5, 307-311)
>
> „Also, dass man wirklich mal durch die Uni gegangen ist oder mal die Leute kennengelernt hat und gesehen hat, da gibt es so was..... Aber das zeigt, so, das Angebot wird so langsam angenommen, wenn man genug Werbung macht und dann kann man die aber auch persönlich beraten und sagen, so, hier das und das. Und dann machen die das eher als wenn sie irgendwo mal im Internet einen Musterstundenplan gefunden haben." (5, 380-396)

Angebote zur Unterstützung zu Beginn des Studiums werden jedoch aus der Erfahrung an der Universität zu Köln heraus von den ausländischen Studierenden selbst **häufig nicht gern wahrgenommen**. Hinsichtlich zu initiierender Unterstützungsprogramme könnte hier ein Hinweis liegen, dass die ausländischen **Studierenden selbst möglicherweise ihren tatsächlichen Bedarf teilweise nicht einschätzen können**. Vielleicht erklärt dies auch zum Teil die Nicht-Inanspruchnahme mancher Angebote. Hier wären tatsächlich Experten und Entscheidungsträger gefragt, Lösungen zu entwickeln und diese Angebote dann in geeigneter Form, eventuell auch mit **Teilnahmeverpflichtung**,[58] vorzuhalten. Dies zeigt sich an der Universität zu Köln im Rahmen des Programms „Studienstart International":

> „Es ist so, dass sie es gar nicht am Anfang immer gerne wahrnehmen, sondern oft erst am Schluss sagen, Mensch, das war doch richtig gut, ich hätte, wenn ich jetzt so beobachte wie andere an anderen Unis, Kommilitonen oder so, wie alleingelassen die da sind und wie auf sich selbst gestellt, weiß ich jetzt, was ich davon habe. Aber am Anfang wusste ich das nicht, ich habe gedacht, ich mache jetzt hier ein extra Semester und bin dann also praktisch auf... Also die wollen, viele wollen lieber gleich anfangen zu studieren."

---

58 Vgl. Stemmer 2013, 44.

Teil I: Problemlagen, Unterstützungsmaßnahmen und die Rolle der Universität zu Köln

> „Also da ist einfach diese große Diskrepanz zwischen „ich möchte aber am Anfang" und dann dieses tatsächlich Merken, „Mensch, vielleicht bin ich für eine Prüfung ja doch noch nicht bereit." Wobei die, die mehrmals schreiben können und wir sie eigentlich immer ermutigen, Mensch, wenigstens schreiben, dann hat man schon mal in so einer Prüfung dringesessen und weiß beim nächsten Mal, was einen erwartet. Aber es ist tatsächlich so, dass viele am Anfang denken, ach, ich studiere los und dann erst merken, hupps, so einfach geht das ja doch nicht und dann noch dankbar sind für diese zusätzlichen, ja, Informationen und Veranstaltungen und Hilfestellungen, die wir ihnen geben."
> „In der WiSo-Fakultät gibt es Muster-Stundenpläne für ausländische Studierende, die die dann bekommen. Und für die anderen in Jura und Medizin ist es verpflichtend. Also die müssen das machen bevor sie zum Studium zugelassen werden. Und würden halt lieber direkt anfangen und merken dann aber doch, Mensch, jetzt habe ich meine – wenn sie Glück haben oder wenn sie sich angestrengt haben – schon zwei Scheine in der Tasche und kann jetzt ins Semester gehen und weiß schon, wo ich was finde, an wen ich mich wenden muss, wer was macht und habe schon so einen kleinen Pool an Freunden und Bekannten, die mir auch weiterhelfen. Und das glaube ich, ja, das macht dann auch selbstbewusster."

Einzelne Kurse, die in diesem Rahmen in den WiSo-Fächern auf freiwilliger Basis, laufen scheinen dennoch **immer ausgebucht** wie z. B. Wirtschaftsdeutsch oder auch Interkulturelle Sensibilisierung, was einen Hinweis auf das Treffen eines tatsächlichen Bedarfes von Studierendenseite aus gibt.

Es scheint immer **wieder Angebote von Universitätsseite** aus zu geben, die aus irgendwelchen Gründen **nicht in Anspruch genommen** werden. Bezüglich des **Angebotes der Karriereberatung** wurde beispielsweise von einem/einer Befragten angenommen, dass es im Rahmen der Exzellenzinitiative aufgelegt wurde und hier Prioritäten an der falschen Stelle gesetzt wurden. Dies gelte auch für eine Förderung sehr guter Studierender (großzügige Stipendienvergabe) gegenüber einer wahrgenommenen zu geringen Unterstützung auch durchschnittlicher Studierender seitens der Universität:

> „Man hat ja so viel Geld, was man irgendwie in Sachen reinsteckt, die keiner benutzt von den Studierenden. Beratung für Karriere oder so. Und wo dann ganz viele Mitarbeiter sind. Da geht keiner hin. Muss man mal offen kommunizieren."
> „Ach, zur Karriereberatung? ... Ach, es wird viel Schein gemacht. Entschuldigung wenn ich das sage, aber man denkt sich, ja, wir müssen irgendwas machen, wir sind Uni, Exzellenz-Uni.... Wo ich sagen muss, man hätte das Geld in eine andere Richtung stecken müssen. Ganz klar."
> „... wollte ich noch erwähnen, man macht ja viel lieber Stipendien mit so Durchstartern. Die wirklich super erfolgreich sind ... Sage ich ja nichts dagegen. Man soll ja auch die Leute belohnen, das ist ganz wichtig, gar keine Frage.

> Und sonst würde es ja auch keinen Wettbewerb geben. ... Aber ... Da muss man natürlich auch auf die Leute schauen, denen es nicht so gut geht... Aber wir haben auch die anderen Leute, die werden auch arbeiten, die sind ja auch Menschen, also wir sind ja auch Teil der Gesellschaft. Die sollte man nicht vergessen." (10, 463-480)

Wohingegen von anderen Stellen gerade die Karriereberatung bzw. eine Vorbereitung auf den Berufseinstieg als wichtige auszubauende Unterstützungsmaßnahme angesehen wird:

> „Im Moment sind es nur die MINT-Fächer, Mathematik, Ingenieure, Naturwissenschaften, Technologie. Da haben wir alle gesagt, Mensch, die kommen doch schon unter, macht doch mal was für die anderen, für die Geisteswissenschaftler, für die BWLer, für Pädagogen und so. Ja. Aber das wird nicht gefördert. Aber wir wollen gucken, ob wir das nicht in der Universität mit Hilfe der Professional Center und der Career Services selbst irgendwie auf den Weg bringen.... Also das wäre eine schöne Sache. Da haben wir aber gerade erst mit angefangen."

Es lässt sich eine **Diskrepanz zwischen der Einschätzung der Universität eines sinnvollen Programmes** zur Unterstützung ihrer Studierenden und der Rezeption von Studierendenseite darstellen. Die Einschätzung von Studierendenseite gibt hier nur eine Einzelmeinung wieder, bietet aber einen Hinweis auf die grundsätzliche **Wichtigkeit, adäquate Angebote** zu schaffen. Die Detektion derartiger adäquater Angebote könnte durch Umfragen unter den Studierenden bezüglich bestehender Angebote stattfinden, aber auch über eine konkretere **Zusammenarbeit mit den Studierenden als Experten für ihre Problematik** in der Planung von Betreuungs- und Unterstützungsmaßnahmen.

Die Schwierigkeit bei Unterstützungsmaßnahmen scheint also zu sein, die **Zielgruppen tatsächlich auch zu erreichen** bzw. zu wissen, welcher Anteil der hilfebedürftigen Studierenden tatsächlich die Angebote wahrnimmt.

Auch bei kulturellen Veranstaltungen und Freizeitveranstaltungen treten Inanspruchnahmeprobleme auf:

Problematisch ist aber auch das Inanspruchnahmeverhalten bei kulturellen Veranstaltungen und Freizeitveranstaltungen. Bei manchen **kulturellen Veranstaltungen** wie dem Rathausempfang, der Multikulti-Küche oder auch den Sprachstammtischen sei die Inanspruchnahme laut den Organisatoren hoch:

> „Das wird wahrscheinlich unterschiedlich sein. Also jetzt zum Beispiel ... also der Rathaus-Empfang... wird sehr angenommen. Wenn wir die Multikulti-Küche anbieten, ist das voll. Die Sprachenstammtische sind auch ganz gut besucht. Es kommen auch Nicht-Studierende.... Auch Mitarbeiter."

Teil I: Problemlagen, Unterstützungsmaßnahmen und die Rolle der Universität zu Köln

Aber andere **Angebote, die die Freizeit oder die Kontaktaufnahme** der Studierenden betreffen, scheinen laut Studierendenseite nicht angenommen zu werden. Ein Beispiel sei hier das Sommerfest der Universität, ein weiteres ein Kneipenbummel als Kennenlernveranstaltung zu Beginn des Studiums, ein drittes organisierte Ausflüge. Insgesamt scheint es sehr **schwierig** zu sein, den **Bedarf und die tatsächlichen Vorlieben der Studierenden zu treffen**:

> „Also, es gab zum Beispiel Sommerfeste, wo kein Studierender hingegangen ist. Ich weiß nicht, was da alles bezahlt worden ist. Da ist kein Studierender hingegangen und es wurde auch sehr schlecht kommuniziert von Uni-Seite."
> „Aber ich denke, wenn die Uni von oben was machen würde, dann sind es oft Dinge, wo viele … Plakate und keiner die sich anschaut und sie sich am Ende wundern, warum so wenig Leute da sind. Da war jetzt zum Beispiel das mit dem Sommerfest, was mir spontan einfällt. … Da war eine Bühne, es hat gar keinen Studenten interessiert. Es war zu einem ganz falschen Zeitpunkt."
> „Kneipenbummel. Die international Studierenden zum Beispiel, was ja hautsächlich unser Thema ist, die spricht das auch gar nicht an."
> „Es gab auch letztens diesen SoWi-Ausflug, ich glaube in die Niederlande oder so, was organisiert worden ist. Habe ich über Facebook so am Rand mitbekommen. Aber auch das spricht viele gar nicht an. Also die Internationalen würden auch da keine Freunde finden, sage ich jetzt mal so."
> I: „Und was würde die dann ansprechen?" B: „Ja, dafür sind wir dann zum Beispiel da und versuchen dann für die etwas auf die Beine zu stellen, was sie dann anspricht. … vielleicht muss es mehr von unserer Sorte geben, sage ich jetzt mal. Mehr Organisationen geben."

Hier sind Vertreter von Hochschulgruppen der Meinung, dass derartige Veranstaltungen **von Studentenseite bzw. den Hochschulgruppen initiiert** werden sollten, die mehr in der Lage seien, Veranstaltungen zu schaffen, die dann auch besucht werden. Dies läge einerseits an der besseren Flexibilität einer Hochschulgruppe gegenüber einer starren Bürokratie der Hochschule, daneben an der besseren und schnelleren Vernetzung auch über Medien wie Facebook und auch daran, dass die Hochschulgruppen näher an den Studierenden dran seien und deren Interessen und Bedarfe besser einschätzen können:

> „Ja, weil sie nicht marktorientiert genug sind. Also, wir können ja sagen jetzt, wenn wir früher Feste geplant haben, gesagt, ja, ist da ein Bedarf da? Wir können ja nicht eine riesen Mensa mieten und dann wissen wir ganz genau, da kommt keiner hin. Oder Grillfeste…, lohnt sich jetzt nicht. Weil sowieso das Wetter nicht so schön ist und dann macht man es halt nicht. … und die starre Bürokratie sagt, am 15. Mai machen wir dieses Fest und das wird dann auf dem Campus und ist dann weniger flexibel als so eine Hochschulgruppe."

„Genau. Dann gibt es ein Fußballspiel oder irgendwie was anderes. Dann kommt auch keiner dann zur Uni."
„Oder die Vernetzung ist dann viel besser. Wenn eine Uni eine Facebook-Seite macht, okay, ich glaube, hat auch die Uni Köln, ist ja so ein bisschen Facebook. Aber bei jüngeren Leuten ist das ein bisschen einfacher. Also, die erreichen die, die sagen, ey vergiss nicht uns bei Facebook zu liken. Da ist man „geliket" und dann kriegt man halt bei Facebook dann die Nachricht, hier, da findet jetzt was statt und geht dann dahin. Man ist viel näher am Mann. Viel näher an der Person dran. Vielleicht ist das auch so ein Grund. ..."

Gerade **bei einigen kulturellen Angeboten** scheint die Universität manchmal zu **fern vom tatsächlichen Bedarf und Interesse der Studierenden** zu sein, hier auch möglicherweise keine Bedarfsermittlung durchzuführen. Sinnvoller wird erachtet, in einer Art Antragsverfahren Internationale Hochschulgruppen bei der Umsetzung kultureller Aktivitäten zu unterstützen:

„Ich überlege gerade. Was kenne ich denn an kulturellen Angeboten? Also, ich kenne jetzt das, was die Hochschulgruppen machen. Und das ist auch das, was bei den Studenten dann ankommt. Oder es kommt ja eher an. Da stellt die Uni zum Beispiel Räumlichkeiten bereit, die Mensa kriegt man dann ohne dafür bezahlen zu müssen."
„... Aber jetzt überlege ich, was die Uni initiiert hat. Das ist immer schwierig. Wenn die Uni was initiiert. Weil, da ist ja die Frage nach Bedarf. Also nach dem Bedarf ermitteln sie das überhaupt? Das heißt, man hätte eigentlich die Hochschulgruppen, die ganzen Leute machen lassen und dann unterstützt man die. ... Oder ein Topf mit einem Verfahren, dass man einen Antrag machen kann, so und so viel Geld für so und so viel das und dann zum Beispiel, dass man das macht."
„Aber ich denke, wenn die Uni von oben was machen würde, dann sind es oft Dinge, wo viele Plakate, Bäume abgehakt werden für Plakate und keiner die sie sich anschaut und sich am Ende wundern, warum so wenig Leute da sind."

Ansonsten scheitert die Inanspruchnahme oft daran, dass die **Angebote nicht genügend bekannt** sind, möglicherweise nicht ausreichend kommuniziert wurden:

„Informationsvernachlässigung ist ein sehr großes Problem."

Aber, dass ausländische Studierende viele Informationen über **„Mund-zu-Mund-Propaganda"** austauschen, bestätigt sich auch hier:[59]

„Vieles spricht sich natürlich dann auch durch Mund-zu-Mund-Propaganda herum, weil in den meisten ausländischen Kulturen ist es ja nicht so, dass man

---

59 Vgl. auch Stemmer 2013, 66, 69.

Teil I: Problemlagen, Unterstützungsmaßnahmen und die Rolle der Universität zu Köln

sich nur über schriftliche Dinge informiert, sondern dass vieles auch auf anderen Wegen läuft. Ja." (1, 36-39)

Insofern ist zu überlegen, **wie ausländische Studierende wirksam bezüglich vorhandener Angebote an den Universitäten angesprochen werden können**, wenn die Betreuungs- und Unterstützungsangebote an der Universität zu Köln teilweise nicht ausreichend bekannt zu sein scheinen:

„Wir erleben es immer wieder, dass es nicht bekannt ist. Und dann aber aufgrund irgendeiner Notsituation dann doch halt eben bei Kommilitonen rumgefragt wird und so weiter." (1, 376-378)

Dieses **Informationsdefizit unter der Studierendenschaft** könnte wohl teilweise auch daran liegen, dass ein nicht zu geringer Teil der Studierenden während der Woche nur kurz an der Universität ist, pendelt, arbeitet und so viele Informationen bei diesen Studierenden gar nicht ankommen. Hier sollten andere Kommunikationswege als die bisherigen angedacht werden:

„Ja, in erster Linie weiß man ja auch nicht, ganz oft, was es überhaupt an Angeboten gibt. Also, zum Beispiel das, was Sie vorhin erwähnt haben, Karriereplanung war das, glaube ich, davon weiß ich nichts. Habe ich nichts von mitgekriegt. Man muss ja auch so sehen, es gibt ja auch viele, die nicht in Köln wohnen letzten Endes. Wie ich auch. Und ich bin immer nur für einen kurzen Zeitraum in Köln. Und muss halt wieder zurück. Und kriege deswegen auch vieles gar nicht mit. Da müsste man vielleicht irgendwie einen anderen Weg der Kommunikation finden. Oder einen anderen Weg irgendwie finden, wie man das den Studierenden irgendwie mitteilen kann."

Es dann aber auch an den Studierenden selbst läge, inwieweit sie gut informiert und beraten seien, inwieweit die **Studierenden sich selbst um die Informationen bemühen** würden:

„Es ist aber auch so, dass viele, die halt auch gut beraten sind, das sind auch eher Leute, die sich auch mehr drum kümmern. Und vielleicht ist es bei vielen auch eher so, die eher fremd in diesem Land sind oder in dieser Stadt sind, die auch erst mal nicht wissen an wen die sich wenden können, so dass die überhaupt mitbekommen würden dann dadurch was für Angebote es gibt für die. Also da ist vielleicht beim Studienbeginn, dass man die vielleicht noch ein bisschen mehr in das Kölner Leben einführt."

Teilweise liege eine Nichtinanspruchnahme daran, dass die **Entscheidungsträger an der Universität der studentischen Lebenswirklichkeit zu fern stehen** um den adäquaten Bedarf zu erkennen:

„Und genauso in der Universität hat man eine riesige Hierarchie und ich frage mich, ob der Rektor überhaupt mit ganz normal Studierenden redet? Natürlich gibt es diese Kommissionen, da sind irgendwelche Studenten, die sagen dann irgendetwas. Aber ich meine jetzt ganz unbefangen mal runter zum Volk, auf den Campus, vor allem wenn es warm ist und da sind viele Leute. Einfach ganz normal mit denen reden, unbefangen, einfach nur mit denen reden und gucken. Weil man würde dann viele Sachen vielleicht einfach nur erfühlen."

„Also ich weiß ja nicht wie das geht, aber wie das sonst so der Fall ist. Der kriegt einen Zettel und dann ja, wir müssen diesen Bedarf und dieses neue Gebäude wird gebaut, da wird ein Gebäude gezeichnet. ... Ob man dann erkennt, was die Leute unten brauchen, das ist dann die Frage. Ich würde jetzt gerne so Dinge nennen, wo ich sagen würde, das war wirklich Verschwendung und hat nichts gebracht. Also es gab zum Beispiel Sommerfeste, wo kein Studierender hingegangen ist. Ich weiß nicht was da alles bezahlt worden ist. Da ist kein Studierender hingegangen und es wurde auch sehr schlecht kommuniziert von Uni-Seite."

Auf der anderen Seite seien die **Angebote von Universitätsseite in Bereichen wichtig, die ansonsten von Studierendeninitiativen nicht abgedeckt** werden würden:

„Ja, viele Angebote die es gibt für Studierende sind ja meistens auch von Studierenden organisiert. Und die werden dann natürlich nur das organisieren, was auch die selber interessiert. Also, wie angesprochen, die Party zum Beispiel. Oder ein Konzert. Aber vielleicht gibt es Leute, die mögen keine Musik. Was macht man mit denen? Vielleicht muss man da von Uniseite dann irgendwie so einen Bereich geben, was dann diese Leute abfängt, die sich dann quasi woanders nicht einbringen können. Das jetzt nur als Idee."

Wichtige Impulse seien hier auch eine **bessere Vernetzung** zwischen den Verbänden der Studierenden und Hochschulorganisationen und den universitätsinternen Planungsstellen, Anreize dazu zu schaffen, dass sich die Studierenden besser organisieren, Räume bereitzustellen etc. Aber diese intensivere Zusammenarbeit sollte auch stattfinden, um sich gegenseitig besser zu verstehen und zu verzahnen:

„Aber eine Idee ist wirklich dieses Vernetzen, nur dieses Vernetzen alleine wäre schon mal ganz gut."
„Oder Anreize schaffen, dass die Leute sich organisieren."
„Räume schaffen."
„Vielleicht wäre eine Möglichkeit, dass die bewährten Verbände und Hochschulorganisationen vielleicht irgendwie enger mit den universitätsinternen Leuten zusammenarbeiten können. ... Weil, jeder kocht jetzt sein eigenes Süppchen. Und die Uni kocht seine eigene Suppe und weiß jetzt nicht ganz genau, was in den Studierenden vorgeht. Und die Studierenden selber, die machen auch nur das, was die interessiert oder die fordern nur das, was sie quasi wollen. Wissen aber jetzt nicht die Probleme, die die Uni jetzt vielleicht hat. Vielleicht hat die Uni die finanziellen Möglichkeiten gar nicht, aber man sieht, okay, die haben jetzt ein zehnstöckiges Gebäude dahingestellt, ja, die haben ja Geld. Man weiß es ja nicht. Und dann fordert man..."

Auf der anderen Seite, konkret gefragt nach **zusätzlichem Betreuungsbedarf an der Universität zu Köln** wird von Studierendenseite auch geäußert, dass **seitens der Universität schon spürbar Vieles für Beratung investiert** worden wäre und sich schon sehr viel getan hätte:

> „Es kommt, glaube ich, auch oft auf den an, wo ich denke, wie will man das verbessern, wie könnte man das verbessern? Da müsste ich mir jetzt alle Angebote angucken und dann mit Ihnen Brainstorming machen. Ich wüsste jetzt spontan nicht direkt. Also sollte man noch mehr Beratung machen? Man hat ja auch viel in Beratung investiert. Hat man auch wirklich. Ich habe vieles jetzt auch bemerkt an der Universität, dass man da auch beraten wird. Und ich denke schon, es ist besser geworden, glaube ich."

Mögliche Erfolgskriterien zur Schaffung noch adäquaterer Angebote, die sich aus den Interviews ableiten lassen, können sein:

- eine Beteiligung der Studierenden Bottom-up bei der Planung und Umsetzung von Maßnahmen statt einer Initiierung Top-down,
- Förderung der Vernetzung zwischen den Verbänden der Studierenden und Hochschulorganisationen und den universitätsinternen Planungsstellen,
- Zusammenarbeit mit Studierenden als Experten für ihre Problematik, Schaffung von beratenden Gremien,
- Umfragen unter den Studierenden bezüglich der Einschätzung bestehender Angebote und Bedarfe,
- „Management by Wandering Around", d. h. Zugang der Entscheidungsträger zur Lebenswirklichkeit der Studierenden im direkten Kontakt,
- Beachtung der Kommunikationswege der ausländischen Studierenden (Mund-zu-Mund-Propagande, Facebook),
- Einbezug der Internationalen Hochschulgruppen bei der Planung von Veranstaltungen.

Insgesamt scheinen sich aber die befragten Stellen **einig** zu sein, dass die **Universität zu Köln** schon **vieles in der Betreuung der ausländischen Studierenden geschaffen** hat.

b) Nachhaltigkeit von Maßnahmen

Die nachhaltige Wirksamkeit derartiger unterstützender Maßnahmen sei **schwierig zu quantifizieren**, dennoch haben die Befragten **konkrete Hinweise auf eine Nachhaltigkeit**:

C. Die Auswertung der Stakeholder-Befragung

Die Wichtigkeit und **Wirksamkeit finanzieller Hilfen**, ohne die ein Studienabbruch im Nachhinein betrachtet unvermeidbar schien, fällt hierunter. Zur Verhinderung von Studienabbrüchen scheinen insbesondere finanzielle Hilfen einen großen Beitrag zu liefern:

„...wäre interessant so was mal statistisch aufarbeiten zu lassen, was ja unglaublich schwierig ist. Also ich weiß von sehr, sehr vielen Fällen, wo unsere Hilfen unglaublich hilfreich waren. Wo Leute das Studium sonst definitiv nicht geschafft hätten. Wo wir auch immer wieder Dankesbriefe von Studierenden kriegen und so weiter. Also egal, ob die jetzt in ihre Heimatland zurückkehren oder ob sie dann hinterher hier einen Job finden." (1a, 60-64)
„Also Nachhaltigkeit, würde ich sagen, ist eigentlich sehr, sehr groß in dem Bereich. Wenn es denn verantwortungsvoll aufgezogen wird. Also das hängt natürlich auch damit zusammen." (1a, 93-94).

Aber auch die **Wirksamkeit von gemeinsamen kulturellen Veranstaltungen** wird betont für die nachhaltige Verbindung und den Austausch zwischen den Studierenden, was sich auch durch das **langjährige Fortbestehen einiger Maßnahmen** zeigt:

„Ob das jetzt so eine Multi-Küche ist oder so ein Rathaus-Empfang oder ein gemeinsames Fastenbrechen oder was auch immer, eine Weihnachtsfeier, eine internationale, ich glaube, solche Highlights verbinden die Menschen."
„wie diesen Theater-Kurs, so interkulturell solche Geschichten anbieten. Das wurde auch ganz gut angenommen. Aber man braucht halt Räumlichkeiten und aber ich glaube schon, dass solche Sachen ganz wichtig sind. Auch einfach, um Kontakt untereinander zu bekommen. Oder sich ein bisschen auszudrücken. Und also einfach Raum zu bekommen. Also auch mit der eigenen Kultur und sich auszutauschen. ... „Ja. Wenn das umgesetzt werden kann."
[Bezug hier Multkulti-Küche]; „Seit 2002. Also wenn das nicht nachhaltig ist. Ja? (lacht)"

Die Nachhaltigkeit einer Maßnahme bedinge zuerst einmal eine **Verstetigung im Rahmen einer Institutionalisierung**. Aber auch eine reine **Institutionalisierung einer Struktur** bewirke noch keine Nachhaltigkeit, es kann lediglich ein erster Schritt sein, da es auch mit an den einzelnen Akteuren hänge. Dennoch sei beispielsweise **eine reine Projektstruktur von vornherein zum Scheitern verurteilt**:

„... wenn es eine institutionelle Struktur gibt, dann ist es noch lange keine Garantie, dass es klappt. Weil es auch von einzelnen Persönlichkeiten, Akteuren abhängt. Aber dennoch, glaube ich, ist es ein erster Schritt. Weil, wenn man das nur auf Engagement-Basis macht oder es ist nur ein Projekt, was nur zwei, drei Jahre finanziert ist, und dann gibt es keine nachhaltige Lösung, dann ist es vielleicht von Anfang an eher zum Scheitern verurteilt, als wenn man jetzt irgendwie was aufbaut, was stetig da ist – und auch wenn mal der Vorsitzende sich mal mehr engagiert, mal weniger, aber dennoch die Struktur ist da. Also ich denke, das wäre ein erster Schritt." (7, 782-790)

Ein weiterer Punkt der Verstetigung und Nachhaltigkeit sei **die finanzielle Ausstattung** für derartige Maßnahmen. Hier wird von außen, also von der Politik, von Stiftungen **häufig lediglich eine Anschubfinanzierung gegeben** mit der Erwartung, dass die Universität selbst dann die Fortführung der Maßnahme übernehme. Hierzu fehlten der Universität dann häufig jedoch die finanziellen Mittel:

> „Und finanzielle Ausstattung. Also vieles wird von außen angestoßen, finanziert, subventioniert. Sei es von der DFG, von der Humboldt-Stiftung, vom DAAD, vom Ministerium. Die setzen aber alle darauf, wenn die den Start finanziert haben, übernimmt die Uni das und führt das fort. Und da höre ich sehr oft vom DAAD: – Mein Gott, wir haben euch eine Anschubfinanzierung gegeben, aber die Uni sollte das jetzt selbst machen. Und da geht es über die Etagen, da haben wir auch keine Einflussmöglichkeiten. Wir bedauern, wenn Programme eingestellt werden. Wir sind nicht die Akteure, die die Uni wieder dazu bewegen, da jetzt 100.000 Euro reinzustecken oder mehr." (6, 792-800)

Konkrete Betreuungsprogramme, die **als wirksam eingeschätzt** werden von den Befragten, seien beispielsweise **Mentoren-Programme**:

> „Und dann wäre wieder die Förderung über Mentoren-Programme und so weiter wichtig." (6, 870-871)

Berücksichtigt werden sollte jedoch auch bezüglich der **Beurteilung der Wirksamkeit und Nachhaltigkeit von Unterstützungsmaßnahmen**, dass aufgrund der vielfältigen Persönlichkeiten der Studierenden die Zielgruppen für eine Maßnahme genau zu untersuchen sind und dennoch die Richtung der Wirkung nicht beeinflussbar sein kann:

> „Und dann kommen wir von außen und denken, wenn wir ein bestimmtes Programm machen, so hat der das auch zu übernehmen. Und so zu adaptieren,... Und das kann nicht funktionieren. ... Und das ist so das Fatale, dass wir – denke ich mal – zu wenig Gedanken darum machen über die Vielfalt der jeweiligen Persönlichkeit, die da ist." (2, 1172-1183)

8. Einschätzung von Ressourcenbedarf und Ressourcenpotenzial bei der Umsetzung von Unterstützungsmaßnahmen

Aussagen zu Ressourcenbedarf oder -potenzial scheinen schwierig zu treffen zu sein, wobei der Ressourcenbedarf allein schon aufgrund der **Größe der Kölner Universität** als sehr hoch eingeschätzt wird. Auch die Tatsache, dass die Universität zu Köln **Exzellenzuniversität** ist, scheint an der Grundsituation nichts geändert zu haben:

> „Kann ich überhaupt nichts zu sagen. Ressourcenbedarf würde ich als riesig einschätzen. Alleine aufgrund der Größe der Kölner Universität. So. Und die Möglichkeiten kann ich überhaupt nicht einschätzen. Also bin in keinem der Verwaltungsgremien der Uni tätig." (1a, 114-119)
> „So ein Rektor oder Kanzler hat ja viele Bedarfe zu berücksichtigen." (4a, 693)
> „Aber das ist ja kein Geheimnis, dass an der Uni überall das Geld fehlt. Und die landläufige Tresen-Meinung: „Die Uni ist ja jetzt Exzellenz-Uni, ihr ertrinkt ja im Geld!" – Das heißt ja nur, das Geld geht in die Exzellenz-Bereiche. Und teilweise streut man ein bisschen mehr. Aber dass sich das an der Basis niederschlägt...?" (6, 585-589)

Natürlich seien **vermehrte Unterstützungsmaßnahmen für ausländische Studierende betreuungs- und ressourcenintensiv**, würden sich aber einschätzungsweise wirklich lohnen, wenn dann geringere Abbruchzahlen resultieren würden. Und je nach Verankerung der Maßnahmen würde sich auch der **Ressourcenaufwand steuern** lassen. Dies wird am Beispiel des Programms **„Studienstart International"** geschildert:

> „Ja, das ist sehr betreuungsintensiv.... Also man kann ... mit nicht wahnsinnig enormem Aufwand schon auch viel machen. Also wir haben jetzt auch schon viel gemacht, obwohl wir nicht mal ein Budget haben.... Ich meine, das wäre natürlich toll, wenn man dafür ein Budget zur Verfügung hätte, da kann man ja noch viel, viel mehr machen. Und wenn man diese Veranstaltung zum großen Teil im Studium und im Studium Integrale verankert, dann sind das ja auch gar nicht mal Mehrausgaben, weil wenn man das dann über Leistungspunkte abrechnet, dann ist der Aufwand nicht so viel höher. Also man hat einen etwas höheren Betreuungsaufwand dann. Aber man hat ja auch dann hoffentlich bessere Absolventenzahlen. Also ich denke mal, dass sich das lohnen würde, dass das am Ende eine, ja, eine Nullrechnung wäre."

Ein Problem scheint hier auch der **Wegfall der Studiengebühren** zu sein. Zu Zeiten der Studiengebühren scheinen hier viel mehr Angebote bestanden zu haben und die Gelder sinnvoll zur Unterstützung auch der ausländischen Studierenden genutzt worden zu sein, beispielsweise auch für **Mentoren- und Tutorensysteme**. Die Möglichkeit solcher Angebote hänge eben auch von der **Verfügbarkeit finanzieller Mittel der Universität zu Köln** ab. Hier waren in der Vergangenheit die **Studiengebühren** ein essentielles Mittel zur Förderung gezielter Initiativen:

> „Wenn man die Schwachstellen erkennt, die gerade ausländische Studierende in bestimmten Bereichen haben, vielleicht sind es an der WiSo-Fakultät die Statistik-Klausuren oder bestimmte andere Klausuren, wenn man da Mentoren hätte oder Tutoren, die kleine Arbeitsgruppen betreuen würden. Auch in Jura.

Rechtssprache oder so was. Wenn sich da ein Pool finden würde für ausländische Studierende: Komm, wir gehen mal die Rechtssprache durch! Und üben mal mit euch. Missverständnisse, die in Asien vielleicht verstärkt auftauchen. Oder in Medizin, arabische Studierende haben oft mit dem Modul „Psychosoziale" Probleme, weil sie sich mit dem Begriff „psycho" vielleicht etwas schwerer tun." (7, 644-652)
„In der arabischen Welt. Da wäre es gut, wenn da ein paar Mentoren wären und mal sagen, was ist hier so in Europa darunter zu verstehen, z. B. Psychologie, psychologische Betreuung und so? ... Das sind so auf die Studierendenschaft zugeschnittene Dinge, die denen fehlen. Oder bei Pädagogik im Lehramt. Ja. Denen Hilfe geben. Was heißt hier Pädagogik vom Mittelalter bis hierher? Worauf fußt das? Man setzt das bei anderen einfach voraus, dass die das schon aus der Schulzeit wissen. Solche Systeme mal zu erklären. Also ich glaube, da könnten die Fächer, wenn Geld da wäre, mit Mentoren und Tutoren in Gruppen-Beratungen so was machen. Ich glaube die WiSo-Studienberatung, die war mal viel besser aufgestellt als wir noch Studiengebühren hatten. Da gab es ja tatsächlich Mittel, die auch für so was eingesetzt wurden." (6, 655-665)
„Aber mit Wegfall der Studiengebühren ist das leider für die Studierenden wieder eingestellt worden. Viele Dozenten wurden extra eingestellt. Tutorien gemacht." (7, 674-676)
„Hatten Broschüren entwickelt für ausländische Studierende, gerade die WiSo-Fakultät. ... das waren tolle Aktivitäten. ... Die Jura hat zeitweise mit Mitteln der Studiengebühren da viel gemacht. Die Medizin auch." (6, 667-676)

Ein sinnvolles Angebot war beispielsweise, **studentische Stellen aus Studiengebühren** zu schaffen:

„Und ZIB und WiSo-Studienberatung, also die haben da sehr viel gemacht. Hatten auch ausländische Mitarbeiter." (6, 704-705)
„Also, man sollte viel mehr Studenten einstellen. Würde ich jetzt sagen. Man hat ja nach den Studiengebühren gesagt, dass man viel Gelder kürzen wird, vor allem studentische Stellen wollte man kürzen." (10, 1309-1311)

Insgesamt scheinen Unterstützungsmaßnahmen eben **häufig nicht an den fehlenden Ideen sondern am Ressourcenbedarf zu scheitern**:

„Ideen gibt es zuhauf. Aber die Finanzierung ist nicht da. Und dafür gibt es keine klare Lösung oder Regelung" (6, 808-809)

Auf der anderen Seite muss man natürlich auch die **Belastung der Studierenden durch die Studiengebühren** sehen. Gerade die ausländischen Studierenden, die auf der einen Seite von vermehrter Unterstützung profitierten, hatten auf der anderen Seite dann wieder eine Verschärfung ihrer finanziellen Lage, falls für sie die Studiengebühren in Betracht kamen:[60]

„... weil, die Studiengebühren gab es dann. Und das war so schlimm. Also, das allererste Mal wo mir die Studiengebühren klar waren, da kam ein Brief nach Hause, Sommerferien, da war ich alleine in den Sommerferien, meine Eltern waren im Heimatland. Und dann habe ich mir gedacht, da stand im Brief, ja, wenn sie nicht bezahlen, dann werden sie exmatrikuliert. Wo kriege ich jetzt dieses Geld her? Und ich bin zu jemandem gegangen, der hat ein Geschäft und habe ihm gesagt, guck mal, ich brauche Geld von dir und so. Und meint er, gar kein Problem, hat mir das wirklich gegeben und alles. Aber dann musste ich das abarbeiten." (10, 577-584)

„Und wenn andere Länder wie England oder USA, wenn man da teure Studiengebühren bezahlen muss, dann, warum sollte ich mich mit denen vergleichen? Das ist nicht ideal. Also das Ideal sollte sein, jeder sollte die Chance haben zu studieren. Und vor allem jetzt Deutschland, wenn wir jetzt sagen, die Leute mit Migrationshintergrund, weil, Bildung ist der Weg zur Integration. Deshalb sollte man den auf jeden Fall offen halten. So gut wie möglich." (10, 607-613)

Studiengebühren stellten hier eine Belastung dar, die durchaus die Möglichkeit zu studieren in Frage stellen konnte.

IV. ROLLE DER UNIVERSITÄT

9. Rolle der Universität als Gastgeber bei der Unterstützung der ausländischen Studierenden

Wie kann die Universität zu Köln hierbei als Institution zu einer Verbesserung der Situation ihrer ausländischen Studierenden beitragen, was ist ihre Rolle aus Sicht der befragten Stellen?
Grundsätzlich wird die **Rolle der Universität als Gastgeber** in allen Interviews betont. Sie ist das Dach unter das sich die ausländischen Studierenden begeben, um ihre Bildung und ihr Wissen zu erweitern, einen Studienab-

---

60 Vgl. hierzu online zur Situation in 2008: http://www.asta.uni-koeln.de/2012/03/08/ pressemitteilung-universitaet-zu-koeln-fuehrt-studiengebuehren-ein-senat-bestaeti gt-die-studiengebuehren-fuer-die-kurse-deutsch-als-fremdsprache/ (Stand: 20.4.2014) und zur Situation in 2012, als für Deutsch als Fremdsprache Studiengebühren auch für ausländische Studierende anfielen: http://www.koeln.de/koeln/uni _erhebt_gebuehren_fuer_auslaendische_studierende_574437.html (Stand: 20.4.2014).

schluss zu erwerben. Sie ist die **Verortung der ausländischen Studierenden** und schafft auch mit ihren Unterstützungs- und Betreuungsangeboten mit die **Basis für ein erfolgreiches Studium** in Deutschland.

Sie hat einerseits eine **Schutzfunktion**, sie ist aber auch der Ort, an dem sich die **Erwartungen** der ausländischen Studierenden bündeln. Die Universität zu Köln scheint ihre Gastgeberrolle zwar schon gut zu erfüllen, da sie unter ausländischen Studierenden als Studienort durchaus beliebt ist, dennoch möchte die Universität zu Köln zur ständigen Verbesserung beitragen. Auch hierzu dient diese Studie. Die Erwartungen, die an eine Universität herangetragen werden, von Studierendenseite aber auch von anderer Seite, sind vielfältig.

Es stellt sich die Frage: **Was erwarten die Studierenden, was davon kann die Universität selbst wirklich leisten?** Eine Universität ist der Ort der Studiensituation, wie kann sie aber auch zu einer Verbesserung der gesamten Lebenslage, also auch der Lebenssituation beitragen? Denn die Lebenssituation scheint einen großen Einfluss zurück auf die Studiensituation zu nehmen. Auch seitens der befragten Einrichtungen, die mit ausländischen Studierenden zu tun haben, wird deutlich, dass hier große Erwartungen bestehen, aber auch das Bewusstsein, dass **von der Universität beeinflussbare Problemlagen** sowie **von der Universität nicht oder nur indirekt beeinflussbare Problemlagen** bestehen. Klar zu sein scheint, dass die Hochschule mit die Weichen stellt in Hinblick auf ein erfolgreiches Studium. Hier ist die Situation der ausländischen Studierenden auch stark von den Schwerpunkten abhängig, die die Hochschule setzt.

Bei den befragten Stellen tauchen folgende **Themenbereiche bezüglich der Rolle der Universität zu Köln** bzw. bezüglich der Frage: „Wie kann die Universität zu Köln zu einer Verbesserung der Situation ihrer ausländischen Studierenden beitragen?" auf:

– Ausbau der Willkommenskultur und Gastkultur,
– Unterstützung schon im Vorfeld des Studiums (Information und Darstellung der Anforderungen des Studiums schon im Heimatland der potenziellen Studierenden, Aufräumen mit falschen Erwartungen und Hoffnungen),
– Vorbereitung der ausländischen Studierenden auf die Studien- und Lebenssituation in Deutschland,
– Beachtung der Situation von Free Movern gegenüber Austauschstudierenden und Studierenden von Partneruniversitäten,

– klares Bekenntnis zur Zielgruppe der ausländischen Studierenden auch im Spannungsfeld zwischen Wettbewerb – Politik – Exzellenzinitiative – Massenuniversität,
– Überprüfung der Entscheidungsstruktur und Kommunikationsstruktur bei der Initiation und Umsetzung von Maßnahmen,
– Vorantreiben einer Vernetzung zwischen universitätsinternen und universitätsexternen Beratungsstellen ausländischer Studierender.

9.1. Willkommens- und Gastkultur

Die **Willkommens- und Gastkultur**, der an der Universität zu Köln mit ihrem **Vorzeigeprojekt „Studienstart International"** und anderen Willkommensveranstaltungen ein hoher Stellenwert zugemessen wird, scheint gerade in der Anfangsphase des Studiums eine hohe Bedeutung zu haben, denn der Studienstart und die **ersten Erfahrungen sind wohl prägend für die Gefühlslage der ausländischen Studierenden** über den gesamten Studienverlauf und wichtig für ein **„sich aufgenommen" Fühlen** und als Zeichen der Wertschätzung.

Wertschätzung zu erleben durch das deutsche Hochschulumfeld gerade auch in der Anfangszeit, ein „sich aufgenommen" Fühlen, wirke sich auch in Richtung eines erfolgreichen Studiums aus. **Interkultureller Sensibilisierung** kommt hier ein großer Beitrag zu, aber auch der Begrüßung der ausländischen Studierenden zu Studienbeginn:

> „Und fühlen sich natürlich auch aufgewertet durch so eine offizielle Begrüßung. Also aufgewertet... also angenommen." (4, 55-56)
> „Oder wir haben ein Zertifikat zur interkulturellen Sensibilisierung. Da bescheinigen wir vom Auslandsamt den Studierenden – interkulturell sensibilisiert heißt das – den Studierenden Engagement, interkulturelles Engagement. Und das kann jeder Studierende erwerben, wenn er eben so bestimmte Komponenten abgeleistet hat, sage ich mal." (5, 458-462)

Eine Art der Willkommenskultur[61] und der Wertschätzung auch durch ein Bemühen um Unterstützung (hier eine Idee der Unterstützung mit einer dem Kindergeld vergleichbaren Leistung für ausländische Studierende mit in Deutschland geborenen Kindern) wird als zentraler Faktor gesehen dann auch **im Erleben Deutschlands als Studien- und Gastland**:

---

61 Vgl. auch Stemmer 2013, 51, 251, 271.

"Und wenn die dann fertig sind, dann haben die doch eher das Gefühl, während des Studiums bin ich doch schon irgendwo akzeptiert worden, ich gucke mal ob ich hier nicht länger in Deutschland bleibe. Die wollen in der Regel doch nicht alle in Deutschland bleiben." (2, 1861-1868)

9.2. Wahrgenommene strategische Grundausrichtung der Universität im wettbewerblichen und politischen Spannungsfeld und Motivlage einer Zuwendung zu den Zielgruppen

Wie wird dieses Bemühen um eine Willkommens- und Gastkultur an der Universität zu Köln von universitätsinternen und universitätsexternen Beratungsstellen ausländischer Studierender wahrgenommen?
Es geht um die Strategie einer Hinwendung zu den Zielgruppen, einer Perzeption der politischen und strategischen Richtung der Universität zu Köln. Die Frage nach der Motivlage kann zum Teil gar nicht so leicht beantwortet werden: *„Das kann ich nicht beurteilen. ... Also es fällt mir schwer, unsere Motivation zu beurteilen."*
Grundsätzlich ist die Entscheidung, „wie verfahre ich auch bezüglich der ausländischen Studierenden" eine politische Entscheidung- **wo will die Universität zu Köln hin, was ist ihr wichtig, welche Schwerpunkte will sie setzen**?

"wo will ich hin,... wo will ich überhaupt so mit meiner Bildungsreform hin. Also, was ist mir wichtig? Und dementsprechend sind dann auch die Fakultäten, die besonders bevorzugt werden oder nicht. Also, wenn es mir darum geht, ich möchte Bildung im sozialen Bereich, dann ist die WiSo-Fakultät benachteiligt. So sehe ich das. Dann wäre die Philosophische Fakultät vielleicht eher in den Vordergrund zu bringen. Wie will ich die zukünftigen Menschen mit Wissen... mit welchem Wissen möchte ich sie bedienen, füttern? Was soll... der Mensch 2020 für ein Wissen bekommen?"

In den Augen der Befragten hat hier die Universität zu Köln eine **klare Stellung zu beziehen bezüglich ihrer Grundausrichtung, bezüglich ihrer strategischen Zukunft**. Es geht hier gerade auch bei der Größe der Kölner Universität um die Frage **Elite- oder Massenuniversität** bzw. eine Verknüpfung von beidem, um die Frage einer Schaffung von ausgleichenden Strukturen, um die weitere tatsächliche Hinwendung zu den Studierenden, **um eine tatsächlich gelebte Gastkultur**. Falls die strategische Grundrichtung eher in Richtung Eliteuniversität gehe, wird befürchtet, dass einige Fachbereiche oder Fakultäten zurückgedrängt werden könnten. Die Universität zu Köln solle ihre Tradition und ihr Profil als eine der größten Universitäten innerhalb von Deutschland beachten und an den konkreten Bedürfnissen der Studierenden entlang Verbesserungen in der Betreuungsstruktur schaffen. Ein guter Gastgeber zu sein, auch als Hochschule, hat damit zu tun, diese Rolle wirklich auch zu leben, mit der Wertekultur und eben der Frage: **Was ist es mir als Hochschule wert,** ein guter Gastgeber zu sein, **wo lege ich meine Prioritäten, auch im Hinblick auf die finanzielle Ausstattung?** Dass die Universität sich hier in einem **Spannungsfeld zwischen Exzellenzinitiative, Wirtschaftlichkeit, strategischen Prioritäten und Werten** befindet, wird klar:

> „Es ist letztlich eine Frage der Grundausrichtung. Also, wenn ich das richtig beobachtet habe in den letzten Jahren, versucht die Uni Köln ja mehr in den Bereich der Eliteuniversität einzudringen, weg von dem Image der Massenuniversität. Was mit Sicherheit in manchen Fachbereichen auch positive Auswirkungen gehabt hat. Wo man aber vorsichtig sein muss, dass das andere Fachbereiche oder Fakultäten nicht zu stark zurückdrängt. Also, ich halte dieses Denken grundsätzlich nicht für richtig. Ich glaube, dass die Universität Köln, die ja eigentlich immer eine der größten in ganz Deutschland war, einfach zu diesem Profil auch stehen sollte und ganz im Gegenteil versuchen sollte, innerhalb dieser großen Masse so menschliche Strukturen zu schaffen, dass Studierende trotzdem hier sinnvoll studieren können."
>
> „Weil, es ist halt ein Unterschied, ob ich etwas einfach nur mache, weil es... weil es dazu gehört heutzutage, weil ich als Hochschule offen sein muss, oder ob ich wirklich als Hochschule... Ja, ob ich das lebe.... wirklich ein guter Gastgeber sein möchte... Das hat aber dann auch wiederum mit der Wertekultur zu tun. Mit den Werten. .. Ist mir wert, dass ich eine Hochschule bin, die .. wirtschaftlich jetzt auf dem ersten Platz ist. Also, wo lege ich meine... Prioritäten.... was sind meine Werte. Und da gibt es dann ein Spannungsfeld sicherlich. (lacht) ... Das ist ein riesengroßes Spannungsfeld. (lacht)

Darüber hinaus bestehe natürlich auch ein **Spannungsfeld** zwischen der eigenen Strategie der Universität zu Köln und den **Vorgaben von Gesetzgebung und Politik**. Die Hochschule muss sich innerhalb der gesetzlichen Rahmenbedingungen, der Vorgaben, die die Politik, sei es die Bundespolitik oder die Landespolitik NRW schaffen, bewegen:

> „Na ja, ich denke, es ist halt dieses Spannungsverhältnis zwischen, man möchte eine internationale Hochschule sein. Das sind natürlich auch die Vorgaben der Politik und das möchte man sicher auch."
>
> „Richtig. Die Politik gibt was vor. So, und dann heißt es... Da fängt es ja schon an mit der Effektivität. ... kann die Universität den gesetzlichen Vorgaben widersprechen? So, und wenn nicht... Oder auch gerecht werden... Wer setzt den Rahmen? Wer setzt die gesetzlichen Rahmen? ... Das Bundesbildungsministerium setzt ja die gesetzlichen Rahmenbedingungen. Und... das ist die erste Stelle... Ja, und das ändert sich ja auch alle paar Jahre.... hier in NRW, die wechseln das. Das ist ein rein in die Kartoffeln, raus aus die Kartoffeln. ...Hin

und her. Land und Bund. ... auch Deutschland und das politische System hier ist ja... das ist ja föderalistisch. Also, es gibt ja auch so eine Vielfältigkeit innerhalb Deutschlands. Und da merkt man auch, selbst da merkt man, wie schwierig es ist, eine Vielfältigkeit zu strukturieren. Das ist die Herausforderung."

Dennoch wird **von Studierendenseite** auch **Stolz** geäußert, Student der Universität zu Köln zu sein, gerade auch an einer **Exzellenz-Universität** zu studieren. Dennoch bleibe die Universität zu Köln trotzdem eine **Massenuniversität**, an der der einzelne Student schnell „verloren" gehe. Die Betreuung unterscheide sich dann auch wieder stark von Studiengang zu Studiengang, Medizin beispielsweise sei überdurchschnittlich betreut:

„Also ich bin stolz Student der Universität zu Köln zu sein. Vor allem Exzellenz-Uni. Wie ich ein paar Studenten aus Leipzig und so gesagt habe, letztes Mal haben wir ein bisschen gelacht darüber. Aber trotzdem würde ich sagen, dass es eine Massenuniversität ist. Groß und man geht schon verloren. Es kommt auch auf den Studiengang an. Allein in Medizin beispielsweise, die werden ja überbetreut. Die haben ja so viele und alles schon vor, wo dann andere natürlich auch weniger bekommen."

Im Blick auf die politisch-strategische Ausrichtung der Universität zu Köln wird einerseits **davor gewarnt, US-amerikanische Modelle beispielsweise einer Campusuniversität auf die Universität zu Köln übertragen** zu wollen und umso mehr dafür plädiert, sich auf die **eigene Tradition und seine eigenen Stärken** zu besinnen:

„Also ich würde nur davor warnen, was ich teilweise mitbekommen habe, dass jetzt versucht wird US-amerikanische Modelle hier auf deutsche Verhältnisse zu übertragen. Das hat ja angefangen bei den Studiengebühren, das geht mit Bachelor und Master weiter. Und lässt aber meiner Einschätzung nach die völlig unterschiedlichen gesellschaftlichen Rahmenbedingungen, finanziellen Rahmenbedingungen und so weiter, die ganz andere Mentalität, Stipendienausstattung und so weiter außer Acht. Und so schön das ist, von einer geschlossenen Campusuniversität zu träumen, das wird in Köln immer eine Illusion bleiben. Also das geht einfach nicht. Und Köln hat dafür ganz andere Stärken." (1a, 204-212)

Sämtliche Unterstützungsmaßnahmen müssen **von den Entscheidungsträgern der Hochschulen politisch gewollt** sein, dies gilt insbesondere für die **Hinwendung zu den Zielgruppen.**

Grundsätzlich müssen also **alle Maßnahmen** zur Unterstützung ausländischer Studierender und gerade der Free Mover **von den Entscheidungsträgern der Universität**, sprich letztendlich **vom Rektorat, gewollt** sein. Hier müsste laut der Befragten ein klares Bekenntnis kommen, dass gerade auch die **Free Mover** als die am volatilsten eingeschätzte Gruppe unter den ausländischen Studierenden der Universität zu Köln wichtig erscheinen:

> „Ich glaube, es müsste, sage ich mal so ungeschützt, vom Rektorat gewollt sein. Ich habe so den Eindruck, aber das ist dann auch so auf bundesweiter Ebene. Ist so mein Eindruck, dass die Free Mover ja die größte Gruppe ist, die auch ihr Studium abbrechen."

Bezüglich der Hinwendung zu den Zielgruppen bestehen Bedenken, dass diese stark von strategischen Überlegungen geprägt ist, und zwar hier generell an den Hochschulen ein Interesse eher an **postgraduierten Masterstudierenden mit Stipendien** bestünde:

> „Leute – die im fortgeschrittenen Stadium – haben ja meistens irgendeine Art von Unterstützung, Stipendium oder so was."
> „Habe ich so den Eindruck, ... gefühlt ein Großteil der Hochschulen hat kein Interesse sich damit abzugeben, Zeit und Geld zu investieren, dass sie die Ressourcen entwickeln können, die sie so in sich drin stecken haben. Sondern lieber Leute nehmen, postgraduiert, weil die in der Regel im Stipendien-Programm drin sind."

Teilweise besteht allgemein der Eindruck, dass in der deutschen Hochschullandschaft eher auf postgraduierte, **gut qualifizierte und eventuell auch finanzstarke ausländische Studierende** geachtet wird auch in Hinblick auf eine Aussicht zur Kooperation.

Zum Teil wird schon auch vermutet, dass auch die Universität zu Köln sich **aus strategischen Interessen** heraus einzelnen Zielgruppen vermehrt zuwendet. Es scheint zum Teil in der Ansicht der Befragten auch eine **Frage des Bewusstseins, des Renommees, des Prestiges** zu sein. Hier stünden die internationalen Forscher, die Gastwissenschaftler, die Promovenden im Mittelpunkt der Bemühungen:

> „Aber irgendwo habe ich da so den Eindruck gehabt, im Rahmen von wirtschaftlichen Beziehungen – Aushängeschild..."
> „Also, ich glaube im Bewusstsein der Uni, ohne jetzt jemandem weh tun zu wollen, sind die Forscher, die internationalen Forscher ganz stark im Mittelpunkt, gefolgt von Gastwissenschaftlern, von Promovenden."
> „Es geht auch um Prestige. Und das ist einfach etwas, was läuft oder auch nicht läuft. (lacht) Und gerade die Fachstudierenden, ... die kommen ja freiwillig. ... Und bei den Austauschstudierenden ist es ..., es geht um den Namen der Partner-Universität vielleicht..... Aber bei einzelnen Studierenden aus unterschiedlichen Ländern höchstens, wenn man jetzt bestimmte Ziellländer wieder im Auge hat.... Und da weiß man ja wieder nicht, geht es um die einzelnen Studierenden oder geht es eher wieder um solche Prestige-Fragen?"

Teil I: Problemlagen, Unterstützungsmaßnahmen und die Rolle der Universität zu Köln

Dennoch wird sich eine **Universität, die im Wettbewerb steht**, auch zum Wohl aller ihrer Studierenden natürlich auch den Fragen des Prestiges, des Renommees stellen müssen.
Zum Teil bestehen Bedenken, dass die Universität den „normalen" bildungsausländischen Studierenden im Kampf um knappe Ressourcen und innerhalb der vielen Ansprüche, die sie zu berücksichtigen hat, nicht genügend Beachtung schenken könnte. Insgesamt sei es schwierig, die Erfolgsgeschichten von einzelnen ausländischen Studierenden sichtbar zu machen, auch **innerhalb der großen Institution Universität Gehör zu finden**. Umgekehrt, mögliche Studienabbruchquoten zu betrachten wird eher als der Weg erachtet, um bei den Entscheidungsträgern **für verstärkte Unterstützungsmaßnahmen für die ausländischen Studierenden zu werben**. Es geht darum, wie verschaffe ich mir bei den Entscheidungsträgern Gehör, wie erreiche ich die Aufmerksamkeit:

> „Aber solche Typen tauchen hier auf. Männer und Frauen. Und wir erleben die. Aber wir haben jetzt auch nicht die Möglichkeit beim Rektor zu klingeln und zu sagen, hier, Gabun, neunzehntes Semester, Diplom geschafft. ... (lacht)."
> „Aber vielleicht umgekehrt, ... also die negative Bilanz, Studienabbruchquoten 50 Prozent, ... Das wollen wir ja nicht ... Deswegen müssen wir was tun. Also höchstens umgekehrt quasi an die Sache rangehen."

Teilweise wird hier der Appell an Bildungsträger allgemein gerichtet, weg von einem funktionalen und wirtschaftlichen Denken hin zu einer **emotionaleren Betrachtung** zu gehen:

> „Also wirklich nicht nur drauf zu gucken, so, da kommen jetzt Trichter, denen ich da so Bildung reingeben kann und die funktionieren nachher als Exportartikel."

Und auch daneben die Chancen, die qualifizierte bildungsinländische oder schon hier studierende bildungsausländische Studierende für den deutschen Arbeitsmarkt bieten, besser zu nutzen:

> „Ich meine, jetzt ist man ja scharf drauf, die qualifizierten Leute zu kriegen, weil der Arbeitsmarkt die braucht. Aber man bräuchte nicht im Ausland zu suchen, wenn man die Kapazitäten, ob man die aus dem Schulsystem bei uns nimmt – oder hier aus den Hochschulen. Wenn man die nutzen würde, dann bräuchte man nicht so all die Tausende investieren."

Hier wird gerade angesichts **hoher Abbruchquoten** bundesweit und der Universität zu Köln als Massenuniversität dafür plädiert, seitens der Universität hinsichtlich der Betreuung noch mehr zu tun. Es bestehe in der deutschen Hochschullandschaft insgesamt gegenüber der Situation in vielen anderen Ländern Aufholbedarf. **Die finanzielle Problematik** von Free Movern beispielsweise wird an den einzelnen Hochschulen schwierig zu lösen sein. Aber gerade auf der **menschlichen Ebene, an der Bindung und dem Kontakt der ausländischen Studierenden zur Universität auch in Hinsicht auf Alumni-Förderung** gäbe es Verbesserungsbedarf, auch gerade durch die Größe der Universität zu Köln. Diese Bindungsbildung müsse schon am Anfang des Studiums gefördert werden, aber auch im Sinne einer stetigen Bemühung um eine Verringerung von Studienabbrüchen:

> „Wie gesagt, die finanzielle Kiste ist eine andere Sache.... Aber bei den anderen, wo wirklich durch eine andere Art von Betreuung ... Die haben dann in der Verwandtschaft irgendeinen, der in Kanada oder wo auch immer studiert oder in England. Und dann erzählen die mit glücklichen Augen davon wie der berichtet hat, so, wir sind da auf dem Campus und da ist ein Prof unser Ansprechpartner und der hat uns so privat eingeladen zum Grillen und wenn wir Fragen haben, dann gehen wir dahin. Und, und, und. Und dann kommen die hierhin, Massenhochschule.."

> „... wenn man möchte dass die Leute hier auch wirklich ihren Abschluss machen und nachher vielleicht also entweder hier bleiben oder in ihr Heimatland zurückgehen und dann aber auch eben wichtige Kontakte bleiben können, ja, dann sollte man so was versuchen eine Bindung zur Universität herzustellen, – und das am besten über einen guten persönlichen Kontakt. Und der funktioniert dann eben über die Menschen, die derjenige hier kennengelernt hat. Und ja, damit das funktioniert, ist eben zum Beispiel so eine, also diese Art von Vernetzung mit allen möglichen Bereichen zu Anfang des Studiums sehr wichtig. Ja, und ein Studienerfolg ist dafür auch sehr wichtig. Also, man findet ja nur das gut, wo man dann auch erfolgreich war, sonst... Also, wenn jemand ein Studium auf der Hälfte abbricht und dann in sein Heimatland zurückgeht, dann wird er keine Beziehung zur Universität .. haben, sondern das irgendwie als Teil seines Lebenslaufes ad acta legen, denke ich mal."

Insgesamt ist die Entscheidung über einen Ausbau der Betreuung für ausländische Studierende **neben der politischen Entscheidung** immer auch eine **Frage der Finanzierung**: Eine Frage dessen, wie viel will man investieren für etwa 12 Prozent ausländische Studierende an der Gesamtzahl der Studierenden.

Denn, es muss natürlich berücksichtigt werden, auch angesichts knapper Finanzen, die **deutschen Studierenden nicht zu vernachlässigen** und kostenintensive Tutoren- und Mentoren-Programme nur für eine Zielgruppe zu entwerfen:

> „da muss man auch aufpassen. Wenn man das alles auf die Beine stellen sollte mit finanziellen Mitteln, Tutorien-Programme und so weiter, dass die deutschen Studierenden natürlich legitimer Weise vielleicht auch sagen, ja, aber für uns gibt es solche Angebot nicht. Ja, das darf man natürlich nicht vergessen.

Das ist eine Minderheit, die für uns jetzt eine sehr wichtige Zielgruppe ist, aber eben so in den Fokus nimmt und die anderen vernachlässigt."

Eine mögliche Lösung wäre, einen **Teil der Programme für alle Studierenden zu öffnen** bzw. bestimmte **Programme zu entwerfen, die adäquat für mehrere Zielgruppen** wären. Ein gutes Programm sei beispielsweise „Studienstart International". Dennoch bleiben die ausländischen Studierenden eine besondere Zielgruppe mit besonderen zu beachtenden Bedürfnissen:

„Kann es geben. Also auch in Medizin weiß ich, da waren so Programme, da konnten Ausländer und Deutsche teilnehmen. Das war jetzt nicht exklusiv für Ausländer. ... Ja, Anatomie oder irgendein Fachbereich. Da konnte alle die schwach waren und sich auf die wichtige, wichtige Klausur vorbereiten wollten, konnten an diesem Mentoring-Programm teilnehmen. Deutsche wie Ausländer. Aber das ist mit der Finanzierung weggefallen. Studiengebühren."

„Deswegen sage ich mal, irgendwie schon gleich behandeln bis zu einem bestimmten Punkt. Ich bin sowieso nicht der Freund, der immer sagt, Ausländer müssen immer eine extra Zielgruppe sein. Aber in manchen Fällen sind sie es nun mal."

„... manchmal muss man erkennen, halt, hier ist, glaube ich, ein spezielles Bedürfnis. ... „Studienstart International" bietet ja auch diese interkulturellen Trainings an, wo eben deutsche und internationale Studierende gemeinsam agieren. Das ist schon mal ein gutes Ding. Und wird vielleicht auch größer, wenn jetzt die Philosophische Fakultät auch mit macht in dem Studienstart-Programm."

10. Rolle der Universität bei der Umsetzung der Maßnahmen

10.1. Zuständigkeiten in Bezug auf die Vorhaltung und Umsetzung von Betreuungsmaßnahmen

Geht man in diese Fragestellungen hinein, ist herauszufinden, wie könnte man Kompetenzbereiche abgrenzen in Hinblick auf die Vorhaltung von Betreuungsangeboten, aber auch, was sind geeignete Entscheidungsfindungsstrukturen bezüglich der Adäquanz und Relevanz von Maßnahmen?

C. Die Auswertung der Stakeholder-Befragung

10.1.1. Zuständigkeiten inhaltlicher Art – Kompetenzbereiche für die Vorhaltung von Betreuungsmaßnahmen

Auf der einen Seite spiele das **Akademische Auslandsamt** als Erstkontakt zur Einschreibung von bildungsausländischen Studierenden eine starke Rolle, welches schon sehr gute Arbeit leiste. Hier wäre eine Stärkung der Personaldecke jedoch dringend erforderlich:

> „Also ich glaube, dass das Akademische Auslandsamt eine ganz hervorgehobene Stellung hat. Weil es a) ja der Erstkontakt ist für alle Bildungsausländer, sich dort einzuschreiben. Und b) dort teilweise im Rahmen der Möglichkeiten schon eine sehr gute Arbeit geleistet wird. Ich kriege bloß immer wieder mit: riesenlange Warteschlagen dort, komplette Überlastung der Mitarbeiterinnen und Mitarbeiter. Also, das Akademische Auslandsamt personell zu stärken, wäre glaube ich eine ganz, ganz wichtige Maßnahme." (1a, 169-175)

Eher verneint wird, einzelne zusätzliche regionenspezifische Beratungsstellen an den Instituten anzusiedeln, beispielsweise für chinesische Studierende, lateinamerikanische Studierende etc., mit Hinweis auf eine zu starke Zersplitterung. Hier gilt es eher, die **bestehenden Angebote beispielsweise seitens des Akademischen Auslandsamtes** zu stärken:

> „Sinnvoll wäre es möglicherweise schon. Aber.. über so einen Kontext wie es ja über das Akademische Auslandsamt versucht wird hinaus, also an den Fakultäten zusätzlich noch angeboten werden könnte, ich weiß nicht, das zerfranst sich glaube ich zu sehr." (1, 541-544)
>
> „Also, wie gesagt, das Programm, was das Akademische Auslandsamt da macht, finde ich, ist fantastisch. Müsste bloß auch besser finanziell unterlegt werden." (1, 550-552)

Grundsätzlich wird darauf hingewiesen, dass **durch die Größe der Universität zu Köln viele Angebote auch dezentral auf Fakultätsebene** organisiert werden sollten, manches aber dann auch wieder fächerübergreifend Sinn macht, wie beispielsweise ein Studienkompetenzkurs. Hier ist genau nach Betrachtung der Maßnahme der Sinn und die Erreichbarkeit zu definieren, ob eher eine zentrale oder dezentrale Vorhaltestruktur Sinn macht:

> „Und an einer riesen Uni wie der Kölner glaube ich, dass vieles einfach auf Fakultätsebene laufen muss und nicht durch Zentralangebote geregelt werden kann." (1, 390-391)
>
> „... Viele Sachen müssen fachspezifisch sein, die müssen in den Fakultäten stattfinden.... Aber so... Also wir hatten diese Studienkompetenzkurse zum Beispiel erst fachspezifisch und haben dann, ich glaube eher aus der Not heraus, das fächerübergreifend gemacht und festgestellt, Mensch, das ist ja viel besser. ... Also manche Sachen sind fächerübergreifend irgendwie gewinnbringender, weil dann auch andere Typen Mensch aufeinander treffen."

Teil I: Problemlagen, Unterstützungsmaßnahmen und die Rolle der Universität zu Köln

Dennoch gibt es immer wieder die Frage danach, ob nicht **eine übergeordnete zentrale Zuständigkeit** für Kommunikation und Koordination der Maßnahmen etc. eventuell auch innerhalb eines schon mehrfach angesprochenen **übergreifenden Zentrums für Internationales** sinnvoll wäre, neben den, an jeder Fakultät angebotenen, einzelnen **Zentren für Internationale Beziehungen (ZIB)**:

> B1: „Also jede Fakultät hat ein Zentrum für internationale Beziehung. Also vermutlich ist halt speziell die Universität hier in Köln auch sehr dezentralisiert. Und dass die... also es gibt nicht so fakultätsübergreifende..." B2: „Genau, das meine ich. Da wäre ein Zentrum...." B1: „Also jede Fakultät ist für sich eine eigenständige... ist so eigenständig. Und keine Fakultät möchte ihre Eigenständigkeit verlieren. Und wenn viele Eigenständigkeiten... das ist dann schwierig. Weil (lacht auf)..." B2: „Es ist bestimmt zum Teil auch sinnvoll, dass die verschiedenen Fakultäten da auch selbst entscheiden, was sie anbieten oder so. Nur, wenn es irgendwo zentral kommuniziert wird oder irgendwie eingebunden in ein übergeordnetes Konzept ist ..."

An den Fakultäten in den ZIB sollten dann eher fachspezifische Beratungen stattfinden, die dann auf die bereits bestehenden kultur- und länderspezifischen Angebote verweisen können:

> „Da wäre dann eher wichtig, dass es halt eben fakultätsspezifische, fachspezifische Beratungen gibt, wo die Beraterinnen und Berater hinweisen können auf die kulturspezifischen oder länderspezifischen Angebote, die es gibt... Und die meiner Meinung nach gestärkt werden müssen." (1, 546-550)

Sehr viele kultur- und länderspezifische Angebote für Studierende werden in Köln auch vom **Kölner Studentenwerk**, den **kirchlichen Trägern** und den **Internationalen Hochschulgruppen** vorgehalten. Gerade länderspezifische Angebote seien insbesondere auch in den Internationalen Hochschulgruppen, den Vereinen ausländischer Studierender an der Universität zu Köln, repräsentiert. Die **Vereine ausländischer Studierender** stellen häufig die ersten und einzigen Anknüpfungspunkte für die bildungsausländischen Studierenden dar und können Kontakt- und Zugangsprobleme ausgleichen:

> „Jetzt Südamerika, China, Afrika oder so. Das heißt, die kommen wirklich in eine ganz andere Kultur und sind dann erst mal auch alleine. Außer den Kontakten, die sie hoffentlich durch unsere regen Hochschulgruppen hoffentlich relativ schnell..." (4, 112-115)

Die Bedeutung von **Kooperationsnetzwerken** zwischen der UzK und universitätsexternen Einrichtungen wird auch hier deutlich.

Hinsichtlich der Initiierung von Angeboten wird eher eine Stärkung vorhandener und etablierter Kompetenzbereiche und Organisationsformen als eine ständige Schaffung neuer Strukturen befürwortet. Auch besteht die Meinung, dass gerade **Stellen oder Einrichtungen in und um die Universität,** die durch ihre Aktivitäten schon einen **gewissen Erfahrungs- und Kompetenzaufbau** erreicht haben, stärker in Kooperationen auch mit den Fakultäten eingebaut werden sollten:

> „… Kooperationen. Also so… Ja, Ressourcen und Kompetenzen bündeln und da… Also ich denke mal, dass wir zum Beispiel durch diese Kurse, die wir gegeben oder organisiert haben, dass wir da einfach einen guten Standpunkt schon haben, – also einfach viel Erfahrung schon gemacht haben. Ja, und dann in enger Zusammenarbeit mit den Fakultäten kann man dann natürlich ganz viel noch dazu entwickeln." (5, 527-532)

10.1.2. Entscheidungsstruktur und Kommunikationsstruktur bei der Initiation und Umsetzung von Maßnahmen

Die **grundsätzliche Entscheidungsstruktur** bezüglich von der Universität geplanter Maßnahmen gehe von oben nach unten **(Top-down)** folgend der Organisations- und Leitungsstruktur und natürlich auch immer unter Finanzierungsrestriktionen. Oberstes Leitungsgremium ist das **Rektorat**, bestehend aus dem Rektor, drei Prorektoren, einer Prorektorin und dem Kanzler:

> „Ja, das geht über die Fakultäten, die Dekane, die ZIBs, den Prorektor für Internationales. Dann aber auch wieder über Prorektor für Lehre und Studium, für Finanzen und Planung, die sind alle involviert. Die sitzen mit dem Kanzler. Der Kanzler ist der Chef der Verwaltung. Der muss seine Angestellten bezahlen, finanzieren. Also das ist ein Topf ohne Boden." (6, 802-806)

Hinsichtlich der Zuständigkeiten wird hier eine gewünschte **stärkere inhaltsbezogene Entscheidungsbefugnis** angesprochen:

> „Wenn man inhaltsbezogen… Und auch die Entscheidung tragen dürfen. … Aber das ist, ich weiß nicht, ob das wirklich realistisch ist." (3a, 4a, 675-677)

Die **Hierarchie und Top-down – Struktur** an der Universität scheint im Sinne des Herausfindens adäquater und dringlicher Maßnahmen ein Problem darzustellen. Hier wird für eine **stärkere Kommunikation mit den Betroffenen (Bottom-up)** plädiert, auch um die tatsächlichen und brennenden Probleme an der Basis herauszufinden. Dies könnte unter „**Manage-**

ment by Wandering Around" fallen,[62] d. h. die Entscheidungsträger an der Universität begeben sich selbst an die Basis, an die Begegnungsstätten der ausländischen Studierenden sowie zu Veranstaltungen der mit ihnen befassten Stellen und erfahren so im direkten Kontakt und Austausch die Problematik bzw. können auch Ideen besser aufnehmen:

> „Ja. Also das ist halt schwierig, aber die Leute müssen wirklich nach unten. Es gibt viele Leute in den unteren Ebenen, die super Ideen haben. Wo ich mir denke, boah, das erste was ich als Rektor machen würde, die Person nach oben und die Person nach unten. Also direkt, ohne zu fragen. Wo ich mir denke, wo kommen die Ideen? Oder mit welchen, ich habe ja mal gehört, dass die Uni so einen Beirat hat, wo auch viele hohe Leute und so sind. Das beeinflusst ja die Uni in eine Richtung. Dann ist ja das Wichtigste, wir müssen forschen zum Beispiel. Ist ja auch richtig. Aber man sieht es von einer anderen Perspektive. Also man geht nicht runter und redet mit dem Forscher aus Indien, der da jung gekommen ist und redet mit ihm ganz normal. Was hast du für Probleme? Da sagt der, ja, ich habe keine Wohnung bekommen. Oder ich wurde diskriminiert. Oder im Forschungsteam ... Also, es könnten ja ganz kleine Probleme sein, wo man dann zurückgeht als Prorektor, Rektor und sagt, guck mal, das tun wir auf die Agenda, das ist wichtig. Weil, da muss was gemacht werden. Und da ist das Problem mit der finanziellen Situation von international Studierenden das beste Beispiel. Weil, ich würde gerne zum Beispiel den Rektor mitnehmen zum Unicenter. Und dann besuchen wir ein paar Studierende. Dann kann er gucken wie sie leben und wirklich die fragen und dann wird er merken, dass da wirklich auch eine andere Welt ist, die er nicht kennt. Also jenseits von diesen großen Gremien und den großen Veranstaltungen. Also, wo Studierende wirklich da in Notsituationen sind."

Hierbei wird auch kritisiert, dass zu **wenige Universitätsangestellte Gelegenheit hätten Veranstaltungen zu besuchen**, bei denen sie auf die Studierenden treffen und sich mit deren Problemen direkt auseinandersetzen können. Hier ist in den Augen der Studierenden auch der Rektor der Universität zu Köln gefragt:

---

62 "Management by Wandering Around" bzw. "Management by Walking Around" als ein Ansatz kommend aus der Leadership–Forschung, zurückgehend auf Peters und Waterman 1982 (Peters, T. J. & Waterman, R. H. (1982): In search of excellence. Harper & Row: New York) beruht auf der Erkenntnis, dass der direkte Kontakt zwischen Mitarbeitern und Führungskräften die effektivste Art ist, um durch das direkte Erleben und den Austausch mit ihnen sie einerseits zu guten Leistungen zu motivieren, andererseits aber auch ein Bild von der direkten Situation im Unternehmen zu erhalten. Führungskräfte bieten so auch die Gelegenheit, sie direkt anzusprechen, direkt mit ihnen in Kommunikation zu treten und zeigen auch nach außen erkennbares Interesse an der Situation im Unternehmen.

C. Die Auswertung der Stakeholder-Befragung

„... es gab einen Rektor, er hieß Herr K., war auch Professor für Mathematik. Eine sehr tolle Person, der ist auch zum Beispiel zu dem Fastenbrechen gekommen und zu vielen anderen Uni-Veranstaltungen. ... der kam mit dem Fahrrad zu Veranstaltungen, in die Mensa, hat sich mit denen hingesetzt, der wollte keinen besonderen Platz haben. Und hat einfach so das wirken lassen. Und das finde ich schon mal ganz gut und wichtig. Weil, da lernt er ja die kennen. Also, sie können an einem Tisch sitzen und fragt die, ja, was sind eure Probleme? Dann erzählen die das einfach. Wenn er in seinen Gremienversammlungen ist, die ja viel sind, wo man auch viel vergisst, vergisst er aber nicht diese zwischenmenschliche Begegnung. Wo er sagt, hier, da muss was getan werden, Leute, da müssen wir irgendwas entwickeln."

„... man kann ja Mitarbeiter schicken. Stellvertretend. Das ist ja auch schon mal ein Zeichen. Und vielleicht das Beispiel mit dem König, der sich wie das gemeine Volk verkleidet und dann sich unter sie mischt, ist vielleicht angebracht hier im Uni-Kontext. Und man muss es einfach mal mitmachen und sich die Studierenden auch mal so von der Nähe angucken und nicht immer nur von ganz oben, von 20 Stockwerken oben."

„Das wäre meine erste Idee. Wenn wir jetzt sagen, du bist jetzt Rektor ... ich würde mich immer auch unter die Leute mischen, weil dann erfährst du ja. Also, wenn du jetzt unter denen warst, dann erfährst du wirkliche Probleme und kannst eine Agenda stellen."

Um Maßnahmen in Hinsicht auf Effektivität und Adäquanz beurteilen zu können, erscheint es seitens der universitären Entscheidungsträger und Funktionen, insbesondere des Rektorats, wichtig, Kommunikationspfade Bottom-up zu schaffen bzw. auszubauen.

10.2. Erfordernisse der Zuständigkeiten in Hinblick auf Einheitsstrategie und Vernetzung

In der Frage der **Umsetzung und Koordination von Unterstützungsmaßnahmen** für ausländische Studierende geht die Einschätzung unserer Befragten dahingehend, dass

a) es eine Stelle geben sollte, bei der die Maßnahmen zusammen laufen, und die als Ansprechpartner für alle fungieren sollte. Dies bedeute also eine **Bündelung der Maßnahmen an einer zentralen Anlaufstelle** für die ausländischen Studierenden, aber auch eine Verbesserung des Überblicks seitens der betreuenden Einrichtungen und der Universität selbst.

„Es muss aber halt eben auch eine Stelle geben, die grundsätzlich Ansprechpartner für alle sein kann und da habe ich ja schon gesagt, würde ich eigentlich das Akademische Auslandsamt in einer hervorragenden Position sehen. Was aber dringend gestärkt werden müsste." (1a, 196-198)

"Also, dass man wirklich am Anfang über so eine Kollektiv-Maßnahme ... klarmacht, also hier Leute, hier gibt es so tolle Angebote in allen Lebenslagen findet ihr Ansprechpartner, die findet ihr im Hochschulkontext, die findet ihr auch außerhalb, Studentenwerk oder in den Hochschulgemeinden. Und ihr habt ja auch mitbekommen, die arbeiten alle irgendwo zusammen. ... Dann, wenn man das alles bündeln würde und sagen, Mensch, wie können wir da anders kooperieren? Oder nicht einfach nur verweisen auf irgendwas, sondern im Miteinander. Und von vornherein den Leuten klarmachen, du brauchst da keine Angst vor zu haben, wenn du zu dem hingehst oder zu dem ..., die kennen alle eure Situation..." (2, 2040-2056)

"Auch wir hätten einen besseren Überblick, wenn es so läuft. Also, ich kann mir nicht vorstellen, dass es hier irgendwo einen Menschen gibt, der wirklich weiß, was alles läuft." (4a, 289-291)

"Und es läuft viel." (3a, 292)

"Ja, aber vieles könnte effektiver laufen, wenn es irgendwie gesammelter wäre. Also, ich weiß nicht, vielleicht widersprechen Sie mir, aber ich glaube, so ein Zentrum könnte einfach helfen, die Dinge ein bisschen zu ordnen, zu strukturieren und effektiver zu gestalten." (4a, 293-296)

b) dezentrale und **eigenverantwortliche Strukturen an den einzelnen Fakultäten** vorhanden sein sollten.

"Also, ich glaube, es muss ein Mix sein. Diese Top-Down-Geschichten alleine funktionieren meiner Meinung nach nicht. Da irgendwas vorzuschreiben: es muss an den Fakultäten das und das geben, also, das kann meiner Meinung nach nicht funktionieren." (1a, 190-192)

c) dann genauso eine **Stärkung bereits vorhandener Einrichtungen und Maßnahmen** stattfinden sollte.

"Insofern eine Stärkung der bereits vorhandenen Geschichten an der Basis. Mit der Bemühung um die Stärkung besonders dort, wo es noch schwach ausgeprägt ist. Das wäre, glaube ich, hilfreich." (1a, 193-195)

d) in der Schlussfolgerung eher ein Mix sinnvoll wäre, also **grundsätzlich eher viele verschiedene Angebote**, diese aber auch aus Effektivitätsgründen strukturiert und koordiniert eingerichtet. **Einheitliche Standards**, die aber auch spezifisch anpassbar sind, wären sowohl aus Qualitätssicherungsgründen als auch zu Werbezwecken für die Universität als Ganzes als Marke förderlich.

"Ja, aber vieles könnte effektiver laufen, wenn es irgendwie gesammelter wäre." (4a, 293)

"Viele Angebote, aber strukturiert." (4a, 420)

"Und irgendwie koordiniert. Weil sonst, glaube ich, ist immer die Gefahr, dass vieles verpufft und nicht so ... Dass es nicht so effektiv ist, als wenn das einen Masterplan gibt. Ja? Wo man sagt, da möchte die Universität hin.... ich meine, vielleicht ist Ihr Projekt ja genau prädestiniert für solche Geschichten. Wir haben die und die spezifischen Probleme... Und dann haben wir einen Maßnahmenkatalog oder Vorschläge, wie man das... muss man natürlich drüber diskutieren, wird hier aber bestimmt dann entschieden, was umgesetzt wird und dann kann man das sehr schön ... verdeutlichen. Und dann natürlich... und wenn ich selber weiß, wie mein Haus aussieht, wie mein Konzept... dann kann ich das auch kommunizieren. Dann kann ich das auch so nach außen bewerben und anbieten." (4a, 424-435)

„Es kommt drauf an, was man möchte. Also, zum Beispiel für so eine Studieneingangsphase wäre das mit Sicherheit sinnvoll, wenn es da bestimmte, ja, ich sage mal, einheitliche Standards gäbe, die man aber dann immer mit ganz spezifischen Angeboten aus der Fakultät ergänzt oder dass Programme immer ganz spezifisch für die Fakultät angepasst werden. ... Also, dass das schon auch kontrolliert wird, also diese Qualität, was weiß ich, wie viele ausländische Studierende, wenn man so was einführt, kommen auf einen Betreuer oder so was? Fände ich schon wichtig. Dass man, also wenn man als Universität sich tatsächlich dieser Zielgruppe irgendwie widmen möchte, dass man das dann auch ernst nimmt und nicht sagt, ja, ihr Fakultäten, dann macht mal oder so. ... Man muss das ja auch nicht von oben vorgeben. Aber man kann ja fragen, was sind zumindest Standards, die wir einfach in jeder Fakultät bieten möchten. Können wir uns darauf einigen? Wenn das nicht klappt, kann man natürlich, weil, ich weiß ja, in Köln ist es schwierig, kann man natürlich auch jeder Fakultät das dann selbst überlassen, wie sie es ausgestalten möchte." (5, 547-568)

„Ja, aber dann ja auch die Universität als Ganze oder als solche damit werben kann, bei uns werden Studierende nicht alleingelassen oder bei uns gibt es dieses und jenes. ... aber als Marke auftreten und sagen, die Uni Köln hat aber dieses. Wenn man sagen muss, die Uni Köln hat aber an der Fakultät dieses, an der Fakultät jenes und an dieser Fakultät noch was anderes oder so. Und ich glaube im Ausland, ich weiß nicht, ob die Leute dann so nach Fakultäten differenzieren. Ich glaube, innerhalb von Deutschland ist das noch mal anders.... Wenn wir so Motivationsschreiben kriegen, steht immer, die Universität zu Köln hat einen guten Ruf und dann selten, die so und so Fakultät hat einen guten Ruf in meinem Heimatland." (5, 570-580)

In Blick auf die **Vernetzung relevanter Stellen, die mit den ausländischen Studierenden befasst sind,** auch innerhalb der Universität, kommen die Interviewpartner zu folgenden Schlüssen:

a) Eine **lokale Vernetzung mit anderen Hochschulen oder Einrichtungen** wird nicht durchwegs als vorrangig betrachtet:

„Schwer zu sagen. Ein Erfahrungsaustausch kann nie schaden. Also, wenn es irgendwo gut funktionierende Modelle gibt, die man nachahmen kann, sollte man immer versuchen, von anderen zu lernen." (1a, 201-203)

„Also ich könnte mir jetzt nicht vorstellen, wie die Uni mit der Fachhochschule irgendwie gemeinsam betreut." (5, 590-591)

„Ja, klar. ...Ja, sicher. ... Aber auch da ist halt wieder, dass man das so effektiv wie möglich gestaltet." (3a, 4a, 707-710)

Teil I: Problemlagen, Unterstützungsmaßnahmen und die Rolle der Universität zu Köln

b) Eine regionale **Vernetzung der Universität zu Köln mit der Stadt Köln, der Ausländerbehörde, dem Arbeitsamt und auch den kirchlichen Trägern** etc. wird jedoch befürwortet und scheint auch gut zu laufen, insbesondere institutionalisiert durch die Wissenschaftskonferenz auf Stadtebene oder auch eben in der konkreten Zusammenarbeit:

„Es gibt ja die Wissenschaftskonferenz auf Stadtebene." (2, 1731)
„Runden Tisch ... Und das ist auch unheimlich toll wie es mittlerweile läuft. Und die Ausländerbehörde, letzte Woche war am Arbeitsamt noch ein Treffen" (2, 1772-1779)
„Also, wir versuchen uns möglichst viel zu vernetzen und die Leute auch zu verteilen." (6, 270-271)
„Vielleicht ist eine Möglichkeit halt eben diesen Kontakt herzustellen, mit den einzelnen Verbänden." (9, 729-730)

c) Durch die Größe der Universität zu Köln wird aber auch eine nötige **gute Vernetzung der Stellen innerhalb der Universität** betont:

„die Uni Köln ist ja schon so groß,... Also, ich fände Vernetzung innerhalb der Universität schon sehr, sehr gut. Also, wenn sich die verschiedenen Stellen, die sich um bestimmte Dinge kümmern, gut vernetzen würden. Also, das fände ich schon sehr, sehr hilfreich. Und klar, also Kontakt zur Stadt Köln oder so was ist immer hilfreich. Und wenn das zu anderen Stellen auch noch geht, gerne. Also alle lokalen, ja, lokalen Initiativen, die sich um Studierende, kann man immer auch miteinbinden" (5, 593-599)
„Viel mehr Vernetzung. Also Hochschulgruppen, Leute ... Sehr gute Idee: Also so eine Art Visitenkarten-Party unter allen Leuten, die irgendwas mit Studierenden zu tun haben. Dass man die wenigstens kennt. Das ist zum Beispiel eine sehr, sehr gute Idee." (10, 731-735)
„Auch innerhalb der Uni viel mehr Vernetzung. ... Oder zum Beispiel, wenn wir uns bemühen einen Raum zu bekommen an der Uni, an wen muss man sich wenden?... Vieles weiß man, an viele Leute kommt man nicht heran und man weiß nicht, an wen man sich wenden soll. Man wendet sich vielleicht an Leute die damit nichts zu tun haben und selber überfordert sind. Und vielleicht diese Vernetzung ist eine Möglichkeit,..." (9, 736-745)

d) Ebenso wird auch eine nötige **bessere Vernetzung innerhalb der Universität zwischen der Studierendenschaft und den Dozenten und Professoren** angesprochen. So könnte über ein gegenseitiges Kennenlernen eventuell eine stärkere interkulturelle Sensibilisierung gefördert werden:

„Genau. Da habe ich eigentlich positiv... Vielleicht sollten sie sich aber mehr vernetzen mit den anderen. Also, man sieht die Dozenten viel weniger jetzt in großen Veranstaltungen, jetzt diesen kulturellen Veranstaltungen. Habe ich jetzt nicht das Gefühl, dass ich die dort oft sehe. Da sollte es viel mehr Vernetzung geben, viel mehr Kennenlernen. ... Dass man das auch mehr an sie kommuniziert. Und sagt, ja, auch Professoren einlädt. Da sage ich nur, die Vernetzung ist nicht da. Aber die Hochschulgruppen, ... hätte das viel mehr machen sollen. ... Aber man denkt sich manchmal, ja, passt das zum Professor, wenn der jetzt hierhin kommt? ... Oder vielleicht ist auch der Mut nicht da." (10, 1373-1396)

Teil II: Erfolgsfaktoren: Befragung erfolgreicher Bildungsausländer an der Universität zu Köln

A. Forschungshintergrund und Durchführung episodisch – biographischer Interviews von Free Movern an der Universität zu Köln

I. Free Mover als kritischste Gruppe unter den ausländischen Studierenden identifiziert

Aus der **Vorstudie (vgl. Stemmer 2013)** und auch aus den qualitativen Befragungen während des **Projektes „Lebenslage Kölner ausländischer Studierender – Situation, Handlungsperspektiven, strategische Entscheidungsmöglichkeiten der Universität zu Köln"** scheinen sich gerade die Free Mover als die kritischste und am meisten mit Problemen behaftete Gruppe unter den ausländischen Studierenden,[63] und zwar dort unter den Bildungsausländern, herauszukristallisieren.

Abbildung 4: Unterteilung der bildungsausländischen Studierenden

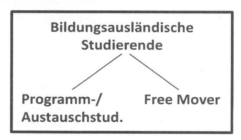

Quelle: eigene Darstellung

---

[63] Bei der Begrifflichkeit „ausländische Studierende" folgen wir, wie bereits oben dargestellt, der unter Stemmer 2013 ausführlich dargelegten Unterteilung in bildungsausländische Studierende und Studierende mit Migrationshintergrund. Wobei unter die Bildungsausländer auch Programm- und Austauschstudierende, also Kurzzeitstudierende zu fassen sind, bei den Studierenden mit Migrationshintergrund auch Bildungsinländer mit erfasst sind. Zur genauen Abgrenzung vgl. Stemmer 2013, 54-55. Die uns interessierende Gruppe sind hier die Free Mover, die einen Teil der Bildungsausländer ausmachen.

Als **Free Mover** werden hierbei Studierende, die ihr Studium selbst organisieren und i. d. R. auch finanzieren und nicht über ein Austauschprogramm etc. an die deutschen Hochschulen gekommen sind, bezeichnet, und sind dabei von Programmstudierenden abzugrenzen.[64] Sie machen unter Zugrundelegung von bundesweiten Zahlen aus 2012 85% der Bildungsausländer aus (81% bei Zahlen von 2009).[65] An der Universität zu Köln werden ähnliche Anteile angenommen. Besonders problematisch scheinen – wie sich aus unseren Untersuchungen ergeben hat – unter ihnen gerade **Studierende aus dem Nicht-EU-Ausland** zu sein.

Bundesweit schließen nur etwa **50% der Bildungsausländer ihr Studium erfolgreich** ab.[66] Direkte Vergleichszahlen aus der Universität zu Köln liegen nicht vor. Es wird jedoch vermutet, dass ein Großteil der bildungsausländischen Studienabbrecher unter den Free Movern zu finden ist, einerseits, da gerade diese hauptsächlich in den Beratungsstellen erscheinen und für Programm- und Austauschstudierende im Allgemeinen sowohl ein besserer finanzieller Rahmen (Stipendiaten) als auch eine stärkere organisatorische Einbindungs- und Betreuungssituation im Hochschulbetrieb gegeben ist. **Dennoch gelingt es** neben den etwa 50% Studienabbrechern unter den bildungsausländischen Studierenden (vgl. auch Stemmer 2013, 73) **dem anderen Teil der ausländischen Studierenden** trotz ihrer erschwerten Bedingungen gegenüber deutschen Studierenden ihr Studium erfolgreich zu beenden. Hier ist ein größeres Augenmerk auf den **Wechsel von einer problemzentrierten Sichtweise hin zu einer ressourcenorientierten Betrachtung** zu legen (vgl. auch Stemmer 2013, 254).

---

64 Free Mover sind also bildungsausländische Studierende, die ohne ein Mobilitäts-, Partnerschafts-, Kooperations- oder Austauschprogramm zum Studium nach Deutschland gekommen sind (vgl. u. a. Apolinarski/Poskowsky 2013, 19, 58, Isserstedt/Kandulla 2010, 26/27, Stemmer 2013, 144).
65 Vgl. Apolinarski/Poskowsky 2013, 19.
66 Vgl. DAAD (Hrsg.) 2011, 50. Es weisen zwar auch Bildungsinländer in den deutschlandweiten Studien (vgl. auch hier DAAD (Hrsg.) 2011, 50) hohe Abbruchquoten mit 41% im Vergleich zu deutschen Studierenden mit 25% auf, diese scheinen aber bei unseren Befragungen an der Universität zu Köln in den Beratungen nicht aufzutauchen bzw. nicht als Problemfälle eingeschätzt zu werden, weswegen wir uns in der vorliegenden Auswertung auf die Bildungsausländer bzw. Free Mover konzentriert haben.

Teil II: Erfolgsfaktoren: Befragung erfolgreicher Bildungsausländer

II. Begründung für die Verwendung episodisch-biographischer Interviews

Unser Ansatz im Rahmen des Projektes ist es dementsprechend, nicht nur Problembereiche aufzuzeigen, sondern auch eventuelle **positive Erfolgsfaktoren für ein gelingendes Studium** von bildungsausländischen Studierenden in Deutschland, und zwar speziell für die Free Mover unter ihnen, zu identifizieren. Dies sollte in dem Fall über die Analyse episodisch-biographischer Interviews erfolgreicher Bildungsausländer im Rahmen des Projektes erfolgen.

Nachdem **im Fortgang des Projektes bereits verschiedene Befragungen und Analysen** gelaufen waren (Modul 1: Qualitative Befragung universitätsexterner und universitätsinterner Beratungsstellen/Stakeholder,[67] Modul 2: Quantitative Befragung der Internationalen Hochschulgruppen der Universität zu Köln,[68] Gruppendiskussion mit Vertretern der Internationalen Hochschulgruppen,[69] Ergänzungsmodul Situationsanalyse der Studierendenwohnhäuser der Universität zu Köln)[70] und sich Hinweise auf die Problemgruppe der Free Mover verdichtet hatten, sollten **in einem weiteren Schritt** (Modul 3) eben Erfolgsfaktoren ausgemacht werden, die ein Erreichen des Studienabschlussziels ausländischer Studierender, und gerade auch von Free Movern, möglich machen. Hier zeigt sich unser exploratives Vorgehen im Rahmen des gesamten Projektes.

Als Mittel hierzu wurden **biographische Interviews von Free Movern**, die bereits **erfolgreich** einen Bachelor-Abschluss an der Universität zu Köln hinter sich gebracht hatten, in unsere Forschung einbezogen. Trotz der individuellen Unterschiede im Erleben und Durchleben jedes Studierenden können im Rahmen von **Einzelfallrekonstruktionen** und dem Blick auf sein individuelles Kompetenzprofil und seine Entwicklungsverläufe **Hinweise auf mögliche konkrete Erfolgsfaktoren sichtbar gemacht werden**. Auch die Einschätzung und Wahrnehmung kontextueller Ressourcen und sonstiger Rahmenbedingungen durch den Studierenden kann wichtige Einflussfaktoren andeuten.

Wir beabsichtigten, **erfolgreiche Strategien und Handlungsmuster** in Hinblick auf ein gelingendes Ausländerstudium zu identifizieren, aber auch wichtige **persönliche Kompetenzen** herauszufiltern. Genauso wichtig sind

---

67 Ergebnisse hier in Teil I und in Köstler/Marks 2014.
68 Ergebnisse in Köstler u. a. 2014.
69 Ergebnisse in Köstler u. a. 2014.
70 Ergebnisse in Wulff 2014.

Interpretationen der sozialen und kulturellen Räume, ebenso wie das **Selbstbild und die Rollengestaltung** im Austausch zum sozialen Umfeld. Durch die besondere Situation ausländischer Studierender, die neben den akademischen Anforderungen auch den kompletten Wechsel der Lebenswelt, die Loslösung aus dem tradierten und schützenden System, die Trennung von familiären und sonstigen Unterstützungsnetzwerken, die Konfrontation mit einem völlig neuen Normen- und Wertesystem, einer neuen Kultur, bewältigen müssen, sind hier **besondere Kompetenzen und Anpassungsstrategien (Coping-Strategien)** erforderlich. Aber auch, wie erfolgreiche ausländische Studierende die **kontextuellen Ressourcen und sonstigen unterstützenden Rahmenbedingungen wahrnehmen**, welche Bedeutung und Bewertung sie ihnen zuschreiben, ist möglicherweise entscheidend für ein Gelingen des Studiums.

III. Das Studium als kritische Statuspassage in der Biographie ausländischer Studierender

Denn das **Studium im Ausland** kann **als Statuspassage** in der Biographie ausländischer Studierender verstanden werden. Statuspassagen stellen im Sinne der Transitionsforschung Übergangsphasen im Lebenslauf von Menschen dar, die als **kritische Ereignisse bzw. Abschnitte für die eigene Identität** definiert werden können. Kritisch in der Weise, dass sie Rollenwechsel, Identitätsveränderungen etc. vom Individuum erfordern, deren erfolgreiche Bewältigung sowohl von **individuellen Copingstrategien** und Ressourcen sowie Kompetenzen, als auch von kontextuellen Ressourcen abhängt. Diese kritischen Ereignisse beeinflussen die lebensgeschichtliche Entwicklung der Person.[71]
Derartige Statuspassagen lassen sich auch als An- und Herausforderungen im Lebenszyklus im Sinne des **Lebenslagenkonzeptes** definieren, auf das wir zurückgreifen.[72]
Das Studium in Deutschland kann also als kritische Statuspassage im Leben bildungsausländischer Studierender interpretiert werden. Vom Studierenden

---

71 Vgl. dazu Schulz-Nieswandt 2006, auch die Einleitung in Johnen/Schulz-Nieswandt 2013. Zur Statuspassagen in diesem Sinne vgl. auch Wulff 2013 und Schulz-Nieswandt/Langenhorst 2012.
72 Vgl. dazu insbesondere die graphische Darstellung des Lebenslagenkonzeptes bei Schulz-Nieswandt 2006, 14.

wird eine **Anpassung an fremde Lebenswelten**, ein Zurechtkommen mit einer unterschiedlichen Kultur außerhalb seiner bisherigen biographischen Prägung gefordert, ebenso wie seine Rollen- und Identitätsfindung darin. Die Bildungsausländer und gerade auch die Free Mover sind mit **besonderen An- und Herausforderungen** konfrontiert: mit einer Ausgangs- und Lebenssituation der Trennung von den sozialen und familiären Strukturen, einer Konfrontation mit einer fremden Kultur, Normen und Werten, die häufig in Kulturschock mündet, sie müssen i. d. R. neben dem Studium arbeiten, haben eventuell einen Abrufjob etc. Meist gesellen sich finanzielle Probleme, vielfältiger Druck auch aus dem Heimatland, psychische Probleme, Isolation und Einsamkeit, Probleme im Umgang mit Kommilitonen und Lehrkörpern, Integrationsprobleme, fehlender Kontakt zu deutschen Studierenden, Sprachprobleme, Wohnraumprobleme, eine angespannte Situation bezüglich des Aufenthaltsrechts etc. hinzu.[73] Insofern sind auch die **Rahmenbedingungen** gegenüber den anderen Studierenden meist erschwert, auch die Rahmenbedingungen gegenüber bildungsausländischen Programm- und Austauschstudierenden, die hier ganz andere Eingebundenheiten in unterstützende und Netzwerkstrukturen sowie finanzielle Rahmenbedingungen aufweisen.

> *Wie bewältigt also ein ausländischer Studierender, hier Free Mover, diese Herausforderungen erfolgreich im Hinblick auf seinen Studienabschluss?*
>
> *Welche personalen Ressourcen, aber auch kontextuellen Ressourcen und sonstige Rahmenbedingungen sind speziell bei Free Movern für einen Studienabschluss erfolgsentscheidend?*

Denn, **ob eine Belastung zur Krise führt**, ist auch abhängig vom individuellen **persönlichen Kompetenzprofil** der Studierenden, ihren bisherigen Entwicklungsverläufen und Erfahrungen. Insofern sind Erfahrungen oder Kompetenzen, die die Studierenden innerhalb ihres bisherigen schulischen und privaten Lebenskontextes erworben haben, einzubeziehen und einer Erforschung zugänglich zu machen.

Der ausländische Studierende steht im Austausch mit seiner Umwelt. Hier spielen die **kontextuellen Ressourcen**, sprich seine konkrete finanzielle Situation, und insbesondere seine tatsächliche Integrationssituation innerhalb

---

[73] Vgl. hierzu auch Teil I der vorliegenden Auswertung.

der Studierendenschaft, der Lebensumwelt aber auch der akademischen Umwelt, und auch die sonstigen **Rahmenbedingungen**, die er zu seiner Unterstützung vorfindet, wie beispielsweise adäquate Unterstützungsmaßnahmen aus dem universitären Umfeld oder unterstützende Netzwerke, eine Rolle im Hinblick auf sein **Erleben und die Bewältigung seiner Anforderungen**. Gerade die **Erlebenswelt** schätzen wir hierbei als wichtig ein.

B. Design und Durchführung der Interviews

Um diese **erfolgreichen Strategien und Handlungsmuster** in Hinblick auf ein gelingendes Ausländerstudium zu identifizieren, aber auch wichtige **persönliche Kompetenzen** herauszufiltern sowie die **Interpretationen der sozialen und kulturellen Räume**, das **Selbstbild und die Rollengestaltung** im Austausch zum sozialen Umfeld erfolgreicher ausländischer Studierender zugänglich zu machen, fanden vier biographische Interviews mit bildungsausländischen Studierenden, die bereits einen (Bachelor-)Abschluss an der Universität zu Köln erfolgreich hinter sich gebracht hatten und teilweise kurz vor dem Master-Abschluss, ebenfalls an der Universität zu Köln, stehen, statt. Das **Sample im Rahmen des Projektes** umfasste **Free Mover mit Herkunft aus Südamerika, Polen, Russland und Afrika.**

Durchgeführt wurden die episodisch-biographischen Interviews beginnend mit die Erzählung generierende Eingangsfragen, die mit einem leitfadengestützten Nachfrageteil ergänzt wurden, um nicht angesprochene, aber für wichtig erachtete Themenbereiche abdecken zu können. Es wurde hierbei insbesondere **in drei Phasen unterschieden** (vgl. auch den in **Anhang 2** beigefügten **Interviewrahmen**):

Das **Aufwachsen in der Heimat** und der **Weg zum Studium in Deutschland** –
Die **Ankunft in Deutschland** und der **Kontakt mit der Umwelt und dem Universitätsbetrieb** –
Die **retrospektive Betrachtung der Lebensumstände und Faktoren,** die vom Interviewten als maßgeblich für den Studienerfolg eingeschätzt werden.

C. Die konkrete Auswertung und ausführliche Rekonstruktion eines episodisch-biographischen Interviews

In der vorliegenden Auswertung wird **ein Interview mit einem erfolgreichen Studierenden aus Afrika** zugrunde gelegt und **ausführlich rekonstruiert**.[74] Bei der Auswertung wird explorativ vorgegangen und zunächst versucht, ohne Beachtung des Vorwissens, in dem qualitativen Interview entscheidende Hinweise auf Parameter zu finden, die an der Universität zu Köln bezüglich Studienabbruch oder Studienerfolg zu gelten scheinen, anschließend dann unter Einbeziehung der bisherigen Forschung. In sich ergebenden Ergebnissen und Bewertungen findet dann zum Teil ein kurzer Abgleich mit Rückgriff auf die Transkripte der anderen drei Befragten im Sinne einer Validierung bzw. Bestätigung oder Widerlegung statt. Natürlich ist die Aussagekraft aufgrund der niedrigen Fallzahlen eingeschränkt und müsste über eine größere Erhebung validiert werden. Die Auswertung der drei anderen biographischen Interviews ist in Köstler/Marks 2014 zu finden.

I. Das Aufwachsen in der Heimat und der Weg zum Studium in Deutschland

1. Biographie

Herr S. ist in Togo geboren und aufgewachsen und hat sein Abitur im geisteswissenschaftlichen Zweig in Togo erworben, wo er auch an der Universität in Lomé Germanistik studiert hat. In Deutschland hat er bereits an der Universität zu Köln seinen Bachelor in Sozialwissenschaften erfolgreich abgeschlossen (Abschlussnote 2,4) und steht nun vor dem Masterstudium in Politikwissenschaften ebenfalls an der Universität zu Köln, für das er sich beworben hat und das er voraussichtlich im Wintersemester 2014/2015 beginnen wird. Seine Familie lebt in Togo und besteht aus seinen Eltern und einem älteren Bruder. Freunde sind ebenfalls zum Studium nach Deutschland gegangen, er hatte an der Universität zu Köln Kontakte aus der Heimat. Herr S. ist Free Mover afrikanischer Herkunft, die - Analysen zufolge - eine der bundesweit höchsten Studienabbruchquoten aufweisen. So zeigten Studierende aus Afrika im Bachelorstudium bezogen auf die Absolventenzah-

---

74 Die anderen drei Interviews werden in Köstler/Marks 2014 ausgewertet.

len 2010 mit 68% die höchsten Studienabbruchquoten an deutschen Hochschulen überhaupt.[75]

2. Das Aufwachsen und die Schulbildung im Heimatland, hier in Afrika

Geboren und aufgewachsen in Togo, hat Herr S. sein Abitur im geisteswissenschaftlichen Zweig erworben, wo er schon am Gymnasium Deutsch erlernt hat, als zweite Fremdsprache neben Englisch.

3. Das Interesse für Deutschland

Das Interesse für Deutschland begann hier mit dem Zugang zur deutschen Sprache aus dem Schulsystem in Togo heraus, mit dem in Berührung Kommen mit der deutschen Sprache als zweite Fremdsprache am Gymnasium. Dann traf Herr S. die konkrete Entscheidung an einer Universität im Heimatland Germanistik zu studieren, woraus er die Idee entwickelte, nach Deutschland zu gehen:

> „Und schon am Gymnasium hatte ich Deutsch gelernt." „Als zweite Fremdsprache, neben Englisch. Und da ist mein Interesse sozusagen geweckt worden. Und danach habe ich auch an der Uni in der Heimat Germanistik studiert und danach hat mich ... hat sich mein Interesse vergrößert. Und dann habe ich mir gesagt, okay, ich gehe nach Deutschland, um mich weiterzuentwickeln. So ist die Idee entstanden."

Das grundsätzliche Interesse wurde quasi durch den sprachlichen Zugang in der Schule geweckt.
Herr S. folgte hier einer stringenten Handlungslogik, beginnend mit einem Interesse durch einen zufälligen Zugang zur deutschen Sprache in der Schule, weiter den Weg verfolgend mit dem Germanistikstudium, für das er sich bewusst entschied, und letztendlich einem konkreten Ziel – der Absicht sich weiterzuentwickeln, nach Deutschland zu gehen, welches er in die Tat umsetzte, auch wenn er ein neues Studienfach wählte.
Dies spricht für einen zielstrebigen Menschen, der ein Ziel ins Auge fasst, verfolgt und dran bleibt.

---

75 Vgl. Stemmer 2013, 23.

Teil II: Erfolgsfaktoren: Befragung erfolgreicher Bildungsausländer

4. Die Rolle der Familie bei der Entscheidung, im Ausland zu studieren

Hier scheint sich schon eine erste Hürde abzuzeichnen, auf dem Weg zum Ziel des Studiums im Ausland. Die Andeutung, dass es nicht so einfach war, zeigt, dass Herr S. die Entscheidung, im Ausland zu studieren, gegenüber der Familie zu rechtfertigen hatte. Der Satz „wir sind nur zu zweit für die Eltern" weist auf eine Verpflichtung und Rolle der Kinder auch für die Eltern hin. Der Satz „Und als ich meine Entscheidung bekannt gab" lässt vermuten, dass er die Entscheidung zunächst ohne Befragung der Familie getroffen hatte, sich dann aber deren Verständnis und die Zusage eingeholt hat:

> „Ja, das war nicht so einfach, zumal, ich habe noch … wir sind nur zu zweit für die Eltern, so, ich habe noch einen Bruder. Und als ich meine Entscheidung bekannt gab, ja, waren die Eltern ein bisschen … natürlich für Eltern … was ich allein irgendwo ins Nirgendwo so gehen werde und sie waren ein bisschen traurig, so. Aber sie haben das auch letztendlich verstanden. Sie wünschen mir nur das Gute und … ja, letztendlich haben sie auch zugesagt."

Dies korrespondiert damit, dass den Familienbanden in der afrikanischen Gesellschaft – trotz eines Wandels der Familienstrukturen[76] – eine überragende Bedeutung zugeschrieben wird, deren Macht man sich kaum entziehen kann bzw. will. Die Bedeutung der Familie auch bei der Entscheidung und Umsetzung von Bildungs- und Migrationsvorhaben wird explizit benannt. Die Familie bedeute Halt, Krisenbewältigung und sogar Überleben und Orientierung, dennoch ergibt sich durch die Enge der Beziehungen, des Einflusses in Lebensentscheidungen wie Heirat, Kinder auch Konfliktpotenzial sowohl für in Afrika als auch für im Ausland lebende Kinder.[77] Auch materielle und immaterielle Austauschprozesse innerhalb von Familien werden angesprochen.[78] In dieser Hinsicht deutet sich in „Ja, das war nicht so einfach, zumal ich habe noch … wir sind nur zu zweit für die Eltern, so, ich habe noch einen Bruder." auch eine starke soziale Verantwortung für die Familie an. Die Eltern werden als besorgt beschrieben. Hier lässt sich schon ablesen, dass für eine derartige Entscheidung nicht nur Entscheidungskraft sondern auch ein gewisses Durchsetzungsvermögen seiner Ziele auch der Familie gegenüber nötig war.

---

76 Vgl. hierzu auch Alber/Bochow 2006.
77 Vgl. Alber/Martin 2007.
78 Vgl. ebenfalls Alber/Martin 2007.

5. Der Weg zum Studium in Deutschland – die Entscheidung für das Studienfach und Deutschland als Studienland

Schon während der Schulzeit in Togo zeigte sich neben dem positiven Zugang zur deutschen Sprache, dann durch das Germanistik-Studium in der Heimat, ein stärkeres Interesse an Deutschland:

> „Als zweite Fremdsprache, neben Englisch. Und da ist mein Interesse sozusagen geweckt worden. Und danach habe ich auch an der Uni in der Heimat Germanistik studiert und danach hat mich ... hat sich mein Interesse vergrößert. Und dann habe ich mir gesagt, okay, ich gehe nach Deutschland, um mich weiterzuentwickeln. So ist die Idee entstanden."

Die generelle Entscheidung zum Studium ins Ausland zu gehen, hatte also auch etwas zu tun mit der Zuschreibung, dass ein Auslandsstudium Weiterentwicklung bedeutet.

Daneben bestand auch ein großes Interesse am gesellschaftlichen und sozialen Leben, hieraus entwickelte sich die Idee, im Ausland Sozialwissenschaften zu studieren:

> „Also, während meiner Schul ... meiner Schulzeit in Togo hatte ich auch so ein großes Interesse am so- ... am gesellschaftlichen Leben, also alles, was im sozial zu tun hat. Und deswegen, meine Idee, diese Sozialwissenschaften genau zu studieren."

Die Entscheidung für das Studienfach fiel also vor allem aus intrinsischer Motivation heraus. Hier webt sich das Bild weiter: die Auswahl des Bildungsweges folgte einer stringenten Handlungslogik, auch das Anstreben einer sozialen Karriere war beinhaltet: Schule, Gymnasium, Abitur, Studium im Heimatland, Auslandsstudium. Man könnte Herrn S. als ziel- und karriereorientiert beschreiben, was einer v. a. intrinsischen Motivation nicht widerspricht, denn die Gründe und Motivationen (Selbstbeschreibungen von Herrn S.) für die Auswahl dieses Qualifikationsweges zeigen keine vordergründig extrinsischen Motive.

Die Wahl des Studienlandes konnte zwischen Frankreich, Deutschland und den USA getroffen werden. Die Entscheidung für Deutschland scheint eher aus dem Bauch heraus und aus Neugierde für das Unbekannte, aber auch aus der geschichtlichen Verknüpfung heraus, dass Togo eine ehemalige deutsche Kolonie war, gekommen zu sein. Frankreich, das ebenfalls wie Deutschland Kolonialmacht in Togo war, und aus dem heraus das Schul- und Hochschulsystem im Togo immer noch genau dem Vorbild des französischen Systems entspricht,[79] wird aus dem Verlangen etwas Neues (Kennen)Lernen zu wollen abgelehnt. Wissensdrang, Ehrgeiz Voranzukommen scheint Herrn S. anzutreiben.

> „Und damals hatte ich die Wahl zwischen Frankreich, Deutschland und USA. Aber Frankreich ist so etwas wie unsere zweite Heimat. Französisch ist unsere Amtssprache und in Frankreich dann habe ... dann kann ich da nicht mehr so viel lernen, kann ich schon fast alles. Und die USA gefallen mir nicht so gut, das ist zu groß und viel Naturgewalt und alles und das ist ... und Deutschland war dieses ungeb-... unbeschriebene Blatt. Und da ... deswegen wollte ich nach Deutschland gehen und auch ... und auch Deutschland hat auch einen geschichtlichen Hintergrund mit Togo. Togo war eine ehemalige deutsche Kolonie und dadurch habe ich gesagt, okay, ich gehe lieber Deutschland, genau."

Die Hauptmotivation bezeichnet Herr S. zu einem späteren Zeitpunkt als Neugierde und Interesse an der deutschen Kultur, sowie durch die Geschichte der Kolonialzeit heraus, sich ein eigenes Bild über das Land zu machen:

> „Neugierde, genau. Ich war neugierig, ich hatte Deutsch gelernt in der Heimat und durch diese Geschichte auch, damalige Geschichte und Kolonialzeit und da habe ich ... ich hatte einfach dieses Interesse an der deutschen Kultur und deswegen habe ich gesagt, okay, ich gehe nach Deutschland und dann ... damit ich mir selber ein Bild vom Land machen kann."

Generell scheint die **deutsche Kolonialgeschichte im Togo**, die auch von den jungen Togolesen positiv besetzt ist, sowohl Interesse als auch eine Begeisterung für die deutsche Sprache und Kultur zu wecken.[80] **Bildungsmigration** scheint im derzeitigen Togo häufig zu sein und auch Ausdruck einer gewachsenen Kultur einer Elitenbildung, dennoch mitbestimmt von einer politischen Reformstockung im Land.[81] Bei der Auswahl des Studienlandes Deutschland, aber auch hinsichtlich einer gelingenden Akkulturation in Deutschland, spielt auch die **emotionale Beziehung,** die der Studierende zu Deutschland hat, also ein sogenanntes „deutsch-affines" Klima im Herkunftsland, sowie **seine Zuschreibung** hinsichtlich des Wertes von Bildung,

---

79 Das togolesische Bildungswesen ist immer noch ein genaues Abbild des französischen Bildungssystems. Sowohl im Schul- als auch im Hochschulwesen werden dieselben Lehrpläne und Methoden sowie Prüfungsbedingungen benutzt wie im ehemaligen Mutterland Frankreich, Französisch ist Amtssprache (vgl. Kangni 2007, 48-66).
80 Vgl. auch Kangni 2007, 8-9.
81 Vgl. Wurster 1999, Kangni 2007, 16-19.

C. Die konkrete Auswertung und ausführliche Rekonstruktion eines Interviews

eine Rolle.[82] Dies sind Prozesse, die außerhalb des Einflussbereiches der Universität liegen.

II. Die Ankunft in Deutschland und der Kontakt mit der Umwelt und dem Universitätsbetrieb

6. Die Ankunft in Deutschland

Es werden Schwierigkeiten in der ersten Zeit in Deutschland beschrieben, die sich in der **Unterschiedlichkeit zum Heimatland** ausdrücken: eine Art **Kulturschock,** ausgelöst bei Ankunft in Deutschland schon am Flughafen durch die **extrem unterschiedlichen klimatischen Bedingungen zum Heimatland**, der Wechsel von einer Tropenregion, mit ganzjährig durchschnittlichen Temperaturen von 30 Grad und nur geringen nächtlichen Abkühlungen[83] in eine gemäßigte Klimazone in Deutschland mit hohen Temperaturunterschieden.
Dies spricht dafür, dass man sich zwar vorbereiten kann, die Sprache beherrschen, aber dann **mit Gefühlen und Eindrücken bzw. Sinneswahrnehmungen konfrontiert** wird, die man sich vorher nicht vorstellen kann und auf die man sich nicht auf theoretischem Weg oder mit Wissen vorbereiten kann.

„Ja, erst einmal, die erste Zeit war nicht so einfach. Ich kann mich noch erinnern, das war Ende September, als ich das Haus verlassen habe. Vor allem das Wetter muss damals ... ich komme aus einer Tropenregion. Und das war damals 33 Grad bei mir und als ich in Düsseldorf gelandet war, war schon 13 Grad und ... Sie können sich schon vorstellen ... das war richtig schwierig für mich, mich anzupassen. Aber mit der Zeit, okay, habe ich mich lang- ... langsam so eingelebt und ja"

Das **tatsächliche Erleben von äußeren Einflüssen**, das auch direkt **auf das Empfinden und auf die Sinneswahrnehmungen** einwirkt, scheint ein großer Faktor zu sein, wie ausländische Studierende die Ausgangs-Lebenssituation, die sich wiederum auch auf die Studiensituation auswirkt, wahrnehmen und wie ihnen die Anpassung und das Einleben an der Universität

---

82 Zur Akkulturationsforschung bezügliche des Einflusses eines „deutsch-affinem" Klimas im Herkunftsland auf eine Akkulturation in Deutschland vgl. Zick 2010, 360-364.
83 Vgl. Kangni 2007, 16.

und in Deutschland gelingt. Hier zeigt sich eine **erste Hürde**, die bewältigt werden muss.

Herrn S. gelang dies – soweit im Interview erwähnt – einfach durch **langsame Anpassung bzw. Adaption an die fremde Lebenswelt**. Empfindungen, emotionale Einflüsse scheinen für die Adaption in fremde Lebenswelten bzw. die Akkulturation eine große Rolle zu spielen, genauso scheint dies ein länger dauernder, mehrmonatiger Prozess zu sein.

Das Empfinden und die Sinneswahrnehmungen hängen auch davon ab, **wie groß die Unterschiede zur Lebens- und Studiensituation zum Heimatland** tatsächlich sind. Hier zeigen Studierende aus dem Nicht-EU-Ausland auch schon **klimatisch** her höhere Anpassungsschwierigkeiten, wofür sich auch Hinweise in unseren Interviews finden lassen: der/die befragte Studierende aus Südamerika beispielsweise empfindet hier eine hohe Belastung durch den Wechsel in eine völlig andere Klimazone (Mangel an Sonne, „Winterdepression"), und spricht, wie der Studierende aus Afrika auch, von einer nur langsamen Anpassung, während die befragten Studierenden aus Polen und Russland keine Aussagen hierüber treffen.[84]

Aber auch **Mentalitätsunterschiede**[85] wurden von Herrn S. als problematisch empfunden und verhinderten teilweise ein „Wohlfühlen" im Studienland:

„Richtig, genau, Kulturschock, Mentalität und das war schwierig ..."
„okay, die Deutschen sind zurückhaltend, das ist nicht wie in Afrika, wo man so offen ist und so weiter. Und das habe ich auch hier bestätigt bekommen. Aber dass das so ... manchmal so extrem sein kann, das habe ich nicht erwartet. Und das habe ich ... hat mich auch überrascht oft, oftmals Situationen erlebt,

---

84 Zitat der/des befragten Studierenden aus Südamerika: „Es war ein komplett anderes System, eine komplett andere Mentalität und sozusagen die ersten Semester und die ersten Jahre waren nicht einfach. Das Klima war auch ein Thema. Der Mangel an Sonne hat uns die ersten zwei Jahre sehr belastet, muss ich sagen. Wir konnten ... wir haben bis dahin den Begriff Winterdepression nicht gekannt, das haben wir hier in Deutschland kennengelernt sozusagen. Und ja, aber ... Ich denke, das hat ungefähr zwei Jahre gedauert und danach konnten wir uns ... haben uns wohlgefühlt, haben uns gut integriert gefühlt." (Auswertung dieser Interviews in Köstler/Marks 2014).

85 Genauso wird in der Akkulturations-Literatur die individuelle Wahrnehmung des kulturellen Klimas als Einflussfaktor genannt (vgl. hierzu die Diskussionen in Zick 2010, 469-471). Die Interviewpartner aus Polen und Russland sprechen hier keine Probleme an, der/die Interviewpartner/in aus Südamerika hingegen nimmt zwar die unterschiedlichen Kulturkreise wahr, sieht es aber positiv und als Bereicherung in einen anderen Kulturkreis einzutauchen (Auswertung der anderen Interviews bei Köstler/Marks 2014).

wo man sich richtig nicht wohl gefühlt hat. Und ja, zum Beispiel Diskriminierung und alles, ja, das hat man auch mit ..."

Die Anpassung an eine möglicherweise fremde Studienwelt und Lernkultur scheint bei Herrn S. ja, wie oben dargestellt, durch das **westeuropäische Bildungssystem in Togo** keine Rolle gespielt zu haben, entscheidend waren seine **persönlich entwickelten und schon im Heimatland erfolgreichen Lernstrategien:**

> „Ja so, ging, also ich habe immer meine Lernkultur aus der Heimat, also fortgeführt und da ist alles gut gelaufen, also ich habe nichts geändert oder so. Ich weiß, wie ich selber lerne, und so habe ich das gemacht."

Durch das **Beherrschen der deutschen Sprache** gab es bei Herrn S. keine Verständigungs- oder auch sonstigen Studienprobleme:[86]

> „Genau, ich habe nur diese DSH-Prüfung abgelegt, ohne Sprachkurs, weil ich schon die Deutschkenntnisse von zu Hause mitgebracht habe, genau." ... „Das hat mir geholfen."

Dass gerade diese **Kenntnisse der deutschen Sprache ein starkes Erfolgskriterium** sind, zeigt sich dadurch, dass alle von uns interviewten erfolgreichen Studierenden über diese Fähigkeiten verfügten.

7. Der erste Studienort Dresden

Der Studienort Köln wurde erst nach einer negativen Erfahrung an einem anderen Studienort in Deutschland (Dresden) für den sich Herr S. schon aus der Heimat beworben, die Zulassung erhalten hatte, und an dem er schon 6 Monate studiert hatte, gewählt.

Die als erstes aktiv getroffene Entscheidung für Dresden als Studienort fiel einerseits über Informationen aus dem Internet, aber entscheidender über Kontakte zu deutschen Austauschstudierenden an der Universität im Hei-

---

86 Dies zeigt sich auch bei allen anderen Befragten: so hat einer von ihnen im Heimatland eine deutsche Schule besucht und war schon als Austauschschüler mit 17 Jahren in Deutschland, ein anderer hatte auch bewusst erst einmal den Weg über die Sprache gewählt und erst einmal 3 Jahre Deutsch gelernt, der dritte hatte ebenfalls im Heimatland in der Schule Deutsch gelernt, ebenso an der Universität und bezeichnet Deutsch auch als sein Lieblingsfach. Aber auch in Deutschland angekommen wurden weitere Deutsch-Kurse besucht. (Auswertung der anderen Interviews bei Köstler/Marks 2014).

matland. Dies spricht möglicherweise für **Kontaktfreudigkeit und Offenheit** als Stärken auch im Kennenlernen anderer Studierender.
Von diesen deutschen Freunden in Dresden wurde er, bevor er sein Zimmer im Studentenwohnheim, für das er sich selbst aus der Heimat beworben hatte, beziehen konnte, aufgenommen und zur Ausländerbehörde, zum Studentenwerk und zu anderen universitären Einrichtungen begleitet:

> „Mein Kumpel da ... die da mich untergebracht haben. Sie haben mich ... sie haben mir geholfen, sie haben mich begleitet zur Uni und zum Studentenwerk und alles. Die wesentlichen Schritte, die administrativen Schritte alles, anmelden bei der Ausländerbehörde und alles, genau so ... weil, ich bin ja Neuling, ich hatte keine Ahnung damals."

Möglicherweise konnten jedoch die geknüpften Kontakte zu den deutschen Studierenden nicht das Gefühl des Alleinseins in der Fremde kompensieren, möglicherweise kommt hier die **Unterschiedlichkeit der Kulturen** zum Tragen, eine Fremden gegenüber offene Gesellschaft in der Heimat gegenüber einer eher verschlossenen, in sich gekehrten Gesellschaft in Deutschland. Hierfür spricht:

> „und weil damals auch ... als ich ankomme habe ich gemerkt, dass die Deutschen oder die Leute dort die sind ein bisschen so zurückhaltend und die sind nicht so offen wie bei uns. Und das war auch der Grund, warum ich hier lieber nach Köln ... damit ich zumindest mit meinem Kumpel hier zusammen wohne, genau, das wäre besser für mich."

Daneben scheinen auch möglicherweise ausländerfeindliche Erfahrungen im Lebensumfeld gemacht worden zu sein:

> „Ja, ein bisschen schwirig erst einmal als Ausländer auch, war schwirig und es gibt zu wenige Ausländer da. Und deswegen habe ich mich da nicht so wohl gefühlt, ja und ja ..."

8. Der zweite Studienort Köln

Aus negativen persönlichen Erfahrungen der Einsamkeit und des Fehlens von sozialen Netzwerken, aber auch als Ausländer an sich wurde die Studienortentscheidung Köln getroffen, da dort Kumpel und Freunde, frühere Studienkollegen aus der Heimat Togo, bereits studierten. Die **Zuordnung des Wohlfühlens am Studienort** wird selbst verknüpft mit dem Gelingen des Studiums:

> „Ja, nach Köln, ich war zuerst in Dresden. Da habe ich mich beworben und da bin ich erst einmal gelandet. Und in Köln, ich hatte Kumpel hier in Köln, ich

C. Die konkrete Auswertung und ausführliche Rekonstruktion eines Interviews

> war ganz alleine in Dresden und aus ... als Ausländer da war ... das war ein bisschen schwierig, ich konnte mich nicht wohlfühlen. Und deswegen habe ich gesagt, weil mein Kumpel, meine Bekannten hier sind, lieber, ich soll hier umziehen, damit ich mich ein bisschen wohler fühle. Deswegen ist ... bin ich hier nach Köln ..."

Das Vorhandensein von Netzwerken vor Ort, von Freunde aus demselben Kulturkreis, hier sogar von Freunden aus dem Studium in Afrika, scheinen hier eine entscheidende Rolle zu spielen, die Standortentscheidung für den Studienort zu treffen bzw. zu revidieren:

> „Sie waren auch ... Also, wir haben zusammen in Togo studiert, also, wir gehörten demselben Jahrgang und sie waren nur ein paar Monate vor mir nach Deutschland gekommen und wir sind immer in Kontakt geblieben. Und ja, danach haben sie mir gesagt, okay, ich soll lieber hierhin nach Köln ziehen, weil sie hier sind und die meisten waren in Köln. Also, so ist die Entscheidung gefallen, dass ich nach Köln kommen sollte."

9. Studienvoraussetzungen

An Studienvoraussetzungen waren durch ein abgeschlossenes Germanistik-Studium in der Heimat die sprachlichen und auch akademischen Voraussetzungen für ein Hochschulstudium in Deutschland erfüllt, auch wenn in Deutschland ein anderes Fachgebiet (Sozialwissenschaften) studiert wurde. Die Eingangssprachprüfung (DSH-Prüfung - Deutsche Sprachprüfung für den Hochschulzugang) konnte ohne weiteren Sprachkurs absolviert werden und Sprachprobleme waren nicht vorhanden. Dies zeigt sich auch bei den anderen interviewten erfolgreichen Free Movern.

10. Der Kontakt mit der Umwelt und dem Universitätsbetrieb

10.1. Erste Kontakte mit dem sozialen Umfeld und der Lernkultur

Der Anfang, auch an der Universität zu Köln, wird von Herrn S. als sehr schwierig beschrieben, er hatte **kaum Kontakte zu anderen Studierenden**. Mit der Zeit hatte er an der Universität versucht, **Kontakte vor allem zu anderen ausländischen Studierenden** zu knüpfen. Hier beschreibt er, dass viele ihm auch geholfen hätten. Insbesondere der Kontakt zu einem anderen afrikanischen Kommilitonen aus Äthiopien, der das Studium zwei Semester vor ihm begonnen hatte, hätte ihm in Hinblick auf Lernstrategien,

Klausurvorbereitungen etc. sehr weitergeholfen. Der Kontakt fand über ein Seminar statt, bei dem beide zusammen ein Referat gehalten hatten. Hier liegt ein Hinweis darauf, wie auch bei Tinto 2012 thematisiert, dass die **Kennenlernorte der Studierenden an der Universität** liegen, da Seminare und Vorlesungen für viele Studierende der einzige Ort seien, wo sie auf Kommilitonen treffen. Falls eine soziale Einbindung nicht dort gelinge, sei es unwahrscheinlich, dass sie in anderen Orten und Kontexten stattfinde.[87] Die Erstsemestereinführungsveranstaltungen, die auch besucht wurden, werden von Herrn S. eher als unübersichtlich und mit zu vielen Teilnehmern beschrieben, um näher in Kontakt zu kommen. Als **Kennenlernorte** beschreibt Herr S. explizit **eher gemeinsame Seminare und Vorlesungen als Erstsemestereinführungsveranstaltungen**, wegen der großen Masse an Leuten in derartigen Veranstaltungen.

Kontakte von ausländischen zu deutschen Studierenden werden von Herrn S. eher als schwierig herzustellen empfunden, sowohl durch seine ersten Erlebnisse in der Begegnung während der gemeinsamen Einführungswoche vor Studienbeginn oder auch danach. In Seminaren und Vorlesungen fänden schon zu Anfang Gruppenbildungen zwischen deutschen Studierenden statt, bei denen die ausländischen Studierenden, die an und für sich schon eine Minderheit darstellten, außen vor blieben. Auch während des Studiums blieb der Kontakt zu deutschen Studierenden die Ausnahme. Der Eindruck, der bei ausländischen Studierenden gewonnen wird, ist, dass sich **deutsche Studierende ausländischen Studierenden gegenüber zurückhaltend und abwartend verhalten und lieber unter sich bleiben**, dies wird mehrfach während des Interviews betont:

> „... Einführungswoche und auch die ganze Zeit ... wir sind ja kleine Minderheit und bei so schwierig an die anderen Deutschen heranzukommen. Und das waren meine allerersten Erlebnisse, das war schwierig. Man merkt da selbst bei den Vorlesungen oder bei Seminaren, wenn man ankommt nach ein paar Tagen,

---

87 Dies bestätigt sich auch in unseren anderen Interviews mit erfolgreichen Free Movern. Ein Zitat: „und dann hatten wir leider den Kontakt verloren. Und ich denke, primär war unser Netzwerk aus dem Netzwerk aus der Universität, aus dem akademischen Bereich, aus der Universität. Aber dadurch, dass wir beide gearbeitet haben, hatten wir auch andere Kontakte. Und dann sozusagen ... Personen außerhalb der Universität, das war nicht so groß. Primär war die Universität ... Wir sind so ... Uni Köln-sozialisiert worden." Andere Befragte nennen ebenfalls das Studienkolleg, das damals noch bestand und die Einführungsphase zu Beginn des Studiums als Möglichkeit, erste Kontakte zu finden (die Auswertung der anderen Interviews erfolgt in Köstler/Marks 2014).

merkt man, dass die Deutschen schon unter sich Gruppierungen bilden und die Ausländer irgendwie dastehen, und das war schwierig diesen Anschluss zu finden. Ja, so ist das."
„Schwierig, also bis jetzt kann ich Ihnen noch sagen, bis jetzt ich hatte keine ... ich habe ganz wenige Freunde, deutsche Freunde gehabt, während meiner Studium, bei meiner Studentenzeit. War sehr schwierig, eher mit Ausländern."
„... aber, was ich gemerkt habe, dass die Deutschen erst einmal zurückhaltend sind und ja ... wenn man zum Beispiel an einem Seminar teilnimmt oder so, man merkt, dass sie ... sie kommen nicht auf einen zu, wenn man Ausländer ist zum Beispiel. Sie sind nur unter sich und das ist ... das macht die Sache schwierig."

Zum Teil wird es damit verknüpft, dass **auch innerhalb der Seminare nur ein geringer Ausländeranteil** ist, der dann vom Selbstbild her schon Schwierigkeiten hat, auf die deutschen Studierenden aktiv zuzugehen. Hier kommt die **kulturelle Komponente** dazu, dass, wie bei Herrn S., in der Heimat grundsätzlich aktiv auf ankommende Ausländer zugegangen wird, und ihnen von sich aus die Hilfe angeboten wird. Dieser Hintergrund machte es für Herrn S. schwierig, selbst aktiv auf deutsche Studierende zuzugehen, da er nicht aufdringlich wirken wollte. Er spricht in diesem Zusammenhang auch von einem **Kulturschock**:

„Das ist komplett anders, bei uns, die Ausländer sind willkommen, und wenn man Ausländer ist und man geht auf ihn zu und man versucht ihm zu helfen, weil er Ausländer ist, er kennt sich nur nicht aus, man bietet ihm seine Hilfe, so ist das bei uns. Deswegen war hier eine andere ... genau, eine andere Welt für mich."
„Genau, ich war zerrissen und war schwierig für mich, genau, und ich wollte auch irgendwie nicht aufdringlich, so vorkommen, genau, deswegen ..."
„Richtig, genau, Kulturschock, Mentalität und das war schwierig"

Insbesondere das Erlebnis, dass er in einem Seminar erst nach einem Referat, das er gehalten hatte, von deutschen Studierenden zwecks näherer Kontaktaufnahme angesprochen wurde, hatte Herrn S. sehr irritiert. Er verknüpfte dies mit seinen guten Deutschkenntnissen und der Überraschung der deutschen Kommilitonen über sein Wissen und bezeichnet dieses Erlebnis als „**die allererste schwierige Erfahrung**" für ihn:[88]

„Das ist schwierig, das ist schwierig, das ist schwierig, das ist schwierig. Und ich weiß nicht, woran das liegt. Ich hatte eine Erfahrung gehabt in einem Seminar am Anfang hat mich angesprochen, ist keiner zu m-... auf mich zugekommen und nachdem ich mein Referat gehalten habe, da waren alle total er-

---

88 Dies korrespondiert auch mit der Einschätzung aus der qualitativen Stakeholder-Befragung siehe weiter oben unter e).

> staunt, wie ich ... wegen meiner Deutschkenntnisse und dann sind Sie auf einmal zu mir gekommen. Woher kommst du, du sprichst aber gut Deutsch, bist du hier geboren? Das hat mich irritiert. Da habe ich mir selber gesagt, warum erst jetzt. Das war die allererste schwierige Erfahrung für mich warum erst ... warum nicht am Anfang? Warum erst jetzt sind sie plötzlich zu mir gekommen, dann möchten sie jetzt mit mir befreundet sein, also das war mir ein bisschen unheimlich, damals."

Auch hier sieht man die erlebte Dramatik der Situation schon in der sprachlichen Wiederholung „Das ist schwierig, das ist schwierig, das ist schwierig, das ist schwierig."
Sonstige Kontaktversuche zu deutschen Studierenden thematisiert Herr S. nicht mehr, eventuell wurde er durch Erfahrungen aus seinem ersten Studienort Dresden beeinflusst bezüglich der Kontaktaufnahme zu deutschen Kommilitonen.
Insgesamt erscheinen also die **Kontaktaufnahme und der Aufbau eines sozialen Umfeldes als schwierig.**
Die Begegnung mit der **deutschen Lernkultur** dagegen war kein Problem für Herrn S. Er führte seine **Lernstrategie, die sich schon in seiner Heimat als erfolgreich erwiesen hatte**, einfach fort. Und diese erwies sich auch in der Überprüfung für Deutschland als adäquat:

> „also, ich habe immer meine Lernkultur aus der Heimat, also fortgeführt und da ist alles gut gelaufen, also ich habe nichts geändert oder so. Ich weiß, wie ich selber lerne, und so habe ich das gemacht."
> „... ich war meiner Strategie einfach treu geblieben."

Dies könnte ein Hinweis auf einen **Erfolgsfaktor von Free Movern** sein: eine **adäquate Lernstrategie** zu verfolgen. Genauso der Vorteil eines Studierenden, der **bereits ein Studium im Heimatland** absolviert hat, auch wenn es möglicherweise nicht anerkannt wird in Deutschland, wie bei Herrn S. der Fall, da er ein anderes Fach studiert, als im Heimatland (im Heimatland Germanistik, in Deutschland Sozialwissenschaften). Dennoch scheinen die folgenden Punkte wie: **Studienerfahrung zu haben**, den **Studienbetrieb, die fachlichen Herausforderungen und die Lernstrategien für ein Hochschulstudium zu kennen**, ein nicht unwesentliches Kriterium für Erfolg zu sein, wobei hier die Besonderheit hinzukommt, dass das togolesische Bildungssystem auch heute noch den westeuropäischen Maßstäben angepasst ist.
Bezüglich der **konkreten Lernstrategien** lernte Herr S. schon aus Gründen der Berufstätigkeit zu 90% im Selbststudium zu Hause und besuchte nur anwesenheitspflichtige Seminare bzw. fand sich nur bei gemeinsamen Re-

feraten zu Gruppenarbeiten zusammen. Auch andere Befragte waren wie Herr S. ebenfalls vom **Lernstil aus dem Heimatland** her eher gewohnt, **alleine zu lernen**:

> „Bei normalen Lernen für Klausur und so, ich habe zu 90 Prozent alleine gelernt, weil ich mich auch selber dabei wohler gefühlt habe. Ja, genau."

Wobei das für den deutschen Lernstil typische **Lernen in Lerngruppen** von den anderen Befragten durchgängig auch wahrgenommen und als positiv empfunden wurde. Hier in diesen **Arbeitsgruppen konnten dann auch Kontakte zu deutschen Studierenden** geknüpft werden.

Den anderen Befragten fiel es nach eigenen Schilderungen grundsätzlich eher leicht, Kontakte zu knüpfen, was als **weiterer Erfolgsfaktor** angesehen werden kann: die **Fähigkeit, Kontakte zu knüpfen**, die in der Persönlichkeit jedes Studierenden selbst liegt.

10.2. Schwierigkeiten zu Beginn des Studiums

Die **Schwierigkeiten zu Beginn des Studiums** konzentrierten sich darauf, **soziale Kontakte insbesondere mit deutschen Studierenden** zu knüpfen, die **Begegnung mit der deutschen zurückhaltenden und abwartenden Mentalität**, unschöne Erfahrungen bei der Bildung von Arbeitsgruppen in Seminaren. Das soziale Umfeld beschränkte sich auf bereits bestehende Kontakte zu afrikanischen ehemaligen Studienkollegen aus Togo und neue Bekanntschaften zu wenigen anderen ausländischen Studierenden.

Keine Probleme ergaben sich hinsichtlich der Lernstrategie und Lernkultur, wie oben ausführlich dargestellt. Hier wirkt sich auch das im Zuge der Kolonialgeschichte westeuropäisch geprägte Bildungssystem Togos aus in der Weise, dass die Studierenden nicht in ein völlig neues Bildungssystem eintauchen müssen bzw. die Anforderungen des deutschen Bildungssystems nicht neu für diese afrikanischen Studierenden sind.[89]

---

[89] Bei den anderen Interviewpartnern hatten eine/r auch bereits ein Studium im Heimatland abgeschlossen, ein/e weiterer/e hatte eher Probleme mit dem komplett anderen System, obwohl er/sie im Heimatland eine deutsche Schule besucht hatte, der/die dritte Interviewpartner/in musste durch das damals noch vorgeschriebene Studienkolleg, welches vom Schwierigkeitsgrad her gut auf das Studium vorbereitet hatte (Auswertung der anderen Interviews bei Köstler/Marks 2014).

11. Der Studienfortgang

Der Studienfortgang war geprägt von zunehmenden Arbeitsbelastungen während des Studiums, die auch Auswirkungen auf das Freizeitverhalten und bestehende soziale Netzwerke hatten. Diskriminierungserfahrungen werden insbesondere in Gruppenarbeitssituationen thematisiert.
Auch wird der Studienfortgang bzw. das Studienleben zwischen akademischen Anforderungen und lebensnotwendiger Erwerbsarbeit **zunehmend als Kampf** empfunden. Hier stellte sich für Herrn S. eine konkrete Entscheidung zwischen dem Studium und seinem sozialen Leben / Freizeit. Um sein Studium „zu retten" **löste er sich komplett von seinen bestehenden sozialen Netzwerken**, von seinen Freunden, mit denen er vorher die Freizeit verbrachte:

> „Genau, genau. Und das ... und dann war ich fast alleine, ich konnte nichts mehr und ja ... ich wollte sie nicht immer nerven. Ich wollte nicht immer der Schuldige sein, jedes Mal, der immer absagen muss, oder immer sagen, warte auf mich und so weiter. Und sie werden auch genervt und das wollte ich nicht. Also habe ich auf ... alles aufgegeben, das hatte erhebliche Folgen auf mich, aber es ging nicht anders, ja. So ... nur so konnte ich mein Studium retten. So war das."

Die Art der **Erwerbsarbeit**, eine **Aushilfstätigkeit auf Abruf mit Nachtarbeit ohne festen Dienstplan**, erwies sich als zunehmende Belastung sowohl für die Anwesenheit bei Vorlesungen und Übungen als auch für die Verabredung mit Freunden:

> „Wir sind ja Aushilfen und ja ... wir sind ja Abrufkräfte... Das war so schwierig für mich und das war Katastrophe ... manchmal bin ich an der Uni, dann sie rufen dich plötzlich an, du musst am Nachmittag einspringen, dann musst du alles aufgeben, schnell zur Arbeit fahren, das war ..."
>
> „... und dann war ich fast alleine, ich konnte nichts mehr und ja ... ich wollte sie nicht immer nerven. und ich wollte einfach nicht, dass dadurch unsere Beziehung irgendwie beeinträchtigt wird und deswegen habe ich einfach alles aufgegeben und habe gesagt okay, Leute, macht erst einmal alles ohne mich. Weil ich im Moment ... ich schaffe das einfach nicht und du weißt dann ... und so war das. War ein bisschen schwierig, aber ja, es geht nicht anders."
>
> „So ... nur so konnte ich mein Studium retten. So war das."
>
> „So war das. Das war ein Kampf, das war ein Kampf."

Die Dramatik der Situation spiegelt sich auch in der Sprache von Herrn S. wider, die die Eindringlichkeit zeigt in der wiederholten Aussage: „Das war ein Kampf, das war ein Kampf.", aber auch in der wiederholt beschriebenen Endgültigkeit ohne Ausweg: „So war das."

C. Die konkrete Auswertung und ausführliche Rekonstruktion eines Interviews

Grundsätzlich sind **viele Studierende neben ihrem Studium erwerbstätig**, dies kann sowohl positive (falls Erwerbsarbeit fachnah und berufspraktische Erfahrungen möglich) als auch negative Effekte (falls kein Bezug zum Fach oder zeitliche Zurückdrängung des Studiums) haben.[90] Problematisch wird es dann, wie bei Herrn S., wenn die Belastungen so hoch werden, dass die zeitlichen Anforderungen der Erwerbstätigkeit die Anwesenheitszeit im Studium beeinträchtigen und zeitlich so belastend sind, dass auch soziale Beziehungen leiden. Hier wäre auch ein Studienabbruch nicht auszuschließen gewesen. Was hat Herrn S. diese schwierige Situation meistern lassen? Die **Lösung vom sozialen Netzwerk**, mit dem die Freizeit verbracht wurde, von seinen Freunden, wurde von Herrn S. auch im Nachhinein **als einzige machbare Strategie** eingeschätzt, das Studium zu schaffen. Hier zeigt Herr S. eine **Stärke**, eine **Leidensfähigkeit** und **Durchhaltevermögen** sowie die **Fähigkeit, Konsequenzen in Beziehung auf eine Konzentration auf das Studium zu ziehen**, und die **negativen Folgen in sozialer Hinsicht** (Trennung von den sozialen Kontakten) **auszuhalten.**

Die anderen drei interviewten bildungsausländischen Studierenden scheinen hier unter etwas anderen Bedingungen ihr Studium finanziert zu haben, zwar teilweise auch durch Erwerbsarbeit, die aber aufwandsmäßig begrenzter war und zum Teil durch andere Finanzierungsquellen wie Studienkredite oder auch Heirat/BAföG substituiert werden konnte.[91]

11.1. Soziale bzw. kontextuelle Ressourcen bei der Bewältigung der Herausforderungen

Als unterstützende Ressourcen an der Universität wurden **soziale Kontakte zu einem Studienkollegen** als Schnittpunkt zur akademischen Welt und insbesondere **der Kontakt zu einem Mitarbeiter des Akademischen Auslandsamtes der Universität zu Köln** beschrieben. Gerade dessen Hilfe und **Menschlichkeit** in der Beratung habe einen großen unterstützenden Einfluss gehabt:

> „… später habe ich auch beim Akademischen Auslandsamt auch Herrn Korn zum Beispiel kennen gelernt. Der hat mir auch viel geholfen. Am Anfang kannte ich Ihn nicht und deswegen habe ich so viel gelitten, aber als ich ihn kennen gelernt habe, hat mir auch wieder viele Hinweise gegeben, viele Tipps

---

90 Vgl. Rehn u. a. 2011, insbesondere 19-27.
91 Konkrete Ergebnisse in Köstler/Marks 2014.

und hat mir geholfen und menschlich auch und ... das hat mich auch weitergebracht, ja."

Herr S. führt sogar einen Großteil seines Leidensweges während des Studiums darauf zurück, dass er Herrn K. erst spät, fast erst nach der Hälfte seines Studiums kennengelernt und dadurch erst spät Zugang zu dessen Unterstützung gehabt habe:

„Ja, das war irgendwann mal, als ich Stress hatte mit Ausländerbehörde, wegen Aufenthaltszettel und Verlängerung und sowas, genau ... ja, da haben sie mich auf ihn verwiesen. Und so habe ich ihn kennen gelernt. ... es war schon spät, ich hatte schon mit ersten zwei, drei Jahre schon gemacht ..."

Der **Kontakt zu Dozenten oder Mitarbeitern** wurde auf Nachfrage nicht als für ihn studienentscheidend angesehen. Gemeint ist hier, dass sie für die Probleme, mit denen Herr S. zu kämpfen hatte, nicht die richtigen Ansprechpartner waren:

„Es ist ja nicht so, dass sie nicht helfen wollten, aber sie waren einfach nicht die richtigen Ansprechpartner. ... Zum Beispiel Herr K., der ist ja Betreuer ausländischer Studierender, also der ist sozusagen der richtige Ansprechpartner für solche Fälle. ... was Ausländerbehörde angeht und so helfen, genau, das meinte ich, genau."

Denn bei Herrn S. seien während des Studiums **keine fachlichen Schwierigkeiten** aufgetaucht, und bei fachlichen Fragen fühlte er sich jederzeit **von Dozenten und Mitarbeitern gerne aufgenommen** und beraten und auch fair behandelt. Die Tatsache, dass Herr S. während seines Studiums keine fachlichen Probleme hatte, führt er zum Teil auch auf „Glück" an sich zurück und verknüpft es möglicherweise nicht bewusst mit seinen Leistungen und Anstrengungen, was man aus teilweisen Aussagen wie: „*... das Glück, dass ich keine richtigen Schwierigkeiten bei den Klausuren hatte. ...*" oder in späteren Äußerungen auf die Frage, wie er sich in Notlagen, in die er gerät hilft: „*Ja, also wie gesagt, ich hatte Glück...*" schließen könnte.

Wichtig erscheinen als **Erfolgsfaktoren** für Free Mover **insgesamt zwei bis drei Schlüsselkontakte** zu sein, die den Zugang zum akademischen Lernumfeld ermöglichen und dann, dass für konkrete Sorgen, also quasi für jedes Problembündel (Finanzen, fachliche Fragen, psychische Problem etc.), das natürlich von Individuum zu Individuum unterschiedlich ist, eine institutionelle Lösung greifbar ist. Oder, dass derjenige Free Mover sich ein **Netzwerk** geschaffen hat, das im Idealfall alle Eventualitäten und auftretenden Problembereiche abdecken kann. Hier ist er jedoch auch selbst gefragt, tätig zu werden.

C. Die konkrete Auswertung und ausführliche Rekonstruktion eines Interviews

Ebenfalls auf Nachfrage nach **kontextuellen Ressourcen wie Tandem-Partnerschaften oder Mentoring-Systemen** zeigt sich, dass Herr S. informell mit einer deutschen Studierenden, die er während des ersten Semesters kennengelernt hatte und die ein freiwilliges soziales Jahr in Afrika geleistet hatte und auch Interesse an der französischen Sprache hatte, einige Wochen ein privates deutsch-französisches Sprach-Tandem, unternommen hatte.
An **von der Universität organisierten Sprach-Tandems**, von denen er auch Kenntnis hatte, wollte Herr S. aus Zeitgründen nicht teilnehmen, da er erwartete, dass er auch wegen seiner zusätzlichen Erwerbstätigkeit Schwierigkeiten haben würde, die Termine wahrzunehmen und dies für ihn zusätzlichen Stress bedeuten würde. Zeitlich hätte es sich für ihn nach seiner Einschätzung nicht vereinbaren lassen:

> „Nein, ich hab zwar mitbekommen, dass es sowas gibt, aus Zeitgründen konnte ich nicht mitmachen. Weil wieder ... es wird wieder um Termine geben und wegen meiner Arbeit, ich werde das nicht unbedingt schaffen können, was wieder stressig für mich, deswegen habe ich alles, nein ... aufgegeben."

Von **Mentoring-Programmen** hatte er zu dieser Zeit noch nichts gewusst, und hätte sie als für sich persönlich auch nicht wirklich erforderlich eingeschätzt. **Für andere ausländische Studierende – eventuell nicht so erfolgreiche – oder Studierende mit anderen Problemen,** sieht er Unterstützungsmaßnahmen wie **Mentoring-Systeme** jedoch schon als **hilfreich** an:

> „Absolut, nicht unbedingt für mich, aber für andere Ausländer absolut, finde ich ganz gut, ja."

Dies könnte Indiz dafür sein, dass derartige **Programme eventuell nicht die problematischen Zielgruppen überlasteter Free Mover erreichen können**, da für diese eine Teilnahme und ein Informieren darüber eventuell von vornherein als zusätzliche Last empfunden wird und sie sich so für diese Programme gar nicht melden würden. Hier würde auch die in den **qualitativen Interviews aufgeworfene Frage** beantwortet werden, dass sich die mittelbaren Stakeholder selbst teilweise nicht sicher sind, ob sie mit ihren Aktionen die **relevanten Zielgruppen überhaupt erreichen**. Über eine **verpflichtende Teilnahme eventuell mit Belohnungssystem** wäre hier nachzudenken. Ausländische Studierende suchen so eventuell auch für sie sehr sinnvolle Programme und Einrichtungen wie Mentoring-Programme oder auch Internationale Hochschulgruppen gar nicht erst auf, weil sie zusätzlichen angenommenen Aufwand bzw. nicht einschätzbaren Aufwand und Stress bedeuten. Eine **Zugangshürde bzw. Barriere ist hier die eigene**

Einschätzung der Studierenden bzw. die zeitliche Kosten-Nutzen-Abwägung.
Angesprochen auf die **Internationalen Hochschulgruppen** seien diese zum damaligen Zeitpunkt an der Universität noch nicht so präsent gewesen. Inzwischen sei er aber über den Kontakt eines Freundes Mitglied in der afrikanischen Hochschulgruppe:

> „Damals, ich glaube das war nicht so ausgeprägt. Erst die letzte Zeit, also habe ich davon gehört und ich bin jetzt auch Mitglied von afrikanischen Hochschulgruppen. ... wegen meinem Stress, da hatte ich keine richtige Zeit, um auch dahin zu gehen, mich zu informieren, ... ich war selten an der Uni, sagen wir mal so genau. Das war vielleicht der Grund. Hätte ich vielleicht mehr Zeit gehabt, dann eventuell vielleicht hätte ich auch nachgefragt, weiß man nicht."

Fehlen würde seiner Meinung nach immer noch ein **Infopunkt in Nähe zu Vorlesungen**, Seminaren oder der Mensa bzw. eine **(virtuelle) Universitäts-Plattform, auf der sämtliche Informationen für ausländische Studierende schnell und aktuell abgreifbar** sind, denn (ausländische) Studierende würden an der Universität hauptsächlich Vorlesungen, Seminare und die Mensa aufsuchen, keine sonstigen Orte. Dies deckt sich mit Tinto 2012.

> „Wenn man Student ist, geht man in ... zur Vorlesung oder zum Seminar, oder in die Mensa mehr nicht. Da braucht man nur vielleicht ... einen Infopunkt, oder eine Universitäts-Plattform, wo man weiß, okay, es gibt das, das, das, das das. Aber wenn es das nicht gibt, ist das schwierig."

Er selbst schätzt den Zugang von ausländischen Studierenden zu auf sie zugeschnittenen Informationen immer noch als schwierig ein, einerseits da Werbemaßnahmen und Flyer an Orten ausliegen würden, die die ausländischen Studierenden nicht frequentieren, andererseits da ausländischen Studierenden häufig der Überblick fehle. Hier wäre es wichtig, **Informationen an die Orte zu bringen, an denen die ausländischen Studierenden sich sowieso schon aufhalten**. Dass sie nicht hingehen müssten, um sich zu informieren, sondern dass die Information zu ihnen kommt. Hier bestätigt sich wieder Tinto 2012.

Die **Informationsveranstaltungen zu Studienbeginn** seien zwar wichtig, aber zu viel auf einmal. Man sah damals für sich noch keinen Bedarf, fühlte sich noch nicht persönlich angesprochen, was bei einer **regelmäßigen Informationskette während des Studiums besser** wäre:

> „War zu viel, genau, zu stressig und hat man keinen Überblick und war schwierig. Und hätte man diese Information regelmäßig bekommen, dann, okay, wäre man irgendwann mal, okay, darauf gekommen und ..."

C. Die konkrete Auswertung und ausführliche Rekonstruktion eines Interviews

„was ist das eigentlich, oder was kann mir das bringen, hat man sehr wenig, weil man wollte noch Vorlesung, Klausur schreiben und bestehen. Das war erst einmal das Ziel. Ja, deswegen."

Mit diesem Druck, der Fokussierung auf das Studium und neben besonderen Erfordernissen zusätzliche Lernzeit aufwenden zu müssen, bleibt ausländischen Studierenden anscheinend wenig Zeit oder Möglichkeit übrig, bzw. wollen sie wenig Zeit dafür aufwenden, sich bezüglich Unterstützungsmaßnahmen zu informieren. Hier kann es durchaus zu **Fehleinschätzungen bezüglich des Nutzens von angebotenen Unterstützungsmaßnahmen** kommen.

11.2. Die Begegnung mit der Ausländerbehörde

Eine von Herrn S. als immens empfundene und **immer wiederkehrende Hürde und Belastung** während des Studiums, sei die erforderliche Vorstellung bei der Ausländerbehörde zum Nachweis und zur Verlängerung des Aufenthaltstitels. Dahinter stehen schon die Restriktionen, auch die finanziellen Voraussetzungen, einen Aufenthaltstitel überhaupt zu erhalten:

„Gleich zu Beginn, wenn man ankommt, als Ausländer, wenn man ankommt, hat man noch dieses normale Visum, das muss man hier also verän- ... verlängern lassen, oder umwandeln, um in den Aufenthaltszettel und da beginnt schon die Schwierigkeiten."
„Man bekommt jedes Jahr ein Jahr verlängert und danach muss man wieder verlängern lassen und dann muss man viele Unterlagen mitbringen. Mit Vertrag, Versicherungen, Finanzierung und alles. Und diesen Stress muss man mindestens 600 Euro auf den Konten haben und, und ... stellen Sie sich vor vielleicht, wenn Sie manchmal keine Unterstützung mehr bekommen, ist das schwierig, das heißt, Sie müssen irgendwie sorgen, dass Sie selber diese 600 Euro irgendwo herhaben. Auf dem Kontoauszug zu haben, haben Sie das nicht, drohen sie, Sie irgendwie nach Hause wieder auszuweisen. Also das ist schon sehr stressig."

Dies sei die erste Hürde in diesem Zusammenhang, also die vorläufige Aufenthaltsgenehmigung in eine längerfristige Aufenthaltsbewilligung umzuwandeln. Eine weitere und immer wiederkehrende Hürde sei dann die regelmäßige Vorstellung bei der Ausländerbehörde und der Nachweis der beständigen Erfüllung der Kriterien. Herr S. spricht hier nicht nur für sich, sondern bezieht auch die anderen ausländischen Studierenden ein, dies zeigt an, dass es sich um ein **durchaus globales Problem bei der ausländischen Studierendenschaft** handelt, was sich auch in Chardey 2013 bestätigt.

Teil II: Erfolgsfaktoren: Befragung erfolgreicher Bildungsausländer

„... Sie haben es einfach schwer, einen normalen Aufenthalt zu bekommen. Die Vor-Bedingungen sind zu, zu, zu viel und zu stressig ... und das ist schon die erste Hürde ... die erste große Hürde für ausländische Studierende. Das muss man sagen."

Bei diesen Behördenbesuchen hat Herr S. selbst immer wieder **konfliktäre Erfahrungen** gemacht, Erfahrungen eines als unhöflich und unfreundlich, hart und streng empfundenen Umgangs durch die Sachbearbeiter der Ausländerbehörden – was er auch generalisiert, dass diese wiederkehrende Erfahrung für viele ausländische Studierende gleichermaßen gelte. Er beschreibt **sogar körperlich spürbare Symptome der Angst, des Zitterns:**

„Und wenn man da hin geht, das ist einfach zu viel. Und die Leute, die da arbeiten, die sind auch meistens unhöflich, unfreundlich, das muss man auch deutlich sagen. Wenn man da hin geht, meistens zittert man, hat man Angst. Bekomme ich meinen Aufenthalt oder nicht. So ist das immer und das ist schwierig. Und das darf nicht sein, ich glaube, daran muss man was ändern. Also ganz ehrlich, das hat ... mir erfahren. Das machen wir immer noch heute. ... ich weiß nicht, warum das so ist, ich weiß nicht, ob das System so ist, oder ob das nur an den Sachbearbeitern liegt. Aber ganz ehrlich, das ist ein großes Problem."

„also definitiv, das wurde nie besser, das wurde nie besser. Und das kann ich Ihnen sagen und viele Ausländer würden Ihnen das Gleiche sagen. Da ist nichts besser geworden. Die sind so knallhart ... immer so..., knallhart und streng und ... diesen Druck, spürt man diesen Druck. Nach dem Motto, ... wenn deine Unterlagen nicht vollständig sind, dann bekommst du keinen Aufenthalt"

Diese negativen Erfahrungen im Umgang mit ihnen scheinen bei den ausländischen Studierenden insgesamt **Entmutigungsgefühle, Gefühle der Schutzlosigkeit, der emotionalen Kälte** zu wecken, die sie meist nicht dem behördlichen System (dem in einer Behörde herrschenden Gesprächsstil, Amtsstil) an sich zuschreiben, sondern auf ihre Person selbst beziehen. Auch ihre grundsätzliche Angst und der per se auf ihnen lastende Druck, der Erbringung der vollständigen Unterlagen, der Erfüllung der Kriterien für den Aufenthalt, wird so verstärkt.

Herr S. selbst thematisiert **Rückwirkungen dieses Umgangs auch auf das Studium**, auf ein generelles Gefühl der Entmutigung beim Absolvieren des Studiums, auf eine empfundene Benachteiligung deutschen Studierenden gegenüber, aber **auch als konkreten Grund, warum viele Studierende ihr Studium aufgegeben haben**, sie hätten diesem Druck der Ausländerbehörde nicht mehr standhalten können:

„... das, das ... wie wollen wir studieren? Wir wollen uns ausbilden, warum gibt man uns keine Chance, warum kann man uns nicht ermutigen? Das ist meine Frage, warum?"

C. Die konkrete Auswertung und ausführliche Rekonstruktion eines Interviews

> „Manchmal hat man einfach das Gefühl, dass man einfach nicht will, dass wir Ausländer hier studieren. Das Gefühl bekommt man. Ja, durch den Umgang mit uns."
>
> „... hat mehrfach den Eindruck, dass die Deutschen oder die Einheimischen ... es einfacher haben oder schneller Lösungen zu ihrem Problem haben ... oder finden, als wir und das ist auch der Fakt"
>
> „... das war schon eine große Hürde. Das war auch einer der Gründe ... der Gründe, warum viele aufgegeben haben. Dieser Druck von ... aus der Ausländerbörde. Weil sie irgendwann nicht mehr standhalten können"

Hier wird der **Schutzmechanismus** bzw. die Schutzabsicht, die **hinter dem Nachweis der Aufenthaltskriterien** stehen, nämlich einerseits die Hochschulen davor zu schützen, nicht mit ausländischen Studierenden überlastet zu werden, die für ein Studium in Deutschland nicht mit hinreichend ausreichenden Ressourcen ausgestattet sind, und andererseits die ausländischen Studierenden selbst vor einer das Studium auffressenden Erwerbsarbeit bzw. von vornherein drohendem und vermeidbarem Studienabbruch zu bewahren. Es wird **von den Studierenden selbst jedoch eher als Schikane, als Überbelastung und Hürde für ihr Studium umgedeutet**, das Verständnis für den Schutzsinn dieses Instruments für sie selbst fehlt hier möglicherweise. **Die Schwierigkeit für die Sachbearbeiter** in diesem Umfeld scheint darin zu bestehen, ihre Arbeit zu tun, aber dies mit einer gewissen spürbaren Wärme und Menschlichkeit. In einem so sensiblen und angstbesetzten Bereich **wären seitens der Ausländerbehörden große soziale Kompetenzen, auch Empfindsamkeit, emotionale Zuwendung und Mitgefühl im Umgang mit den ausländischen Studierenden gefragt**:

> „wir wissen, dass es das Gesetz da, aber sie könnten uns irgendwie moralisch ein bisschen helfen, in dem sie ein bisschen lockerer mit uns umgehen und freundlicher umgehen. Wenn sie uns schon kaputt machen, im Kopf her, dann ist man fertig. Nerven und zittert man immer. Warum muss das sein, wir haben schon genug Probleme, wir haben genug Stress. Mit Uni, mit Arbeit, mit Finanziellem und wenn Sie nochmal dahin gehen und dann die machen kaputt, stellen Sie sich vor."

Genauso wird kritisiert, dass die Mitarbeiter der Ausländerbehörden im Gegensatz zur erfahrenen Unterstützung durch Mitarbeiter anderer Behörden – wie beispielsweise des Akademischen Auslandsamtes der Universität zu Köln – keine Betreuungsarbeit und wirkliche Hilfe zur Problemlösung anbieten. **Das Menschliche, das ausländische Studierende im Umgang so dringend bräuchten,** fehle hier:

> I: „Also Betreuungsarbeit wäre wichtig." B: „Genau, das tun ... das tun sie nicht, diese menschliche ... das machen sie eben nicht. Und das ist das größte

Problem. Es ist ja nicht so, dass sie ... wir sagen ja nicht, dass sie uns Geld geben oder, aber dass ... muss man helfen, genau. ... Jeder hat Probleme, oder jeder bestimmte Probleme, aber wie können sie uns irgendwie helfen, diese Probleme zu lösen, das machen sie eben nicht. Sie versuchen uns kaputt zu machen, genau."
„Verstehen Sie mich jetzt? Genau darum geht es. Wenn Sie zu Herrn K. gehen, mit einem Problem, der hilft Ihnen. Der gibt Ihnen Hinweise, Beratung, Betreuung, das machen die Leute da nicht."
„Das ist der Unterschied. Die sagen einfach, okay, wenn deine Sachen nicht vollständig, okay, kriegst du keinen Aufenthalt. So, Punkt, knallhart. So geht das. Deswegen muss man immer zittern. ... hat man Angst."
„Wir sind Ausländer, wir kennen uns nicht unbedingt gut aus und wir brauchen diese Betreuung, diese menschliche auch."

Dem Punkt des Umgangs durch die Behörden wurde in der vorliegenden Auswertung viel Raum gegeben, da es auch während des Interviews einen langen zeitlichen Stellenwert einnahm und mit viel Emotionalität besetzt war.[92] **Ausländische Studierende nehmen einen behördlichen Gesprächsstil möglicherweise persönlich, anstatt zu abstrahieren. Hier spielt auch eine starke Angstübertragung mit.**
Die **Universität zu Köln** selbst **kann hier nur bedingt einwirken**. Obwohl eine wirklich gute, gelingende, vertrauensvolle und offene Zusammenarbeit bei Problemfällen und auch sonst von den mit ausländischen Studierenden befassten Institutionen an und um die Universität zu Köln herum gerade mit der Ausländerbehörde der Stadt Köln betont wird, scheint die Wahrnehmung der ausländischen Studierenden häufig eine andere zu sein. Möglicherweise liegt dies auch an gegenseitigem fehlenden Einfühlungsvermögen für die Aufgabe und Leistung des jeweils Anderen.
Als eine konkrete und wichtige Unterstützungsmöglichkeit durch die Universität wird von Herrn S. die **Etablierung einer Sondereinrichtung oder Sonderkommission innerhalb der Universität zu Köln für Notfälle bei ausländischen Studierenden** gesehen. Bisher müssten sich die ausländischen Studierenden seines Wissens nach bei Notfällen selbst helfen. Da er selbst nicht in einer derartigen Notlage war, kennt er auch nur Herrn K. vom Akademischen Auslandsamt der Universität zu Köln, der hier ein Ansprechpartner sein könnte.

---

92 Verwiesen sei hier auch auf zwei Arbeiten Chardeys, die diese Problematik eindrucksvoll schildern und beleuchten (vgl. Chardey 2013 und Chardey 2013b.).

C. Die konkrete Auswertung und ausführliche Rekonstruktion eines Interviews

„... oder eine Sonderkommission, dann Sondereinrichtung für solche Fälle. Das wäre ... das wäre etwas Großartiges. Das wäre super wichtig für uns, für die Ausländer ... ausländischen Studierenden."
„Einrichtung vielleicht, genau, für Betreuung oder für Beratung, für Notfälle zum Beispiel. ... es gibt viele Notfälle bei Ausländern, das ist die Realität. Und wenn wir ... so eine Einrichtung haben, oder wir haben bestimmte Ansprechpartner, wir wissen, okay, bei einem Notfall kann man sich an den, an den wenden, das wäre enorm wichtig für uns."
„... wenn man jetzt einen Notfall hat, ob man irgendwie Unterstützung bekommt, oder Hilfe, das weiß ich nicht genau. Und das meine ich, deswegen müssen wir einfach selber gucken, dass man sich irgendwie selbst hilft. Und das ist nicht gut."

12. Positive Erlebnisse an der Universität und in Deutschland

Angesprochen auf ein **positives Erlebnis auf diese emotional geschilderten negativen Erfahrungen hinauf**, ist die Antwort von Herrn S. eher genereller Art: „Positives Erlebnis? Ja, natürlich gibt es auch viele positive Erlebnisse, ja." Sein positivstes Erlebnis beschreibt er nicht in Bezug auf das Studium sondern in Hinsicht auf seinen **Eindruck vom Land Deutschland**, als er ankam: *„Okay, also natürlich, es ist nicht alles falsch. Das muss man auch deutlich sagen, kann man nicht alles schlecht reden. Es gibt auch sehr gute Sachen hier, die ich auch erlebt habe und die mir gefallen haben. Zum Beispiel, der allererste Eindruck, den ich bekommen habe, als ich angekommen bin, war das Land, also das Ganze. Die Architektur und wie das Ganze aufgebaut ist. Warum hat das mich so beeindruckt? Weil dieses Land das ... den Krieg kennen gelernt hat und total zerstört war vor ein paar Jahren. Und aber so schnell wieder aufgebaut wurde. Das war schon ... also etwas Beeindruckendes, das muss man sagen. Das sage ich immer wieder, das ist ein Markenzeichen von Deutschen, diese Fähigkeit, dieses Land wieder aufzubauen. Nach dem Krieg, also das ist schon ... etwas ganz Großes. Das sage ich immer wieder."* Er empfindet große Bewunderung und Respekt für die Fähigkeit der Deutschen, ein Land, das vom Krieg zerstört war, in relativ kurzer Zeit wieder aufzubauen. Dies zu sehen, habe ihn beeindruckt. Von der Situation der Geschichte her, Togo als ehemalige deutsche Kolonie, und seinem positiven Zugang dazu, ist bei Herrn S. eventuell auch daher eine gewisse Neugierde und ein Zugehörigkeitsgefühl übriggeblieben, sowie Respekt für die Fähigkeiten Deutschlands und auch die positiven Rückwirkungen der Kolonialzeit in seinem Heimatland Togo.

Konkret auf die Studiensituation bezogen, **geht Herr S. wieder von persönlichen positiven Erfahrungen weg,** schildert kein persönliches positives Erlebnis während des Studiums sondern geht zu einer mehr generalisierten Äußerung des **Respekts für die Universität zu Köln** als eine der besten und bekanntesten, berühmtesten Universitäten Deutschlands: *„An der Uni, ja so Uni ... Uni könnte ich sagen, eine der besten und bekanntesten, berühmtesten Unis Deutschlands."*
Herr S. scheint durchaus stolz zu sein, an der Universität zu Köln zu studieren und dies erfolgreich.

III. Die retrospektive Betrachtung der Lebensumstände und Faktoren, die vom Interviewten als maßgeblich für den Studienerfolg eingeschätzt werden

13. Retrospektive Betrachtung der Erfüllung von Erwartungen, die man über Deutschland hatte

Herr S. hatte sich vorher „erkundigt" und ein **Bild gemacht** von der deutschen Mentalität, über die kulturellen Unterschiede zum Heimatland: Afrika offen, Deutschland eher zurückhaltend. Trotz seiner realistischen Einschätzung der Unterschiede, hatte er **das Ausmaß der Differenzen nicht erwartet:** *„Und das habe ich auch hier bestätigt bekommen. Aber dass das so ... manchmal so extrem sein kann, das habe ich nicht erwartet."*
Das **tatsächliche Erleben in vielen Situationen** sowohl von Diskriminierungen (Universität, Arbeitsplatz) als auch des sozialen Umgangs miteinander, von der Einstellung dem Anderen gegenüber, hatte ihn überrascht:

> „auch die Einstellung, wie ... wie man mit dem anderen so umgeht, manchmal merkt man zum Beispiel, dass du nicht unbedingt erwünscht bist, an manchen Stellen oder in bestimmten Situationen. ... Zum Beispiel, wenn es zum Beispiel darum geht, so Gruppenarbeiten oder so zu machen, dann macht das bestimmt Deutsche, die mit dir einfach nicht zusammen arbeiten wollen. ... Vielleicht, weil sie Angst haben, dass du kein Deutsch kannst, dass du ihre Note vielleicht auch runtermachen wirst, zum Beispiel. Aber danach, wenn sie merken, dass du doch gut bist, dann kommen sie plötzlich auf dich zu. Und das fand ich damals unauthentisch, das hat mich genervt."

Insbesondere die schwierige Situation der **Zusammenarbeit in Arbeitsgruppen** wird hier thematisiert, und hier ein lediglich strategisches Interesse der deutschen Kommilitonen an Kontakten zu ausländischen Studierenden, das von **Vorurteilen** geprägt sei:

C. Die konkrete Auswertung und ausführliche Rekonstruktion eines Interviews

> „Genau, weil der Dozent sagt einfach, okay, bei meiner Veranstaltung, genau, sollte man vielleicht Dreier- oder Vierergruppen bilden und dann ... müssen sie, die Teilnehmer selber entscheiden, mit wem sie zusammen arbeiten, ... wenn sie nur zwei Ausländer sind, ihr merkt, keiner kommt zu euch. Das hat man erlebt, mehrfach.... Können Sie sich vorstellen, wie man sich dabei fühlt?"
> „das habe ich persönlich so gemerkt, ... sie haben Angst, oder sie denken, okay der ist Ausländer, der hat keine Ahnung, oder der kann kein Deutsch, das sind erst einmal diese Vorurteile"

Die direkte Frage an den Interviewer: „Können Sie sich vorstellen, wie man sich dabei fühlt?" appelliert direkt an dessen Vorstellungskraft und Einfühlungsvermögen. Auch hier kommt wieder die Gefühlsebene zum Tragen, eine Situation der Verletzlichkeit und der gegenseitigen Vorurteile zwischen deutschen und ausländischen Studierenden.

14. Die retrospektive Betrachtung der Herausforderungen während des Studiums in Deutschland

14.1. Finanzielle Probleme als die größte Herausforderung

Finanzielle Probleme werden von Herrn S. selbst als die **größte Herausforderung** bezeichnet. Das Leben in Deutschland stellt für afrikanische Verhältnisse eine Leistung einer fast unmöglichen Unterstützung durch die Familie im Heimatland dar und so war Herr S. gezwungen, das Studium durch Eigenarbeit mitzufinanzieren:

> „Genau, am Anfang haben die Eltern geholfen, aber irgendwann mal konnten Sie auch nicht mehr und das Leben in Deutschland ist richtig teuer und genau, aus afrikanischen Verhältnissen ist das zu viel und deswegen muss man selber irgendwie einen Nebenjob finden und das habe ich gemacht und durch Eigenarbeit habe ich das Studium irgendwie mitfinanziert. Ja, so war das."

Dies kann auch ein Grund dafür sein, dass viele ausländische Studierende schon in der Anfangszeit bzw. zu einem frühen Zeitpunkt ihr Studium abbrechen, was zu Zeiten der Studiengebühren ein noch verschärftes Problem darstellte:

> „Das ist sehr schwierig, also das ist schwierig. So einfach, ich kann mich erinnern, als ich das Studium begonnen habe, viele ... manche haben abgebrochen, weil sie nicht mehr konnten, weil damals mussten wir nochmal diese 700 Euro bezahlen, Studiengebühren, das war zu viel. Also im Jahr fast 1400 Euro nur an Gebühren und dann mit Versicherung und Lebensmitteln können Sie sich vorstellen, wenn man nur 90 Tage im Jahr arbeiten darf. Also das ist quasi

impossible, das war zu schwierig ... so schwierig. Aber zum Glück habe ich das irgendwie geschafft und ich habe mich aufgeopfert und ja ..."

Herr S. spricht selbst davon, dass es, im Nachhinein gesehen, eigentlich nahezu unmöglich war, diese starken finanziellen Engpässe, die auch an die Existenzgrenze gingen, zu überwinden. Dies war nur mit einer Haltung der Aufopferung seinerseits möglich.

14.2. Institutionell verankerte Exklusionsmechanismen

Daneben bestünden institutionell verankerte Exklusionsmechanismen. Einem ausländischen Studierenden war es **zu diesem Zeitpunkt erlaubt, 90 Tage im Jahr zu arbeiten,**[93] was wohl **teilweise nicht ausreichte, um den Lebensunterhalt zu finanzieren** und ihn von möglichen Finanzierungsquellen abschnitt. Auf der anderen Seite sind diese Regelungen aus einer **Schutzfunktion** heraus begründet, dass ein ausländischer Studierender ausreichend Zeit für sein Studium verwenden soll.

„90 Tage im Jahr arbeiten, als ausländischer Student. So war das. Das war ... das hat nicht immer gereicht, aber man versucht irgendwie sich zusammen zu reißen und damit man über die Runden kommen kann."

Hier wird ein **starkes Durchhaltevermögen**, ein „**sich Zusammenreißen um über die Runden zu kommen**" als Anforderung an die Person des Studierenden gestellt.

Aber auch die Tatsache, dass ein ausländischer Studierender in regelmäßigen Abständen **bei der Ausländerbehörde seinen Aufenthaltstitel nachweisen und verlängern lassen** muss, wird auch im Nachhinein als starkes Exklusionskriterium empfunden:

„Ich glaube, dass die administrativen Schritte ein bisschen besser sein könnten. Vor allem bei den Ausländerbehörden. Also das muss man deutlich sagen. Die ausländischen Studierenden, sie haben einfach Schwierigkeiten. Sie haben es einfach schwer, einen normalen Aufenthalt zu bekommen. Die Vor-... Bedin-

---

93 Dies hat sich mit der Neuregelung des Aufenthalts-Gesetzes ab August 2012 grundlegend geändert. Neben anderen Neuregelungen auch für ausländische Hochschulabsolventen können ausländische Studierende mit einer Aufenthaltserlaubnis zu Studienzwecken nach § 16 Aufenthaltsgesetz gegenüber bisher beispielsweise 90 Tagen nunmehr künftig 120 ganze oder 240 halbe Tage ohne Zustimmung der Agentur für Arbeit und der Ausländerbehörde neben ihrem Studium arbeiten (§ 16 Abs. 3 Aufenthaltsgesetz).

gungen sind zu, zu, zu viel und zu stressig und ... und das ist schon die erste Hürde ... die erste große Hürde für ausländische Studierende. Das muss man sagen. Und wenn man da hin geht, das ist einfach zu viel. Und die Leute, die da arbeiten, die sind auch meistens unhöflich, unfreundlich, das muss man auch deutlich sagen. Wenn man da hin geht, meistens zittert man, hat man Angst. Bekomme ich meinen Aufenthalt oder nicht. So ist das immer und das ist schwierig. Und das darf nicht sein, ich glaube daran muss man was ändern. Also ganz ehrlich, das hat mir mit- ... das hat mir erfahren. Das machen wir immer noch heute. Das ist einfach ... ich weiß nicht, warum das so ist, ich weiß nicht, ob das System so ist, oder ob das nur an den Sachbearbeitern liegt. Aber ganz ehrlich, das ist ein großes Problem."

„Die sind so knallhart ... knallhart und streng und ... diesen Druck, spürt man diesen Druck. Nach dem Motto, wenn du ... wenn alles nicht ... wenn deine Unterlagen nicht vollständig ist, dann bekommst du keinen Aufenthalt ... das, das ... wie wollen wir studieren? Wir wollen uns ausbilden, warum gibt man uns keine Chance, warum kann man uns nicht ermutigen? Das ist meine Frage, warum?"

„Hat mehrfach den Eindruck, dass die Deutschen oder die Einheimischen einfach ... es einfacher haben oder schneller Lösungen zu ihrem Problem haben ... oder finden, als wir und das ist auch der Fakt ... Das war auch einer der Gründe ... der Gründe, warum viele aufgegeben haben. Dieser Druck von ... aus der Ausländerbörde. Weil sie irgendwann nicht mehr standhalten können und ja ... wenn du keinen Aufenthaltszettel, dann kannst du nicht mehr studieren, du kannst nicht mehr arbeiten gehen und da ist das Studium futsch."

Hier werden stark die Unterschiede zu den deutschen Studierenden thematisiert und dass Menschlichkeit im Umgang mit den ausländischen Studierenden stattfinden sollte und nicht Entmutigung.

14.3. Zwischenmenschliche Beziehungen

Auch **zwischenmenschliche Kontakte zu bekommen** war eine Herausforderung. Am Anfang des Universitätsstudiums hatte Herr S. kaum Kontakte, es gelang ihm auch **eher Kontakte zu anderen ausländischen Studierenden** zu knüpfen. Die **deutschen Studierenden** scheinen schon zu Beginn des Studiums **eher Gruppierungen unter sich** zu bilden:

„An der Uni, also an der Uni ... am Anfang war auch ganz schwierig, hatte kaum Kontakte. Aber mit der Zeit, okay, habe ich versucht, einige zu Kontakte vor allem, einige andere ausländische Studenten auch und viele haben mir auch geholfen. Ich kannte einen aus Äthiopien, der hat mir sehr viel geholfen." ...
„Wir haben uns bei einem Seminar kennen gelernt, Seminar für Soziologie. Und da haben ... wir haben zusammen ein Referat gehalten und da haben wir uns kennen gelernt."

> „Ja genau, war Einführungswoche ... Ausländer, wir sind ja kleine Minderheit und bei so schwierig an die anderen Deutschen heranzukommen. Und das waren meine allerersten Erlebnisse, das war schwierig. Man merkt da selbst bei den Vorlesungen oder bei Seminaren, wenn man ankommt nach ein paar Tagen, merkt man, dass die Deutschen schon unter sich Gruppierungen bilden und die Ausländer irgendwie dastehen und das war schwierig diesen Anschluss zu finden. Ja, so ist das."
> „Schwierig, also bis jetzt kann ich Ihnen noch sagen, bis jetzt ich hatte keine ... ich habe ganz wenige Freunde, deutsche Freunde gehabt, während meiner Studium, bei meiner Studentenzeit. War sehr schwierig, eher mit Ausländern."
> „Und du kannst auch nicht dahin einfach gehen und dann sagen, nehmen Sie mich bitte auf, ich brauche Freunde."

Als wichtig stellt Herr S. heraus, **einige Menschen** sowohl unter den Studierenden als auch bei den Institutionen **als Schnittpunkte** gehabt zu haben als Hilfestellung zum Studium, als Verbindung zum akademischen Bereich und daneben einen guten Kontakt zu den Lehrenden:

> „Ja, also es gibt natürlich bestimmte Faktoren oder Menschen, die mir auch geholfen haben. Wie zum Beispiel der aus Äthiopien, den ich gerade erwähnt habe. Auch zum Beispiel hat mir viel geholfen, da konnte ich alles, was sie brauchen, Dokumentation selber besorgen und ja, das war mein Schnittpunkt sozusagen."
> „später habe ich auch beim Akademischen Auslandsamt auch Herrn K. zum Beispiel kennen gelernt. Der hat mir auch viel geholfen. Am Anfang kannte ich Ihn nicht und deswegen habe ich so viel gelitten, aber als ich ihn kennen gelernt habe, hat mir auch wieder viele Hinweise gegeben, viele Tipps und hat mir geholfen und menschlich auch und ... das hat mich auch weitergebracht, ja."
> „es war keine Dringlichkeit, wo ich eine Hilfe brauche und so weiter ... selbst bei meiner Bachelorarbeit, bei der Betreuung war auch ... war alles super gelaufen und der Professor war immer für uns da ... und für Fragen und ... ja, da kann ich mich nicht beschweren."

Problematisch war im Nachgang den **Kontakt zum privaten sozialen Umfeld**, zu den Freunden, zu halten innerhalb der zeitlichen Anforderungen zwischen Studium, Arbeitsplatz und Freizeit. Hier musste Herr S. sogar zugunsten des Studiums die sozialen Freizeitkontakte zeitweilig ganz abbrechen als seiner Meinung nach einzige Möglichkeit, das Studium zu schaffen:

> „Richtig, war schwierig, war schwierig. Zum Beispiel, wenn ich damals mit meinem Kumpel oder Freunde, so wir haben uns verabredet vielleicht, um etwas zu unternehmen oder so, aber am Vortag habe ich nachts gearbeitet zum Beispiel, manchmal einfach, schaffe ich das einfach nicht. Und sie werden genervt, sie genau ... und ich wollte einfach nicht, dass dadurch unsere Beziehung irgendwie beeinträchtigt wird und deswegen habe ich einfach alles aufgegeben und habe gesagt okay, Leute, macht erst einmal alles ohne mich."

C. Die konkrete Auswertung und ausführliche Rekonstruktion eines Interviews

„und dann war ich fast alleine, ich konnte nichts mehr und ja ... ich wollte sie nicht immer nerven. ... Also habe ich auf ... alles aufgegeben, das hatte erhebliche Folgen auf mich, aber es ging nicht anders, ja. So ... nur so konnte ich mein Studium retten. So war das."

15. Selbstzugeschriebene Stärken bei der Bewältigung der Herausforderungen

> **Was hat Herrn S. diese Herausforderungen bewältigen lassen?**
> **Welche persönlichen Eigenschaften und Stärken schreibt er sich dabei selbst zu?**
> **Was können andere ausländische Studierende daraus ziehen um selbst erfolgreich zu sein?**

Herr S. beschreibt hier eine/n

– Bereitschaft zur Selbstaufopferung, Bereitschaft Opfer zu bringen um quasi Unmögliches zu schaffen

> *„Also im Jahr fast 1.400 Euro nur an Gebühren und dann mir Versicherung und Lebensmittel können Sie sich vorstellen, wenn man nur 90 Tage im Jahr arbeiten darf. Also das ist quasi impossible, das war zu schwierig ... so schwierig. Aber zum Glück habe ich das irgendwie geschafft und ich habe mich aufgeopfert und ja ..."*

– persönliche Stärke des „nie Aufgebens"
– persönliche Stärke des „Kämpfens"
– realistische Sicht der Dinge, die auf einen zukommen im Rahmen eines Auslandsstudiums

> *„Ja, ich muss sagen, dass ich ... also, dass eine meiner Stärken ist, dass ich nie aufgebe. Das hat mir geholfen. Ich weiß, dass es schwierig ist, ich weiß, was auf mich zukommt und ich habe einfach gekämpft, ich habe gekämpft, ich habe auf alles andere verzichtet, auf Luxus verzichtet, ich habe mich nur auf Studium konzentriert und Arbeit und deswegen habe ich ... sonst hätte ich das nicht geschafft. Das war der Grund."*

– Konzentration auf das Ziel des Studiums
– Konzentration auf die Arbeit, die unerlässlich ist zur Finanzierung des Studienziels
– Verzicht auf Luxus, auf Privatleben

> *„Das meinte ich gerade, ich habe auf alles genau verzichtet, weil konnte ich nicht mehr vereinbaren, weil oft musste ich auch so Nacht arbeiten und am*

Teil II: Erfolgsfaktoren: Befragung erfolgreicher Bildungsausländer

> *Folgetag bin ich kaputt, kann ich nichts mehr unternehmen. Und das Studium (...?), du musst auch zur Uni, zur Vorlesung gehen und alles. Und das war einfach zu viel, deswegen habe ich gesagt, nein, kein Privatleben, kein Luxus mehr, nur Studium und Arbeit."*

- Verzicht auf soziale Kontakte, Freunde
- Fleiß und Konzentration auf das Lernen

> *"Ja, Zielstrebigkeit, fleißig, genau ... meine Zeit habe ich konzentriert auf Studium, ich gehe nicht mehr in die Disko oder so was. Nur lernen, lernen, lernen und ja ... Deswegen habe ich das geschafft, locker."*

- Zielstrebigkeit

> *"... wir konnten nichts mehr zusammen unternehmen, sie hatten auch die ... das gleiche Problem und deswegen über längere Zeit konnten wir uns nicht mehr sehen und so, weil wir da richtig beschäftigt waren und das war schon schwierig, das hat unsere Beziehung ein bisschen durcheinander gebracht."*
> *"also entweder oder. To be or not to be – deswegen habe ich gesagt, okay, ich mache das, ziehe das durch und ja."*
> *"Genau, und meine Zielstrebigkeit, genau und dies auch nicht aufgeben und ..."*

- Organisation des Lernens (Nachlernen versäumter Vorlesungen im Selbststudium, Anwesenheit nur zu anwesenheitspflichtigen Seminaren)

> *"ich habe oft die Vorlesungen versäumt, weil ich nachts gearbeitet habe. Zum Beispiel bei ... wenn eine Vorlesung um acht oder um zehn Uhr stattfindet kann ich einfach nicht hingehen. Ich komme nach Hause um sieben Uhr, also ich muss erst einmal ausschlafen, und das geht gar nicht mehr. Und was mache ich nachher, ich versuche einfach irgendwie später nachzuschreiben und einfach zu Hause zu lernen. So habe ich eigentlich studiert. Nur, ich gehe nur zu anwesenheitspflichtigen Seminaren zum Beispiel, ansonsten ... so war das."*

- Durchhaltevermögen.
- seine fachlichen Stärken werden auch von ihm selbst mit Zielstrebigkeit, Fleiß und Zeitkonzentration auf das Studium und das Lernen begründet

> *"ich gehe nicht mehr in die Disko oder so was. Nur lernen, lernen, lernen und ja ... Deswegen habe ich das geschafft, locker."*

- aber auch die guten Sprachkenntnisse als Grundlage für das fachliche Verstehen, Lese- und Lernfähigkeit v. a. bei Nicht-Anwesenheit in Vorlesungen und Seminaren

> *"... nicht unbedingt in der Vorlesung anwesend, ich kann schon später feststellen, worum es geht und wenn ich lerne, dann schaffe ich das auch."*

C. Die konkrete Auswertung und ausführliche Rekonstruktion eines Interviews

16. Externe bzw. kontextuelle Ressourcen bei der Bewältigung der Herausforderungen

Doch nicht nur persönliche Eigenschaften und Stärken haben Herrn S. sein Studium erfolgreich beenden lassen, sondern auch Faktoren in seiner Umwelt haben mit dazu beigetragen. Deutlich wird hierbei aus dem Interview insbesondere

– der soziale Kontakt zu einem Studienkollegen afrikanischer Herkunft, der dasselbe Fach schon einige Semester zuvor angefangen hatte, als „Schnittpunkt" zur akademischen Welt (hierdurch konnte Herr S. bspw. Dokumentationen versäumter Vorlesungen erhalten)
– der soziale Kontakt zu einem speziellen Mitarbeiter des Akademischen Auslandsamtes der Universität zu Köln
– die Menschlichkeit, die im Umgang mit diesem Mitarbeiter erfahren wurde über dessen Beratungsfunktion hinaus, der mitfühlende Umgang
– aber auch eine guter Kontakt zu und eine gute Betreuung durch die Lehrenden.

17. Versuch einer Charakterisierung von Herrn S.

Aus Teilstücken der Analyse heraus könnte man Herrn S. als Studierenden bezeichnen, der wenig Zeit an der Universität verbringt, zeitlich äußerst belastet ist durch zusätzlich erforderliche Erwerbsarbeit, und so auch wenig Zeit hat, sich über Angebote selbst zu informieren und viele Orte, an denen Werbung gemacht wird, möglicherweise gar nicht aufsucht. Hier könnte tatsächlich wie bei **Tinto 2012** dargestellt, der **„Classroom", sprich Vorlesungs- bzw. Seminarraum**, der adäquate Ort sein, an dem die Informationen verteilt werden müssten, um einen Großteil der Studierenden zu erreichen. Denn es gibt eine Vielzahl ausländischer Studierender, die von größerer Entfernung pendeln müssen, die zusätzlicher Erwerbsarbeit nachgehen etc.:

„…Tag der offenen Tür oder irgendwelche Veranstaltungen macht, um Leute darauf aufmerksam zu machen. Und dann kann man sogar einfach Ankündigungen in den Hörsälen machen zum Beispiel, dass … dass fände ich toll. Das fände ich toll. Ist besser auch (…?) in der Mensa Flyer verteilen, da nimmt man was, okay, es gibt sowas oder sowas hier."
„Richtig, das meine ich, so meine ich das. Als Ausländer hat man andere Sorgen, und kann man … hat man nicht unbedingt diese Zeit um selber zu gehen, da fragen, gibt es da… gibt es … das ist schwierig. Aber wenn man die Infor-

189

mation bekommt, dann sagt man, aha, gibt es sowas, wusste ich gar nicht. Dann macht man den Schritt, dann geht man gucken."

Insgesamt muss man feststellen und könnte man die Hypothese aufstellen, dass Herr S. **trotz eines Nicht-Teilnehmens an vorhandenen Hilfsprogrammen** (z. B. bezüglich Sprach-Tandems, die an der Universität angeboten wurden und ihm bekannt waren: *„Nein, ich hab zwar mitbekommen, dass es sowas gibt, aus Zeitgründen konnte ich nicht mitmachen"*) und anderen Unterstützungsmaßnahmen, die ihm unbekannt waren (z. B. die Hilfe durch die Internationalen Hochschulgruppen: *„Damals, ich glaube das war nicht so ausgeprägt. Erst die letzte Zeit, also habe ich davon gehört und ich bin jetzt auch Mitglied von afrikanischen Hochschulgruppen. ... wie gesagt, wie ich das gesagt habe, wegen meinem Stress, da hatte ich keine richtige Zeit, um auch dahin zu gehen, mich zu informieren, das war glaube ich ... ich war ... ich war selten an der Uni, sagen wir mal so genau"*) sein **Studium sehr erfolgreich** abschließen konnte.

Möglicherweise bedürfen **erfolgreiche Studierende**, die sich eine **adäquate Lernstrategie** erarbeitet haben, **Zugang zu den Skripten, Informationen und Netzwerken** besitzen und eine **starke Konzentration und Fokussierung auf das Studium** bis zur Selbstaufgabe und Aufgabe sämtlicher anderer sozialer Kontakte und Freizeitaktivitäten aufweisen, keiner zusätzlichen Unterstützungsprogramme durch die Universität. Diese Verkürzung ist natürlich so nicht möglich.

> *Dennoch, die Frage, die sich also grundsätzlich stellt, ist, können beispielsweise aufwendige Mentoring-Systeme wirklich die Defizite ausgleichen und wenn ja, für welche Studierendengruppen wären sie tatsächlich hilfreich?*
>
> *Haben nicht erfolgreiche Studierende andere persönliche Ressourcen, aus denen sie ihr Potenzial beziehen?*

Weiterhin kann Herr S. beschrieben werden als ein ausländischer Studierender, der **bewusst** sonstige universitäre Programme und Veranstaltungen **ausblendete**, ebenso sich selbst von seinen sozialen Freizeitkontakten abschnitt. Aber eben diese **Konzentration auf das für ihn Wichtige, die Priorität der Erwerbsarbeit und des Lernens für das Studium**, stellte eventuell den **entscheidenden Erfolgsfaktor in seiner Studien-Biographie** dar. Dennoch kann dieser Weg nicht verallgemeinert werden und bedarf sicherlich großer Kraft, Disziplin und Entbehrungen und auch psychischer

C. Die konkrete Auswertung und ausführliche Rekonstruktion eines Interviews

Widerstandskraft, quasi fast im Alleingang und abgeschnitten von sozialen Kontakten, seine Aufgaben zu bewältigen.
Blickt man auf die **anderen befragten Studierenden**, bestehen hier von der sozialen Grundsituation und Einbindung her Unterschiede, denn alle drei Befragten lebten während des Studiums mit ihrem/r Mann/Frau zusammen. Als **persönliche Erfolgsfaktoren** kann man oberflächlich durchaus auch die **Fähigkeit zum „Selbstlernen", Kontaktfreudigkeit, Zielstrebigkeit** und den **starken Willen, das Studium zu beenden** isolieren. Die anderen Interviewteilnehmer zeigten, genau wie Herr S., **gute deutschsprachliche Fähigkeiten**, die sie sich aber teilweise erst in Deutschland über Sprachkurse vor oder während des Studiums angeeignet hatten. Das damals verpflichtende **Studienkolleg** scheint ebenfalls nicht nur fachlich und sprachlich, sondern auch von den Kontakten her eine gute Startposition ins Studium geboten zu haben. Aber auch **hilfsbereite Kommilitonen** und **in der Verwaltung der Universität zu Köln angesiedelte Personen** scheinen durchaus eine Rolle gespielt zu haben.[94]

Ob und inwieweit erfolgreiche Free Mover an der Universität zu Köln solche und ähnliche Handlungsmuster bzw. persönliche Erfolgsfaktoren aufweisen, oder auch welche anderen Faktoren zum Gelingen des Studiums beigetragen haben, wäre in einer größeren Stichprobe zu überprüfen.

---

94 Genaue Auswertung der anderen Interviews bei Köstler/Marks 2014.

Teil III: Konklusion

> *Wie also kann das Studium besser gelingen? Bildungsausländer stehen im Spannungsfeld zwischen Persönlichkeitsfaktoren, inneren und äußeren Anforderungen, persönlichen und kontextuellen Ressourcen unter dem Dach der Universität.*

Sie stehen vor besonderen Bewältigungsherausforderungen im Rahmen ihres Studiums in Deutschland. Sie sind verortet an der Universität, bringen vielfältige Anforderungen mit, denen genauer auf den Grund gegangen werden muss, um angesichts bundesweit hoher Abbruchquoten adäquate und greifende Unterstützungssysteme seitens der Universitäten zu installieren. Wir verfolgen eine ressourcenorientierte Sichtweise: Welches sind die Erfolgsfaktoren von Bildungsausländern, welches die Problembereiche? Was ist von den Universitäten beeinflussbar bzw. gestaltbar, was nicht, was kann nur indirekt beeinflusst werden? Wo sind die Erfordernisse?

Die Kernfrage ist: *„Wie können die Universität zu Köln und andere Hochschulen ihre (bildungs)ausländischen Studierenden adäquater unterstützen, was sind die Problembereiche, was die Schutzfaktoren bzw. Erfolgskriterien?"*

Derartige **Erfolgsfaktoren** könnten dann auch **von Universitätsseite her gefördert werden**, soweit dies in ihrer Möglichkeit liegt. Man kann oder muss hier also unterscheiden bezüglich **von der Universität direkt beinflussbaren Faktoren** bzw. auch **nicht oder nur indirekt beeinflussbaren Problemlagen (vgl. Abbildung 5)**. Grundsätzlich kann ein von der Universität gestaltetes adäquates Unterstützungs- und Betreuungssystem durchaus Erfolgsfaktoren fördern und Problemlagen ausgleichen.

Abbildung 5: Direkt und indirekt durch die Universität beeinflussbare Problemlagen

Direkt beeinflussbar von der Universität zu Köln sind
– das akademische Umfeld und die Fachebene, also bspw. auch die deutschsprachlichen Kompetenzen der bildungsausländischen Studierenden.
Die Universität kann unserer Ansicht nach grundsätzlich auch auf
– individuelle und personale Kompetenzen, Potenziale und Ressourcen (beispielsweise über die Bereitstellung von Angeboten zum interkulturellen Kompetenzerwerb, Coaching-Angeboten etc.)
– und die kontextuellen Ressourcen (beispielsweise über Vergemeinschaftungshilfen zum Zugang zu sozialen Netzwerken)
– die Studienvoraussetzungen (durch adäquate Informationen über die Anforderungen und Probleme eines Hochschulstudiums in Deutschland schon im Heimatland der Studierenden)
– die Studienbefähigung (früher durch Propädeutikum, jetzt durch Vor- oder Pre-Semester, Sprachprüfungen, Auswahlverfahren)
einwirken.
Nicht beeinflussbar oder nur indirekt beeinflussbar von der Universität sind
– Probleme mit der Arbeitserlaubnis
– Probleme mit der Aufenthaltsgenehmigung
– Erlebensfaktoren (sowohl kulturelles Klima - aber auch nicht zu unterschätzend – wetterbedingte klimatische Unterschiede), das tatsächliche Erleben von äußeren Einflüssen
– die familiäre Situation
– eine problematische Lebenssituation
– persönliche Faktoren wie die Adaptionsfähigkeit, Erlebensfaktoren s. o. (möglicherweise nur über interkulturelle Sensibilisierung)
– Größe und Ausmaß der Unterschiedlichkeit zum Heimatland, Mentalitätsunterschiede
– emotionale Beziehung, die der Studierende zu Deutschland hat (deutsch-affines Klima im Herkunftsland)
– seine Zuschreibung hinsichtlich des Wertes von Bildung
– eine prekäre finanzielle Lage (teilweise durch Fonds, Stiftungen, „Notfallgelder", durch Bekanntmachung aller Finanzierungsmöglichkeiten)
– die Situation mit der Ausländerbehörde (bedingt beeinflussbar)

Quelle: eigene Darstellung, vgl. auch Rech 2012, 80-87[95]

Grundsätzlich differenzieren wir zwischen individuellen bzw. **persönlichen Kompetenzen**, Potenzialen und Ressourcen (**Persönlichkeitsfaktoren**) so-

---

95 Wobei wir hier z. T. Rech widersprechen und manche Problembereiche als bedingt beeinflussbar statt nicht beeinflussbar sehen.

Teil III: Konklusion

wie **kontextuellen Ressourcen (Kontextfaktoren)** und **sonstigen Rahmenbedingungen**. Unter persönliche Kompetenzen fallen bspw. Kontaktfreude, adäquate Bewältigungsstrategien, psychische Widerstandsfähigkeit; kontextuelle Ressourcen sind beispielsweise die Ausstattung mit finanziellen Mitteln, die Integrationssituation, soziale Kontakte zu Studienkollegen, zu Mitarbeitern der Universität und universitätsexternen Institutionen. Sonstige Rahmenbedingungen beinhalten bspw. Exklusionsmechanismen, adäquate Unterstützungsmaßnahmen aus dem universitären Umfeld wie Tandem- oder Mentoring-Systeme, unterstützende Netzwerke, Internationale Hochschulgruppen etc.

Insgesamt ist ein größeres Augenmerk auf **Prävention vor problematischen Belastungssituationen** zu legen durch Gestaltung eines fördernden und unterstützenden Umfeldes und durch den Wechsel von einer problemzentrierten Sichtweise hin zu einer ressourcenorientierten Betrachtung (vgl. auch Stemmer 2013, 254). Hier gehen wir konform mit Swail, dessen Augenmerk in der US-amerikanischen Forschung **ressourcenorientiert auf die Erfolgsfaktoren und den Verbleib an der Universität statt problemorientiert auf Studienabbrüche** gerichtet ist (vgl. hierzu Swail´s Modell über den studentischen Verbleib und Erfolg, das zwischen sozialen, kognitiven und institutionellen Einflussfaktoren unterscheidet).[96] Dennoch müssen Problemfaktoren identifiziert sein.

In der Konklusion schlagen wir nachfolgend einen **Bogen von Problemfaktoren risikobehafteter Bildungsausländer hin zu Erfolgsfaktoren erfolgreicher Bildungsausländer und möglichen Schlüssen für die Universität**.

Bei den ausländischen Studierenden finden **Prozesse der Akkulturation** statt, die gelingen können oder auch nicht. Es geht um die Frage:

> *„Wie eignen sich die Studierenden die fremde kulturelle Lebens- und Studienumwelt an, mit welchen Anforderungen werden sie konfrontiert, welche Adaptions- oder Copingstrategien bzw. Ressourcen haben sie zur Bewältigung dieser Anforderungen zur Verfügung?"*

Im interkulturellen Kontakt spielen **Empfindungen, emotionale Einflüsse**, aber auch der **Zeitfaktor** eine Rolle. Inwieweit Akkulturationserfahrungen zu **Stresserleben** führen, hängt, zurückgehend auch auf das generelle **Rahmenmodell zur Analyse von Akkulturation von Berry 1997**, u. a. von

---

96 Vgl. Swail/Redd/Perna 2003.

Moderatorvariablen wie der Erfahrung sozialer Unterstützung, kultureller Distanz aber auch anderen individuellen Faktoren wie Sprachkompetenz, Einstellung, Coping-Strategien etc. ab.[97] *Aus unserem biographisch-episodischem Interview hat sich bestätigt, dass neben finanziellem Gelingen und der Überwindung von administrativen Hürden gerade die Sprachkompetenz, aber auch persönliche Ressourcen und Fähigkeiten wie Durchhaltevermögen bzw. Copingstrategien*[98] **sehr wichtig für den Erfolg** gewesen zu sein scheinen. Aber auch die Fähigkeit, effektiv zu kommunizieren und hilfreiche Kontakte zu schließen, scheint nicht unwesentlich gewesen zu sein.[99]

Betrachtet man die **Akkulturationsprozesse,** ist fraglich, **innerhalb welcher Zeit überhaupt eine Adaption** stattfinden kann. Bei der Länge des Studiums durch die verkürzten Bachelor- und Masterstudiengänge ist der Zeitfaktor sehr eng und möglicherweise braucht eine Adaption der Lebens- und Studienumwelten durch die ausländischen Studierenden einfach mehr Zeit. Hinweise hierfür finden sich in den biographischen Interviews, in denen die Interviewpartner von einem tatsächlichen „**Ankommen**" erst nach etwa zwei Jahren sprechen. Hierfür scheinen zunehmend gerade auch **weiche Faktoren wichtig,** wie **emotionale Wärme,** ein **Wohlfühlen.** Wie bedeutend derartige Faktoren sind, zeigt sich schon darin, dass ein **erfolgreicher Free Mover** explizit sein Leiden darauf zurückführt, dass er eine bestimmte, menschlich sehr zugewandte Kontaktperson bei einer ausländische Studierende unterstützenden Behörde an der Universität nicht schon früher kennengelernt hatte: *„später habe ich auch beim Akademischen Auslandsamt auch Herrn K. zum Beispiel kennen gelernt. Der hat mir auch viel geholfen. Am Anfang kannte ich Ihn nicht und deswegen habe ich so viel gelitten, aber als ich ihn kennen gelernt habe, hat mir auch wieder viele Hinweise gegeben, viele Tipps und hat mir geholfen und menschlich auch und ... das hat mich auch weitergebracht, ja."* Gerade die **Menschlichkeit** und emotionale Wärme im Umgang mit den ausländischen Studierenden erscheint essentiell und **wirkt sich** vielleicht in einem höheren Maß als angenommen auch **auf deren Wohlfühlen im akademischen Umfeld und auf**

---

97 Vgl. auch Zick 2010, 98-99.
98 Zu Coping als zentraler Fähigkeit eines gelingenden Akkulturationsprozesses vgl. Zick 2010, 152 und die dort angegebene Literatur. Bzw. auch zu Akkulturation und Coping ebenda, 198.
99 Vgl. auch Zick 2010, 152.

Teil III: Konklusion

den **Studienerfolg** aus. *Einem Gefühl der Isolierung im fremden Umfeld ist auf jeden Fall entgegenzuwirken.* Hier wird man am ehesten über **Tutoren- und Mentorensysteme sowie Coachingangebote** herankommen, da im direkten persönlichen Kontakt und Austausch mit dem ausländischen Studierenden derartige **Wertschätzungen** vermittelbar sind, wie wir auch weiter unten ausführen werden. Und dies dann über eine **verpflichtende Teilnahme**, um zu verhindern, dass aufgrund von Zeitmangel oder Fehleinschätzungen den ausländischen Studierenden, die es gerade benötigen, ein derartiges Programm nicht zugute kommen kann.

Auch zu beachten ist, dass sich sowohl durch die Gesetzgebung (beispielsweise Ausweitung der möglichen jährlichen Arbeitstage für ausländische Studierende), der Rahmenbedingungen (z. B. Umstellung auf Bachelor und Master) als auch durch die Veränderung der Persönlichkeit der internationalen Studierenden **ständig neue Erfordernisse, Probleme und Erwartungen** ergeben können bzw. möglicherweise schon Lösungen impliziert sind.

A. Bildungsausländer, und darunter gerade die Free Mover, als Problemgruppen an der Universität zu Köln identifiziert

Aus den qualitativen Befragungen in Teil I unserer Studie hat sich ergeben, dass **Bildungsinländer** fast nicht in den Beratungen auftauchen, und falls doch, jedenfalls nicht als solche identifiziert werden. Hier könnte man einwerfen, dass möglicherweise die befragten Stellen (universitätsexterne und universitätsinterne Beratungsstellen wie: Hochschulgemeinden, Abteilungen des Kölner Studentenwerks und Abteilungen des Akademischen Auslandsamtes) nicht die originären Anlaufstellen für Bildungsinländer bzw. für deren Problematiken sind. Möglicherweise haben Bildungsinländer andere Problematiken als Bildungsausländer, beispielsweise neben Finanzierungsfragen akademische Probleme auch wegen der Herkunft aus häufig nicht bildungsorientierten Elternhäusern. Falls sie eher akademische Probleme hätten, müssten sie mehr in den Fachberatungen auftauchen, d. h. von den Lehrstühlen, Dozenten etc. wahrgenommen werden bzw. kämen gar nicht in die Beratungen oder würden ihr Studium gleich aufgeben.

Dieses Bild scheint sich, wenn man Köstler/Marks 2014 folgt, die die mehr fachlichen Stellen (Studiendekane, Zentren für Internationale Beziehungen an den Fakultäten, Fachschaften etc.) befragt haben, jedoch auch nicht zu

bestätigen, auch hier scheinen Bildungsinländer in den Beratungen unterrepräsentiert. Auch dort *„präsentiert sich die Gruppe der Bildungsinländer als eher unsichtbar"*, die Bedarfslagen von Bildungsinländern werden teilweise denen deutscher Studierender gleichgesetzt.
Dennoch, ein anderer Grund dafür, dass **Bildungsinländer** nicht in den Beratungen auftauchen, könnte sein, dass einige Unterstützungsangebote explizit für ausländische Studierende angeboten werden und sich Bildungsinländer gar nicht als Ausländer fühlen, da sie ja auch das deutsche Schulsystem durchlaufen haben und so schon vom Selbstverständnis her möglicherweise nicht an derartigen Veranstaltungen teilnehmen. Dies spräche grundsätzlich für Veranstaltungen, die für alle verpflichtend sind, bzw. für die Öffnung auch für andere Studierendengruppen, damit keine Diskriminierung oder Selbstdiskriminierung bzw. eine (Selbst)**Exklusion** der Studierenden eintritt.
Bleiben wir bei den **Bildungsausländern als unsere Zielgruppe**. Insgesamt konnten wir also durch die gelaufenen Befragungen die Bildungsausländer als problematische Gruppe einkreisen und hier **gerade die Free Mover** unter ihnen, die ihr Studium selbst organisieren und teilweise auch finanzieren.

B. Free Mover an der Universität zu Köln – eine Black Box

Insgesamt scheint sich herauszukristallisieren, dass gerade die Free Mover an der Universität zu Köln sich in einer schwierigen Lage befinden. Die **Free Mover an der Universität zu Köln** stellen derzeit noch eine **Black Box** dar **(vgl. auch Abbildung 6).**
Unter den **problematischen Free Movern** an der Universität zu Köln scheinen **im Kern zwei Gruppen** vorhanden zu sein: einmal wirklich **dramatische Fälle**, deren Ursachen auch in einem Unterschätzen der Lebens- und Studiensituation in Deutschland liegen, die eventuell aus anderen Studienmotiven nach Deutschland gekommen sind, die auch starke finanzielle Probleme aufweisen und die die Universität zu Köln mit einer gezielten Auswahl schon in deren Heimatland vor dieser Lage möglicherweise bewahren könnte.
Auf der anderen Seite eine Gruppe von ausländischen Studierenden mit vielfältigen Problemen, die zwar einer speziellen Unterstützung bedürfen, aber die bei einer guten Unterstützung die Chance haben, ihr Studium erfolgreich zu beenden. Allgemein wird beispielsweise das **Programm „Stu-**

Teil III: Konklusion

dienstart International" der Universität zu Köln hier als sehr gut geeignet angesehen, für diese Zielgruppe eine Hilfe zu sein.
Demgegenüber tritt die **Gruppe durchaus erfolgreicher Free Mover** zum Vorschein, denen es gelingt, trotz aller Herausforderungen ihr Studium erfolgreich zu beenden.[100] **Erfolgreiche Bildungsausländer** stellen sich als mental stark dar, mit wenig oder keinen akademischen Problemen. Die Problematiken bestehen mehr in Notlagen, interkulturellen Problemen, Einsamkeit, fehlendem Kontakt zu deutschen Studierenden etc. Auf der anderen Seite kann eine Unterstützung bildungsorientierter Elternhäuser sich schnell in Druck äußern: Druck schneller zu studieren etc., Bildungsdruck. Aber es bestehen auch grundsätzliche kulturelle Unterschiede zu Deutschland, familiär-kulturell ethnische Unterschiede, bspw. eine moralische Verpflichtung vieler bildungsausländischer Studierender der Familie im Heimatland gegenüber, teilweise für die Familie auch finanziell zu sorgen.

Was sind also die entscheidenden Problem- bzw. Erfolgsfaktoren?

---

100 Esser 2010 weist gerade auch auf die besondere Belastung und soziale und psychische Verfasstheit bildungsausländischer Studierender hin, die vor den Hintergründen häufig schwieriger Erlebnisse in der Vergangenheit, Sorgen um Angehörige und allgemeinen sowie Studien-Problemen in Deutschland dennoch erfolgreich in Deutschland ihr Studium absolvieren (vgl. Esser 2010, insbesondere 17; 25ff).

Abbildung 6: Free Mover an der Universität zu Köln als Black Box

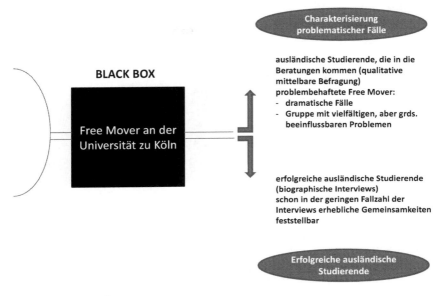

Quelle: eigene Darstellung

C. Häufige Studiensituation von Free Movern an der Universität

Um zu sehen, wie problematische Fälle ausländischer Studierender, die in die Beratungen kommen, charakterisierbar sind bzw. welche Erfolgsfaktoren erfolgreiche ausländische Studierende möglicherweise im Gegensatz dazu aufweisen, wenden wir uns zuerst der für beide Gruppen geltenden häufig angespannten Studiensituation zu.

Aus der Vorrecherche, aber auch aus den Befragungen während des Projektes kristallisiert sich eine relativ typische Studiensituation von Free Movern an der Universität heraus (**vgl. nachfolgend Abbildung 7**). Über die Studienphasen wirken besondere Risikofaktoren als auch Akkulturationsprozesse in unterschiedlicher Ausprägung ein, die bildungsausländischen Studierenden stehen diversen Bewältigungsherausforderungen gegenüber.

Teil III: Konklusion

Abbildung 7: Häufige Studiensituation von Free Movern an der Universität

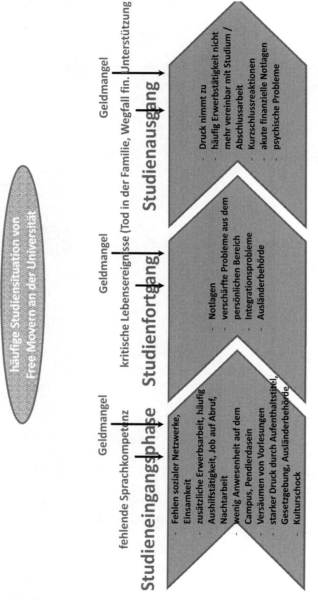

Quelle: eigene Darstellung

D. Kritische, risikobehaftete und von Studienabbruch bedrohte Free Mover

> *Hier ist dann die Frage, welche Resilienzfaktoren und Ressourcen besitzen die ausländischen Studierenden, um mit diesen Belastungen fertig zu werden?*
> *Wo liegen die Problembereiche kritischer, von Studienabbruch bedrohter Bildungsausländer?*
> *Was macht einen erfolgreichen bildungsausländischen Studierenden aus?*

D. Kritische, risikobehaftete und von Studienabbruch bedrohte Free Mover – Problemfaktoren

Aus unseren qualitativen Befragungen mittelbarer universitärer und universitätsnaher Einrichtungen kann das Bild bzw. die **Beschreibung eines kritischen, von Studienabbruch bedrohten, risikobehafteten ausländischen Studierenden** abgeleitet werden, denn in den Beratungen tauchen hauptsächlich nur diese Problemfälle auf.

a) Kritische Vorfaktoren aus der Vorstudie (Stemmer 2013):

Für Bildungsausländer gelten möglicherweise **andere Studienabbruchgründe als für deutsche Studierende oder Bildungsinländer.**[101] Bereits in der Vorrecherche zum Projekt wurde versucht, eventuelle spezielle **kritische Vorfaktoren von bildungsausländischen Studierenden** zu identifizieren, da diese die höchste Studienabbruchrate unter den Studierenden aufweisen.

---

101 Studienabbruchgründe und Risikofaktoren über alle Studierenden waren bereits Gegenstand einiger Untersuchungen und sind in Stemmer 2013 insbesondere auf den Seiten 85-90 zusammengetragen. Vgl. auch die dort angegebene Literatur.

Teil III: Konklusion

In der Literatur werden bisher die folgenden **Gründe für eine verschärfte Situation** angenommen:[102]

- die persönlichen Studienvoraussetzungen,
- möglicherweise das Nicht-Erfüllen der Studienanforderungen für ein Studium in Deutschland,
- die fehlende Anerkennung von Studienleistungen,
- Schwierigkeiten beim Erhalt einer Aufenthaltsgenehmigung und Arbeitserlaubnis,
- **eine häufig finanziell angespannte Lebenssituation, die von zusätzlicher Erwerbsarbeit geprägt ist,**
- **unterschiedliche Herkunfts- und Bildungstraditionen (Lehr- und Lernkultur),**
- **fehlende familiäre Netzwerke in Deutschland als Studienland,**
- **ungenügende Deutschkenntnisse und Kommunikationsprobleme,**
- **die Integrationssituation**
- **bzw. das Fehlen sozialer Einbindung.**

Auch aus unseren qualitativen Befragungen heraus zeigen sich Belege insbesondere für die letzten sechs Punkte.

b) Problemfaktoren – Daten der qualitativen Stakeholder-Befragung:

Kritische bzw. von Studienabbruch bedrohte **Free Mover, die in die Beratungen kamen** oder mit den befragten Einrichtungen in Kontakt kamen und von ihnen als kritisch identifiziert wurden, wiesen hauptsächlich die folgenden Problemfaktoren in Studium und Alltag auf:

- **eine allgemeine persönliche Grundproblematik bzw. Ausgangssituation** (Erwerbstätigkeit neben dem Studium, i. d. R. Abrufjob, das sich Befinden in einer echten Notlage, Probleme mit der Symbolik und den wissenschaftlichen Arbeitstechniken, müssen nebenbei mehr Zeit zum Lernen investieren als andere Studierende, stehen in irgendeiner Weise unter Druck aus dem Heimatland, haben verschärfte Probleme aus dem

---

102 Vgl. nachfolgend insbesondere Stemmer 2013, 91-92. Es wird dort insbesondere auf DAAD (Hrsg.) 2011, Heublein u. a. 2012, Heublein/Sommer/Weitz 2004 sowie Kröger 2011 Bezug genommen.

persönlichen Bereich, leiden unter traumatischen Erlebnissen aus der Vergangenheit, befinden sich in einer Situation des Kulturschocks),
- **Probleme bei der Wohnungssuche** (keine Möglichkeit von Elternbürgschaften, Wohnung häufig außerhalb des universitären Umfeldes aufgrund geringer finanzieller Möglichkeiten, Pendlerdasein),[103]
- **finanzielle Notlagen** als größte Schwierigkeit,[104]
- **Nichtvereinbarkeit von Studium und Erwerbstätigkeit,**
- **Sprachbarriere** (häufig keine ausreichenden Deutschkenntnisse, deutsche Sprachfähigkeiten zu Beginn des Studium sogar meist besser, Verschlechterung während des Studiums, Folgen: Probleme in Klausuren, in der Kommunikation mit deutschen Kommilitonen, in Alltagssituationen – hier insbesondere Probleme von Masterstudierenden aus englischsprachigen Studiengängen, auch bei der Kommunikation mit der Ausländerbehörde),[105]
- **Probleme der Eingewöhnung in ein neues Studiensystem** bzw. interkulturell bedingte **Probleme mit der Lehr- und Lernkultur**. Schwierigkeiten mit der **Orientierung im Studiensystem** an der Universität zu Köln scheinen hier manchmal trotz diverser Unterstützungsmaßnahmen stattzufinden.[106] Hier könnte ein immer wieder angesprochenes Zentrum für Internationales sowohl intern als auch extern für eine nötige Orientierung an einer Massenuniversität wie der Universität zu Köln sorgen.

---

103 Was durchaus auch mit den Befunden meist quantitativ erhobener Analysen korrespondiert. Stark zunehmende Probleme schienen bildungsausländische Studierende 2012 mit 42% in Gegenüberstellung zu 2009 (31%) mit der Zimmer-/bzw. Wohnungssuche zu haben, so die quantitativ ermittelten Daten der 20. Sozialerhebung des Deutschen Studentenwerks: vgl. Apolinarski/Poskowsky 2013, insbesondere 47-48.
104 Finanzierungsprobleme scheinen auch bundesweit nach wie vor zu den größten Problemen von Bildungsausländern zu gehören (39%): vgl. Apolinarski/Poskowsky 2013, 47-48.
105 Wiederum haben bildungsausländische Studierende nach Daten der 20. Sozialerhebung des Deutschen Studentenwerks auch zunehmende Probleme mit der Verständigung in deutscher Sprache: 32% in 2012 gegenüber 28% in 2009: vgl. Apolinarski/Poskowsky 2013, 48.
106 In der 20. Sozialerhebung des Deutschen Studentenwerks hatten bildungsausländische Studierende auch 2012 Schwierigkeiten mit der Orientierung im Studiensystem auf einem gleichbleibend hohen Niveau um die 40%: vgl. Apolinarski/Poskowsky 2013, 47-48.

Teil III: Konklusion

- Probleme der **Integration** und Beziehung zu Kommilitonen, insbesondere fehlender Kontakt zu deutschen Studierenden,[107]
- **interkulturelle Schwierigkeiten und Missverständnisse auch im akademischen Umfeld** (critical incidents),[108]
- **psychische Probleme:** den von unseren Befragten als kritisch geschilderten Bildungsausländern gelingt es offenbar nicht ausreichend, mit finanziellen Problemen, Druck, Isolation und Einsamkeit umzugehen (Resilienzfaktoren),
- **familiär bedingte Schwierigkeiten** und Druck aus dem Heimatland (Erwartungen hinsichtlich Studiendauer und Studienerfolg, familiäre Notlagen wie Krankheit oder Geldprobleme, Verantwortungsgefühl der Familie gegenüber),
- **starke Ängste und Probleme mit der Ausländerbehörde,**[109]
- Hinweise fanden sich auch auf **Studienvoraussetzungen**, d. h. bezüglich der Studierfähigkeit eine nötige realistische Einschätzung dessen, was auf einen zukommt; hier bestehen Fehleinschätzungen der problembehafteten Studierenden selbst über die Anforderungen eines Studiums in Deutschland sowohl in Hinsicht auf das Studium als auch auf die Lebenswelt; z. T. handelt es sich um vom Elternhaus vorgezeichnete Bildungskarrieren.

Nicht nachgewiesen werden konnten bzw. keine Hinweise fanden sich in unseren Interviews für einige andere Faktoren, die aus meist quantitativen Analysen als die entscheidenden Probleme von Bildungsausländern eingeschätzt werden, wie:

- **fehlende Studienmotivation** (z. B. mangelnde Identifikation mit dem Studienfach):[110]

---

107 Den fehlenden Kontakt zu deutschen Studierenden (41% in 2012 – 37% in 2009) sowie Kontaktschwierigkeiten zur Bevölkerung (37% in 2012 gegenüber 33% in 2009) beklagen auch bildungsausländische Studierende laut der 20. Sozialerhebung zunehmend: vgl. Apolinarski/Poskowsky 2013, 47-48.
108 Laut der 20. Sozialerhebung habe sich der Kontakt zu Hochschullehrern erschwert (28% in 2012 in Vergleich 25% in 2009), wobei in unseren Befragungen weniger die Kontaktmöglichkeiten als die interkulturell bedingten Schwierigkeiten und Missverständnisse Thema waren: vgl. Apolinarski/Poskowsky 2013, 47-48.
109 Vgl. auch Chardey 2013.
110 Vgl. zur Studienmotivation als vermuteter Abbruchursache auch Rech 2012, 80-82. Zugrunde liegen v. a. die Ergebnisse der 18. und 19. Sozialerhebung des Deutschen Studentenwerks, aber auch Studienverlaufsbetrachtungen des Ausländerstudiums: Heublein/Sommer/Weitz 2004.

D. Kritische, risikobehaftete und von Studienabbruch bedrohte Free Mover

Im Gegenteil zeigt sich in unseren Befragungen sowohl in den qualitativen Interviews mit den mittelbaren Stakeholdern (siehe Teil I) als auch in der Gruppendiskussion (vgl. Köstler u. a. 2014), dass das Studium als Priorität und Hauptziel angesehen wird. Vor dem Hintergrund der Anstrengungen, die ein bildungsausländischer Studierender durchlaufen muss, um überhaupt in Deutschland studieren zu können (vgl. Chardey 2013b) und es auch nicht thematisiert wurde, dass beispielsweise eine falsche Studienfachwahl zum Abbruch geführt hat, würden wir aus unseren Untersuchungen heraus hier eher nicht die entscheidenden Problematiken sehen.

- **zu hohe Leistungsanforderungen**
- **fachliche Fragen** zu Studiengängen (hier muss grundsätzlich angemerkt werden, dass die befragten Einrichtungen für diese Probleme auch die falschen Ansprechpartner sind – dennoch fand sich auch bei den Interviewpartnern von Köstler/Marks 2014, die die mehr fachlichen Stellen (Studiendekane, Zentren für Internationale Beziehungen an den Fakultäten, Fachschaften etc.) interviewt hatten, kein Hinweise auf fachliche Probleme).

c) Zusammengefasst: typische Problemfaktoren von Free Movern:

Als typische Probleme von Free Mover kann man die folgenden aus **Abbildung 8** identifizieren:

Abbildung 8: Problemfaktoren von Free Movern

Risikobehaftete, mit Studienabbruch bedrohte, kritische Free Mover
– Sprachschwierigkeiten
– Orientierungsprobleme im akademischen Bereich
– **äußere Einflussfaktoren**:
– Nicht-Gelingen der Finanzierung des Studiums
– Probleme mit der Ausländerbehörde
– Probleme in der Familie
– **Persönlichkeitsfaktoren**:
– fehlende Fähigkeit zur Organisation von Arbeitstätigkeit und Studium
– mangelnde Bewältigungsstrategien / Resilienz

Quelle: eigene Darstellung

Teil III: Konklusion

Gerade für risikobehaftete Free Mover wird der Zugang zu **kontextuellen Ressourcen** (Netzwerken etc.) als wichtig eingeschätzt. Hier wären auch Mentorensysteme hilfreich, dann aber verpflichtend.

E. Erfolgreiche Free Mover – Erfolgsfaktoren

Betrachtet man Free Mover, die bereits ein Studium in Deutschland erfolgreich abgeschlossen haben, ergeben sich gewisse Hinweise auf mögliche Erfolgsfaktoren interner und externer Art, die natürlich in einer größeren Stichprobe zu validieren wären.

a) Hinweise auf Erfolgsfaktoren für ein Ausländerstudium aus bereits erfolgten qualitativen Stakeholder-Befragungen während des Projektes:

Aus bereits erfolgten, *qualitativen Befragungen während des Projektes*[111] haben sich die *Hypothesen* ergeben, dass
an *internen Faktoren*

- **gute Sprachkenntnisse**

an *externen Faktoren*

- eine **Vorbereitung bzw. Auswahl der Studierenden bereits im Heimatland**
- die **erlebte Wertschätzung durch das Hochschulumfeld**, ein „sich aufgenommen Fühlen" gerade auch in der Anfangsphase (Willkommenskultur, interkulturelle Sensibilisierung)
- **finanzielle Unterstützung** gerade auch in der Endphase des Studiums (Abschlussarbeiten, Darlehen zu Studienende)
- **Betreuung durch die Vereine ausländischer Studierender**
- geregelte Angebote für **international zusammengesetzte Arbeitsgruppen**

---

111 Vgl. hier Teil I der vorliegenden Arbeit: die Auswertung der qualitativen Stakeholder-Befragung. Befragt wurden in diesem Zusammenhang Stellen, die direkt mit den ausländischen Studierenden, sei es in der Beratung oder auch in anderen Kontexten, in Berührung kommen. Zum Teil waren es Studierende selbst in einer Doppelfunktion.

- eine geförderte **Vernetzung der deutschen und ausländischen Studierenden**
- **Mentoren-Programme**

wichtige Vorbedingungen für ein gelingendes Studium zu sein scheinen. Inwieweit diese und andere Faktoren den Studienerfolg der Studierenden positiv beeinflussen können, soll hier untersucht werden.

Teil III: Konklusion

b) Zusammengefasst: mögliche Erfolgsfaktoren von Free Movern:

Abbildung 9: Erfolgsfaktoren von Free Movern

Erfolgreiche Free Mover – Charakterisierungsversuch
– deutsche Sprache schon im Heimatland erlernt bzw. gute Sprech- und Lesefähigkeit – bereits erfolgreich erlernte bzw. getestete Lernstrategien aus Studium z. T. im Heimatland – adäquate Lernstrategien – keine großen fachlichen Schwierigkeiten – Konzentration auf das Studium – zwei bis drei Schlüsselkontakte, die den Zugang zum akademischen Lernumfeld ermöglichen – **äußere Einflussfaktoren**:<ul><li>mindestens in der Anfangsphase sich in einer Gemeinschaft aufgehoben zu fühlen (vgl. biographisches Interview: Studienort Dresden – Köln)</li><li>Geborgensein (diese Art von Wohlfühlen selbst als wichtig auch für die akademische Studienleistung genannt)</li><li>Zugang zu kontextuellen Netzwerken</li><li>Erlebensfaktoren</li><li>Wohlfühlen</li><li>Menschlichkeit, emotionale Wärme auch im akademischen und Beratungs-Umfeld</li><li>dass für jedes Problembündel (Finanzen, fachliche Fragen, psychische Probleme etc.), welches natürlich von Individuum zu Individuum unterschiedlich ist, eine institutionelle Lösung greifbar ist</li><li>Netzwerk geschaffen, das Problembereiche abdecken kann (hier auch nötig, selbst tätig zu werden)</li><li>zwischenmenschliche Beziehungen und Kontakte</li></ul>– **Persönlichkeitsfaktoren**:<ul><li>Resilienzfaktoren</li><li>psychische Widerstandfähigkeit</li><li>individuelle Coping-Strategien</li><li>Durchhaltevermögen</li><li>Stärke</li><li>Leidensfähigkeit, Aushalten temporärer schwieriger Bedingungen (z. B. finanzielle Notlage)</li><li>Bereitschaft, Freizeitaktivitäten und soziale Beziehungen zugunsten des Studiums temporär aufzugeben</li><li>Bereitschaft zur „Aufopferung" für das Erreichen des Ziels, des Studienabschlusses</li><li>Assimilationsfähigkeit, Adaptionsfähigkeit</li><li>Zielorientiertheit und Zielstrebigkeit</li><li>Entscheidungskraft und Durchsetzungsvermögen</li><li>Wissensdrang und Ehrgeiz, voranzukommen</li><li>starkes Interesse an Weiterentwicklung</li><li>Kontaktfreudigkeit, Offenheit</li></ul>

Quelle: eigene Darstellung

Erfolgreiche **Free Mover** stellen sich, wie man aus **Abbildung 9** sieht, als extrem leidensfähig und zielorientiert dar. Sie zeichnen sich durch eine starke psychische Widerstandsfähigkeit aus. Das Studium hat Priorität und wird auch unter starken persönlichen Einschränkungen verfolgt.

F. Handlungsstränge für die Universität – die Rolle der Universität

Vor dem Hintergrund der Persönlichkeitsfaktoren und äußeren Bedingungen, die auf der einen Seite kritische bildungsausländische Studierende und auf der anderen Seite erfolgreiche Free Mover ausmachen, also der Problemfaktoren und der Erfolgsfaktoren sowie der Kernthemen, die bildungsausländische Studierende beschäftigen, stellt sich die **Rolle der Universität zu Köln als Raumgeber, als schützendes Dach, als Vernetzer in der Verantwortung gegenüber ihren Studierenden,** und hier explizit den Free Movern unter ihnen, dar.

Unterschieden wird, wie oben in **Abbildung 5** dargestellt, in von der Universität beeinflussbare und nicht beeinflussbare Bereiche, in Persönlichkeitsfaktoren, Kontextfaktoren sowie sonstige Rahmenbedingungen.

Die Rolle der Universität bedeutet hier in einer ressourcenorientierten Betrachtung, die Persönlichkeitsfaktoren möglichst zu stärken und die Kontextfaktoren auszubauen, sowie die sonstigen Rahmenbedingungen – falls möglich – auszugleichen. Denn die sonstigen Rahmenbedingungen können auch Exklusionsbedingungen beinhalten.

Insgesamt wird eine stärkere Integration der bildungsausländischen Studierenden unter das Dach der Universität zu Köln nötig sein, auch in einer direkten organisatorischen Vernetzung. Konkrete Handlungsfelder lassen sich wie nachfolgt definieren:

I. Lösung der Kernthemen / Kernproblematiken von Free Movern seitens der Universität

Als **Kernthemen bzw. Kernproblematiken** für erfolgreiche wie auch kritische, von Studienabbruch bedrohte Free Mover lassen sich aus unseren Befragungen ziehen:

a) Kontakt mit den Ausländerbehörden

Gerade das Erleben des obligatorischen Kontaktes mit der Ausländerbehörde scheint ein zentrales Problem bei allen ausländischen Studierenden zu sein und bis in die Nähe eines Kulturschocks zu gehen bzw. ein fast traumatisches Erfahren, welches bis hin zu körperlichen Symptomen („zittern") reicht, hervorzurufen.[112] Nachfolgend wurde versucht, einer Wirkungskette auf die Spur zu kommen:

---

112 Sowohl in Chardey 2013 als auch in Chardey 2013b kann dies eindrucksvoll nachgewiesen werden.

Abbildung 10: Erleben des Umgangs seitens der Ausländerbehörden – Wirkungskette

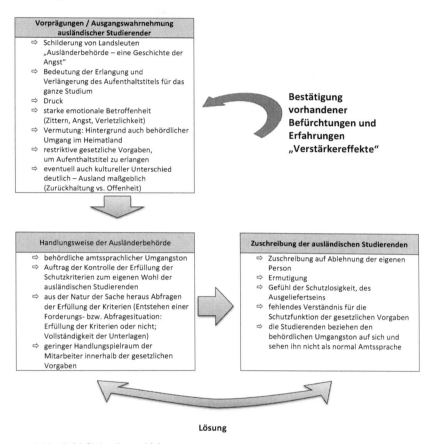

Quelle: eigene Darstellung

Die **Ausländerbehörde stellt sich als kritischstes Glied in der Kette der Akteure**, mit denen bildungsausländische Studierende hauptsächlich in Kontakt kommen, dar. Die Universität könnte hier über Kommunikation,

Darstellung bzw. Verdeutlichung der Lage bzw. der Betroffenheit der bildungsausländischen Studierenden eine Vermittlerposition einnehmen und quasi als „Anwalt" seiner ausländischen Studierenden eintreten. Sie könnte die Lage dieser Studierendengruppe klarstellen bzw. den Sorgen und Nöten seiner Klientel Gehör verschaffen, also die Wahrnehmungen, Sorgen und Ängste der bildungsausländischen Studierenden, die doch generell zu sein scheinen, transportieren. Sicherlich sind hier sensible Bereiche angesprochen. Hier könnte das berichtete gute Verhältnis zur Ausländerbehörde in Köln genutzt werden, um sowohl bei den Studierenden als auch bei den Mitarbeitern der Ausländerbehörde gegenseitiges Verständnis zu wecken, und Vertreter beider Gruppen an einen Tisch zu bringen. Die Universität ist hier als schützendes Dach für ihre Studierenden gefordert.

Bei den teils interkulturell bedingten negativen Wahrnehmungen im Umgang mit der Ausländerbehörde kann *die Universität zu Köln selbst jedoch lediglich vermittelnd fungieren* und über Kontakte zur Ausländerbehörde durch die Verwaltung und andere Stellen eine Darstellung der Brisanz der Lage bzw. eine stärkere Bewusstmachung der Bedürfnisse der gemeinsamen Zielgruppe erreichen. Denkbar wäre auch, Vertreter der Ausländerbehörden in Gremien zu holen, um die Problematiken deutlich zu machen und gemeinsame Lösungsmöglichkeiten zu erarbeiten.

Aber auch die ausländischen Studierenden sind hier mit einzubeziehen und auch bei ihnen ist Verständnis für die Arbeit einer Behörde zu wecken. Hier könnte auch eine interkulturelle Sensibilisierung für die ausländischen Studierenden durch die Universität hilfreich sein. Gerade **interkulturell** scheinen **Brennpunkte** auszumachen zu sein, die dann bearbeitbar wären. Möglicherweise **entschärft** sich aber auch **durch die erleichterte Gesetzgebung** zukünftig die **Problematik der Bildungsausländer mit den Ausländerbehörden.**[113] Wobei dann aber möglicherweise verschärfte Probleme der Studienzeitverlängerung und Überforderung des zu vielen Arbeitens neben dem Studium wieder vermehrt auftreten könnten. Diesbezüglich sind die zukünftigen Entwicklungen abzuwarten.

Das **Akademische Auslandsamt der Universität zu Köln** scheint die wichtigste Rolle als Mittler in Belangen der ausländischen Studierenden inne zu haben. Dort wäre auch personell dringend zu stärken und auszubauen.

---

113 Vgl. hierzu § 16 Abs. 3 Aufenthaltsgesetz und online: http://www.bundesregierung.de/Content/DE/Artikel/IB/Artikel/Arbeitsmarkt/Anerkennung_Abschluesse/2012-07-25-blaue-Karte.html und http://www.internationale-studierende.de/fragen_zur_vorbereitung/finanzierung/jobben/ (Stand 4.6.2014).

b) Zugang zu sozialen Netzwerken und Integration

Ein weiteres Kernthema ist der Zugang zu den sozialen Netzwerken, insbesondere zu deutschen Kommilitonen. Hier stellen einerseits **sprachliche Schwierigkeiten**, aber dann auch **in der Persönlichkeit des Studierenden liegende Fähigkeiten zur Kontaktaufnahme und Kontaktpflege** Barrieren dar. Daneben wirkt natürlich die Tatsache, dass ausländische Studierende auch aus Arbeitsgründen häufig wenig Zeit an der Universität verbringen und interkulturelle Missverständnisse und Vorurteile auf beiden Seiten vorhanden sind. Nach unseren Befragungen scheinen die ausländischen Studierenden ihre Kontakte hauptsächlich in der universitären Umgebung zu finden, also sich an der Universität zu Köln „zu sozialisieren", statt sich über Freizeitgestaltungen zu finden. **Soziale Integration** wird grundsätzlich als ein wichtiger Bestandteil des Wohlfühlens gesehen. In einer empirischen Studie an der TU Darmstadt erweist sich die soziale Einbindung, also die Knüpfung von Beziehungen und Kontakten, als entscheidendes Kriterium für eine erfolgreiche Beendigung des Studiums von internationalen Studierenden.[114] Auch in anderen Quellen wird vermutet, dass gerade die persönlichen Studienvoraussetzungen und die jeweilige Integrationssituation in das neue Umfeld von großer Bedeutung für den Studienerfolg von Bildungsausländern sind.[115]

Hier sind *seitens der Universität zu Köln* die Seminare und Vorlesungen als „**Kennenlernorte**" der ausländischen Studierenden zu beachten und durch **gezielte Kontaktförderung** beispielsweise über gemischte Arbeitsgruppen zu bedienen.

Aber auch Veranstaltungen zu interkulturellem Kompetenzerwerb wären aus den Erfahrungen der Befragung heraus nicht zu vergessen, um die sowieso schon schwierige Kennenlernsituation zwischen deutschen und ausländischen Studierenden von zusätzlichen möglichen Belastungen zu befreien. Interkulturelle Missverständnisse **(critical incidents)** scheinen weit verbreitet.

Interkulturelle Schulungen für alle Studierenden könnten angeboten werden, um die Missverständnisse in den sozialen Situationen zu entschärfen. Die **Integration in gemischten Arbeitsgruppen mit deutschen Studierenden** ist also ein großes Thema, ebenso scheinen sich Bildungsausländer

---

114 Vgl. Kröger 2011, 230.
115 Vgl. DAAD (Hrsg.) 2011, 52f; Heublein u. a. 2012, 35.

Teil III: Konklusion

an der Universität zu sozialisieren und weniger in der Freizeit, hier wäre über mehr und verbesserte Angebote nachzudenken. Auch eine PROFIS-Evaluation aus 2008 zeigt, dass die dort befragten Bildungsausländer mit Rahmenbedingungen und Strukturen insbesondere der fachlichen Betreuung und den Deutschkursen an den Hochschulen zufrieden waren, Angebote zur Integration und Kontaktfindung aber zu verbessern seien.[116]

c) Finanzielle Unterstützungssysteme

Gerade der **Ausbau und die Initiation finanzieller Unterstützungssysteme passend für die vielfältigen Notlagen von ausländischen Studierenden,** und insbesondere für die Free Mover unter ihnen, erscheint auch in Anbetracht von finanziellen Problemen als Hauptgrund für Studienabbruch essentiell. Denn nicht nur mit mehreren Problemen belastete bildungsausländische Studierende thematisieren die Finanzierung des Studiums als die größte Schwierigkeit, sondern auch für Free Mover, die ein Studium an der Universität zu Köln bereits erfolgreich abgeschlossen hatten, war in der retrospektiven Betrachtung die Finanzierung die größte Hürde ihres Studiums, die sie nur mit großem Einsatz, Durchhaltevermögen und Leidensfähigkeit gemeistert haben.

Neben einem schnellen und leichten Informationszugang über alle Möglichkeiten, finanzielle Hilfen zu erlangen und direkter Verlinkung zu den Antragsvoraussetzungen, werden von Studierendenseite schnelle und unkomplizierte Hilfen für Notlagen erbeten, eventuell über Sonderfonds oder Zusammenarbeit mit Stiftungen. Hier könnten *alle Fakultäten der Universität zu Köln* einen Notfallplan erarbeiten. Gerade zu Studienende gewinnt manchmal die Panik die Oberhand und Free Mover in finanziellen Notlagen neigen zu Kurzschlussreaktionen, die durch kurzfristige finanzielle Hilfen vermieden werden könnten. So kann – wie aus unseren Befragungen deutlich wurde – ein kurzfristiger starker finanzieller Engpass gerade vor Studienende trotz ansonsten guter Voraussetzungen das gesamte Studium gefährden.

---

116 Vgl. Heublein u. a. 2010 sowie Rech 2012, 75-76.

d) erleichterter Zugang zu Informationen für ausländische Studierende

Daneben wird immer noch ein notwendiger **erleichterter Zugang zu speziellen Informationen für ausländische Studierende** thematisiert, auch eine Bündelung und Zentralisierung dieser Dienste. Eine Verortung sowohl an der Universität als institutionelle Einrichtung in Nähe der Aufenthaltsorte von ausländischen Studierenden (Infopoint in Mensanähe) aber auch virtuell als spezielle Plattform, auf der unterschiedlichste Dienste und Angebote bei Bedarf abrufbar sind, erscheint zentral.

Hier sollte auch *seitens der Universität zu Köln* eine Koordination und Verlinkung mit anderen Behörden und Institutionen wie beispielsweise den Internationalen Hochschulgruppen deutlicher stattfinden.

Wie sich aus unseren Untersuchungen ergibt, erscheint es wichtig, die **Informationen für Bildungsausländer an die Orte zu verbringen, an denen sie hauptsächlich anwesend sind**, sprich Vorlesungen und Seminare.

e) Themenfeld Wohnungssuche und Wohnungssituation

Als ein zentrales Thema ergibt sich **gerade zu Beginn des Studiums** das Thema Wohnungssuche und Wohnsituation. Free Mover müssen im Gegensatz zu Programm- und Austauschstudierenden, für die bestimmte Kontingente in den Kölner Wohnheimen vorgehalten werden, sich selbst um ihre Unterkunft kümmern. In der Regel kommen sie vorerst bei Freunden oder Bekannten unter bzw. müssen Notlösungen in Kauf nehmen, bevor es ihnen gelingt, selbständig zu wohnen.

Häufig sind ausländische Studierende auch aus finanziellen Gründen gezwungen, weiter von der Universität entfernt zu wohnen. Dies bedeutet wenig Anwesenheit an der Universität und ein Pendlerdasein. Hier sind bereits *vielfältige Initiativen* in Gang und die Probleme nicht von der Universität zu Köln alleine lösbar. Beispielsweise findet und fand eine Initiative des Kölner Studentenwerkes statt, bei der Privatvermieter in und um Köln aufgefordert wurden, Zimmer an Studierende zu vermieten (www.mein-zuhause-in-koeln.de).[117] Geplant ist auch, ausländischen Studierenden, die alleine wohnen, in Notfällen z. B. bei Krankheit Ansprechpartner zu sein.

---

117 Siehe online unter: http://www.kstw.de/index.php?option=com_content&view=article&id=958&Itemid=484&lang=de (Stand Juni 2014).

Teil III: Konklusion

f) Problematik der emotionalen Ebene, der Gefühlsebene, des Wohlfühlens, der Erlebenswelt

Gerade das **Empfinden, die Gefühle, Eindrücke und die Sinneswahrnehmungen** scheinen bei den bildungsausländischen Studierenden eine immens wichtige Rolle zu spielen. Bei allen Befragten wurde diese Ebene betont. Man kann sich vorbereiten, die Sprache beherrschen, aber wird dann mit Gefühlen, Eindrücken und Sinneswahrnehmungen konfrontiert, mit denen man nicht rechnet. Das tatsächliche Erleben von äußeren Einflüssen scheint ein großer Faktor zu sein, wie ausländische Studierenden die Ausgangs-Situation wahrnehmen und wie ihnen die Anpassung und das Einleben an der Universität und in Deutschland gelingen. Aus dem **Faktor des Wohlfühlens in Deutschland und im Erlebensumfeld, das ja gerade die Universität als Sozialisationsmittelpunkt ausländischer Studierender ist**, ergeben sich **starke Rückwirkungen auch auf die Studienleistung.** Dennoch liegen **Mentalitätsunterschiede, Kulturschock und der Umgang der ausländischen Studierenden selbst damit** nicht im Einflussbereich der Universität und es sollte allen Seiten bewusst sein, dass möglicherweise nur eine langsame Anpassung bzw. Adaption an die fremde Lebenswelt möglich ist, abhängig davon, wie groß die Unterschiede zur Lebens- und Studiensituation im Heimatland der Studierenden sind. Auch die kulturelle Komponente spielt hier eine Rolle, beispielsweise wird im Heimatland vieler ausländischer Studierender aktiv auf ankommende ausländische Studierende zugegangen.
Seitens der Universität sollte aber dringend ein Augenmerk und die Betonung auf weiche Faktoren wie **Menschlichkeit, emotionale Wärme, eine sensible Gesprächsführung im Umgang mit den ausländischen Studierenden** gelegt werden. Das unerwartet starke Bedürfnis ausländischer Studierender nach diesen Faktoren ist ggf. durch geeignete Personal- und Organisationsentwicklungsmaßnahmen an Mitarbeiter und Dozenten weiterzugeben bzw. bei den entscheidenden Stellen eine Öffnung dem Thema gegenüber und eine Bewusstheit der Relevanz dieser Faktoren zu erreichen.

II. Stärkung der Erfolgsfaktoren von Free Movern seitens der Universität

Trotz des Hintergrundes einer häufig anzutreffenden schwierigen Studiensituation von Free Movern an der Universität kann diese **durch universitäre**

Hilfestellungen teilweise ausgeglichen werden und eine **gezielte Förderung wichtiger Erfolgsfaktoren** stattfinden. **Hilfreich erscheinen hier gerade:**

- Coaching, Mentoren- und Tutorensysteme
- eine ausgeprägte Willkommens- und Gastkultur
- interkulturelle Sensibilisierung.

Hier besteht noch Diskussionsbedarf wie dies am besten erreicht werden kann. Wie man aus **Abbildung 9** sieht, liegen viele Erfolgsfaktoren auch in der Person und Persönlichkeit des bildungsausländischen Studierenden. Exakte Erfolgsanleitungen gibt es einerseits nicht, andererseits wären derartige Erfolgsfaktoren auch in einer größeren Stichprobe zu überprüfen.

III. Ausblick

Insgesamt scheinen die Probleme vieler bildungsausländischer Studierender also **häufig weniger im akademischen Bereich als vielmehr im emotionalen Bereich, auf der Gefühlsebene, im Bereich der Integration, aber am dringendsten wohl im finanziellen Bereich** zu liegen, von dem aus sich auch diverse andere Problematiken ableiten: Erwerbsarbeit, wenig Anwesenheit an der Universität, wenig Berührungspunkte zur Kontaktaufnahme, zu wenig finanzielle Mittel um am Freizeitverhalten vieler deutscher Studierender teilnehmen zu können, zu wenig Zeit für Freunde und im Gesamten: **Einsamkeit und Isolierung**. Das „sich Befinden" in einer echten Notlage, psychische Probleme, Anforderungen und Überforderungen der persönlichen Bewältigungsmechanismen und inneren wie äußeren Ressourcen bringen viele bildungsausländische Studierende an den Rand des Studienabbruchs.
Studienabbruchgründe bei bildungsausländischen Studierenden müssten grundsätzlich noch näher erforscht werden. Als Motivkategorien für Studienabbruch können grundsätzlich **finanzielle Gründe, private Motive, Studienbedingungen** und **akademische Motive** identifiziert bzw. geklustert werden. Studienbedingungen und fachliche Gründe würden hier die Hochschule direkt betreffen und sind daher auch von ihr beeinflussbar. Die anderen nach teilweiser Meinung eher nicht.[118] Dennoch gehen wir hier davon aus bzw. führen die **These** ein, dass **auch private und finanzielle Mo-**

---

118 Vgl. auch Rech 2012, 74-75.

tive von den Universitäten beeinflussbar sind, wenn auch teilweise auf neuen, innovativen bzw. kreativen oder unbürokratischen Wegen, beispielsweise über Erschließung von Finanzierungsquellen wie Fonds, Herantreten an Stiftungen zur Kooperation, Einrichtung einer Stabsstelle/Stelle für Notfälle, der Institutionalisierung einer Stelle, die einerseits im direkten schnellen Zugang von Seiten der bildungsausländischen Studierenden, und andererseits aus dem direkten Kontakt zu umsetzenden bzw. entscheidenden Stellen an der Universität, schnelle Lösungen möglich macht. Kurze und auch zeitlich nahe Informationswege wären hier wichtig. Inwiefern eine große Einrichtung wie die Universität zu Köln dies auch angesichts der Ansprüche ihrer anderen Studierendengruppen zu leisten in der Lage ist, muss die Zukunft zeigen.

Bei den **privaten Motiven für Studienabbruch** scheinen aus unserer Untersuchung heraus die intrinsische Motivation und das Fachinteresse weniger das Problem bei den Free Movern zu sein, die hohe Hürden zu überwinden haben, um überhaupt zum Studium nach Deutschland zu kommen[119] und meist hochmotiviert ein konkretes Fachziel verfolgen. Problematisch scheinen im persönlichen Bereich, ob Bewältigungsressourcen und physische sowie psychische Belastbarkeit in ausreichendem Maß vorhanden sind. Generell scheint, wie oben ausführlich dargestellt, ein **Gefühl des Wohlfühlens** wichtig zu sein, auf das die Universität auch wieder indirekt Einfluss nehmen kann über Vergemeinschaftungsangebote. Hier kann die Universität über das Anbieten von Coaching- und Mentoring-Programmen einwirken, denn gerade über dieses Instrument können die zwischenmenschlich zu berührenden Bereiche wie Wohlfühlen, „angenommen Sein" etc. gut abgedeckt werden.

Insgesamt besteht an den Universitäten und Hochschulen die *Erfordernis, hin zu neuen innovativen und manchmal auch kreativen Wegen in der Betreuung ausländischer Studierender* zu gehen.

Die Universität soll sich jedoch auch der **Hürden, Barrieren oder Exklusionsmechanismen** bei ausländischen Studierenden bewusst sein, die nur teilweise oder gar nicht in ihrem Einflussbereich liegen (siehe **Abbildung 11**):

---

119 Vgl. hier auch die Schilderungen bei Chardey 2013b.

F. Handlungsstränge für die Universität – die Rolle der Universität

Abbildung 11: Hürden, Barrieren oder Exklusionsmechanismen bei ausländischen Studierenden

- Geschichte bzw. Vorbelastung, die der Studierende schon mitbringt, z. B. familiäre Problematiken
- administrative Zugangshürden zum Studium (Erhaltung und Verlängerung des Aufenthaltstitels)
- institutionell verankerte Exklusionsmechanismen (begrenzte Arbeitserlaubnis etc.)
- Entmutigungsgefühle durch Rückwirkung der Belastungen aus den gesetzlichen und behördlichen Gegebenheiten auf das Studium
- Kulturschock und seine Auswirkungen
- Selbstisolierung (Isolierung in einer freiwillig gewählten, aus der Not heraus geborenen Abschottung)
- Selbstexklusion der ausländischen Studierenden von für sie wichtigen Unterstützungsmaßnahmen durch Fehleinschätzungen des Nutzens bzw. inadäquaten zeitlichen Kosten-Nutzen-Abwägungen
- grundsätzliche finanzielle Ausstattung

Quelle: eigene Darstellung

Einige der **Hauptfragen, die sich die Universität zu stellen hat**, sind:

Wie kann insbesondere ein Herüberbringen von Wärme, „Willkommen sein", Gastkultur gelingen?

Wie kann die Wertschätzung der Universität den ausländischen Studierenden gegenüber ausgedrückt werden?

In welcher Weise kann sie überhaupt ohne auch andere Studierendengruppen zu diskriminieren, finanzielle Unterstützung in Notlagen anbieten bzw. vermitteln?

Wie kann die Universität Erfolgsfaktoren von Free Movern, die z. T. auch in ihrer Persönlichkeit begründet sind, stärken?

Diese und ähnliche Fragen werden im Rahmen einer **Stakeholder-Konferenz** zu klären sein. **Diskutiert werden könnten – die Umsetzung von** den in Teil A, Kapitel III vorgeschlagenen Maßnahmen (z. B. Info-Point etc.)

- neuen Wegen der Beachtung weicher Faktoren (Personal- und Organisationsentwicklungsmaßnahmen)
- einer Vermittlerposition der Universität zwischen den einzelnen Interessen
- Coaching- und Mentoring-Systemen (verpflichtende Teilnahme, denn: Würden die relevanten kritischen Zielgruppen diese Instrumente wirk-

Teil III: Konklusion

lich auch nutzen oder müsste man nicht über eine Pflichtteilnahme nachdenken eventuell im Rahmen eines Monitoring-Systems, Risikogruppen identifizieren, modulare Ausgestaltung?)
- einer Stärkung der Erfolgsfaktoren von Free Movern, auch der persönlichen Stärken über Coaching und Mentoring-Systeme
- einer Förderung des Zugangs zu Netzwerken
- einer spürbaren Wertschätzung durch das Hochschulumfeld
- einer Vermittlung adäquater Lernstrategien
- einer noch stärkeren Förderung und Forderung deutscher Sprachkenntnisse
- finanziellen Hilfen besonders in der Schlussphase des Studiums.

Die Stakeholder-Befragung konnte viele Hintergründe und Aspekte beleuchten, hat aber auch starke Brennpunkte deutlich gemacht, die durch die angesprochenen Maßnahmen zum Teil gut gelöst werden könnten. Es wurde aber auch deutlich, dass die Universität zu Köln sich in einem großen Spannungsfeld bewegt, konkret strategisch Stellung beziehen muss, wie sie mit den unterschiedlichen Zielgruppen verfahren möchte. Dies beginnt bei Zugangsvoraussetzungen und endet bei einer Unterstützung beim Studienabschluss. Insgesamt ist sichtbar, dass die Universität zu Köln schon vieles für ihre ausländischen Studierenden tut.

An der Universität zu Köln besteht viel Ideenreichtum und Eigeninitiative der mit der Betreuung ausländischer Studierender befassten Stellen, auch mit wenig Geld und Personal, hervorragende und tatsächlich auch führende Projekte hervorzubringen, was auch in den Interviews spürbar wurde. Möglicherweise könnte die vorhandene Erfahrung besser genutzt werden. Klar wurde auch, dass es ganz unterschiedliche Gruppen ausländischer Studierender mit unterschiedlichen Bedürfnissen gibt.

Den Vereinen ausländischer Studierender, aber auch dem Akademischen Auslandsamt wird eine tragende Rolle in der Unterstützung der ausländischen Studierenden zugesprochen. Natürlich auch den jeweiligen Fachbereichen, den ZIB´s (Zentren für Internationale Beziehungen an den einzelnen Fakultäten). Erhofft wird teilweise, dass die Entscheidungsträger der Universität zu Köln sich durch mehr Nähe zu den Studierenden ein besseres Bild von deren Lage machen (Stichwort: „Management by Wandering Around"). Es gibt jedoch etliche Probleme, die die Universität selbst nicht lösen kann, sondern die von außen, von der Politik, der Gesetzgebung herangetragen werden. Die Universitäten sind dann aber mit den Auswirkungen auf ihre

F. Handlungsstränge für die Universität – die Rolle der Universität

Studierenden und gerade auf die volatile Gruppe der ausländischen Studierenden konfrontiert. Und auch mit der Forderung, diese Probleme zu lösen.

Anhang

Anhang 1: Auswertungsraster für die qualitativen Stakeholder-Interviews

Auswertungsraster – Kategoriensystem

Kategorie I: Zielgruppen für Unterstützungsmaßnahmen seitens der Universität zu Köln

Ausprägung KI1:	BIL
Ausprägung KI2:	BAL Freemover
Ausprägung KI3:	BAL Freemover Zielgruppe nach Herkunftsländern
Ausprägung KI4:	BAL Programm-/ERASMUS-Studierende
Ausprägung KI5:	*Zielgruppe nach inhaltlichen Problemlagen*
Ausprägung KI6:	Zielgruppe nach Diplom/Master/Bachelor
Ausprägung KI7:	Zielgruppe nach Genderkriterien
Ausprägung KI8:	Zielgruppe Kurzzeit-/Vollzeitstudierende
Ausprägung KI9:	*Zielgruppe bildungsausländische Promotionsstudierende*

Kategorie II: Problemlagen und Handlungsbedarfe

Ausprägung KII1:	Problemlagen aus Sicht direkter bzw. mittelbarer Zugang zu Studierenden
Ausprägung KII2:	*Problemlagen/Auswirkungen politischer Entscheidungen*
Ausprägung KII3:	*Problemlagen/Studienabbruch*
Ausprägung KII4:	zielgruppenspezifischer oder zielgruppenübergreifender Handlungsbedarf
Ausprägung KII5:	differenzierte Handlungsbedarfe nach Herkunftsländern/Regionen
Ausprägung KII6:	differenzierte Handlungsbedarfe nach BIL/BAL
Ausprägung KII7:	Differenzierung der Handlungsbedarfe zum Studienstart / während des Studiums / zum Studienabschluss

Kategorie III: gewünschte Maßnahmen/Angebote

Ausprägung KIII1:	Ideen für Angebote / Erwartungen / konkrete Handlungsbedarfe
Ausprägung KIII2:	Ressourcenbedarf / Ressourcenpotential
Ausprägung KIII3:	Angebote für Dozentenschaft / Einrichtungen

Kategorie IV: Status Quo: Was wird bereits gemacht?

Ausprägung KIV1:	Kenntnis Programme heute
Ausprägung KIV2:	Programme in Planung

Kategorie V: Erfahrung aus Projekten

Ausprägung KV1:	Erfahrung aus gescheiterten Projekten
Ausprägung KV2:	Erfahrung aus erfolgreichen Projekten
Ausprägung KV3:	Inanspruchnahme
Ausprägung KV4:	Nachhaltigkeit von Maßnahmen
Ausprägung KIV5:	Beispiele von anderen Hochschulen

Kategorie VI: Rolle der Universität

Ausprägung KVI1:	Zuständigkeiten
Ausprägung KVI2:	Einheitsstrategie oder unkoordinierte Vielfalt der Maßnahmen
Ausprägung KVI3:	Vernetzung
Ausprägung KVI4:	wahrgenommene Motivlage

Quelle: eigene Darstellung

Anhang 2: Interviewleitfaden für die biographischen Interviews mit erfolgreichen Bildungsausländern

Interviewleitfaden: Biographische Interviews - bildungsausländische Studierende, die ihr Studium abschließen

Erzählaufforderung: Wo und wie sind Sie aufgewachsen? Wie war das damals in Ihrer Kindheit/Jugend? Und wie war Ihr Weg dann nach Deutschland?

Nachfrageteil: Weg nach Deutschland

Wie war das damals, die Situation, ihre Lebensumstände, als Sie sich entschlossen haben, im Ausland, dann speziell in Deutschland zu studieren?
Wo und wie haben Sie Informationen über das Studium in Deutschland bekommen?
Was hatten Sie für Motive? Studienbezogener Art, allgemeiner Art?
Was war so das Hauptmotiv?
Gab es da ein Ereignis, retrospektiv betrachtet, das Ihre Entscheidung angestoßen hat?
Was gab es für administrative Dinge zu regeln? Waren da Hindernisse?
Wie haben Sie sich persönlich gefühlt in der Situation des Abschied-Nehmens?

Erzählaufforderung: In Deutschland angekommen, wie waren Ihre ersten Eindrücke? Ihre ersten Schritte, Kontakte – allgemeiner Natur mit Behörden, mit dem Uni-betrieb?

Nachfrageteil: Ankommen in Deutschland, an der Universität

Wie war der Kontakt zum Ausländeramt der Universität?
Wo haben Sie ihre ersten Kontakte geknüpft?
Haben Sie die Orientierungsveranstaltungen für Erstsemester besucht?
Wo hatten Sie Schwierigkeiten? Sprache, Lern- und Lehrkultur, Informationsquellen, persönliche Schwierigkeiten?
Erinnern Sie sich an ein positives Erlebnis?
Erinnern Sie sich an eine Enttäuschung?

Erzählaufforderung: Welche Dinge, Lebensumstände, Faktoren sind – retrospektiv betrachtet – für Ihren Studienerfolg maßgeblich?

Nachfrageteil:
Was halten Sie von einem Mentoring-Programm speziell für ausländische Studierende?
Wie sollte das ausgestaltet sein?
Was kann die Uni verbessern, um ihre ausländischen Studierenden optimaler zu begrüßen, zu integrieren, zu begleiten?

Quelle: eigene Darstellung

Literatur

Alber, E. & Bochow, A. (2006): Familienwandel in Afrika. Ein Forschungsüberblick. In: Paideuma, Mitteilungen zu Kulturkunde, Band 52, 227-250.

Alber, E. & Martin, J. (2007): Einleitung zum Themenschwerpunkt 'Familienwandel in Afrika'. In: Afrika Spectrum 42(2), 151-166.

Apolinarski, B. & Poskowsky, J. (2013): Ausländische Studierende in Deutschland 2012. Ergebnisse der 20. Sozialerhebung des Deutschen Studentenwerks, durchgeführt vom Deutschen Zentrum für Hochschul- und Wissenschaftsforschung (DZHW). Hrsg. vom BMBF: Berlin/Bonn.

Berry, J. W. (1997): Immigration, acculturation, and adaptation. Applied Psychology: An International Review, 46(1), 5-34.

Chardey, B. K. (2013): Vertrauensverlusttendenz bei Behördengängen in Deutschland von BildungsausländerInnen bei den Ausländerbehörden der Stadt Köln und des Rhein-Erft-Kreises. Unveröff. Bachelorarbeit im Fach Sozialpolitik an der Professur für Sozialpolitik und Methoden der qualitativen Sozialforschung der Universität zu Köln.

Chardey, B. K. (2013b): Herbst in der Fremde. BoD Books on Demand: Norderstedt.

DAAD (Hrsg.) (2011): Bildungsinländer 2011. Daten und Fakten zur Situation von ausländischen Studierenden mit deutscher Hochschulzugangsberechtigung. DAAD: Bonn. Online: https://www.daad.de/imperia/md/content/presse/bildungsinlaender_2011_neu.pdf (Stand 5.6.2012).

Esser, B. (2010): Kultursensitive Beratung und Dialog. Arbeit und Begegnung mit ausländischen Studentinnen und Studenten. Wochenschau Verlag: Schwalbach/Taunus.

Heublein, U., Sommer, D. & Weitz, B. (2004): Studienverlauf im Ausländerstudium. Eine Untersuchung an vier ausgewählten Hochschulen. DAAD. Bonn. Online: http://www.daad.de/de/download/zahlen/dok-und-mat_55.pdf (Stand: 10.8.2012).

Heublein, U., Hutzsch, C., Schreiber, J., Sommer, D. & Besuch, G. (2010): Ursachen des Studienabbruchs in Bachelor- und in herkömmlichen Studiengängen. Ergebnisse einer bundesweiten Befragung von Exmatrikulierten des Studienjahres 2007/08. HIS: Forum Hochschule 2. Hannover.

Heublein, U., Richter, J., Schmelzer, R. & Sommer, D. (2012): Die Entwicklung der Schwund- und Studienabbruchquoten an den deutschen Hochschulen. Statistische Berechnungen auf der Basis des Absolventenjahrgangs 2010. HIS: Forum Hochschule 3. Hannover.

Isserstedt, W. & Kandulla, M. (2010): Internationalisierung des Studiums. Ausländische Studierende in Deutschland – Deutsche Studierende im Ausland. Ergebnisse der 19. Sozialerhebung des Deutschen Studentenwerks, durchgeführt durch HIS Hochschul-Informations-System. Hrsg. vom BMBF. Berlin/Bonn. Online: http://www.studentenwerke.de/pdf/Internationalisierungbericht.pdf (Stand 18.4.2012).

Literatur

Johnen, H. & Schulz-Nieswandt, F. (2013): Zum Problem der Statuspassage Schule-Hochschule nach G8. Universitäre Angebote zur sozialen Integration. Nomos: Baden-Baden.

Kangni, J. B. (2007): Fremdsprache Deutsch in Togo und ihre Funktion im togolesischen Erziehungs- und Bildungssystem. Unveröff. Diss.: Pädagogische Hochschule Freiburg. Freiburg i. Br. Online: http://opus.bsz-bw.de/phfr/volltexte/2007/22/pdf/Diss. 06.04.07.pdf (Stand 18.4.2012).

Köstler, U. & Marks, H. (2014): Ausländische Studierende an der Universität zu Köln: Status quo, Erwartungen und Ideen für eine gelebte Internationalisierung. Erfolgsdimensionen für einen erfolgreichen Studienabschluss unter Einbezug von Mentoringsystemen. Nomos: Baden-Baden.

Köstler, U., Marks, H., Schulz-Nieswandt, F., Stemmer, P. & Wulff, A. (2014): Studieren an der Universität zu Köln: Die Sicht Internationaler Hochschulgruppen. Ergebnisse einer Befragung und einer Gruppendiskussion. Nomos: Baden-Baden.

Kowalska, K. & Rokitte, R. (2011): Plädoyer für Differenzierung: Über die Diversität von „MigrantInnen" an den Hochschulen. In: Öffnung der Hochschule – Chancengerechtigkeit, Diversität, Integration. Dossier. Heinrich-Böll-Stiftung. Berlin. 71-75. Online: http://www.migration-boell.de/downloads/integration/dossier_oeffnung_der_hochschule.pdf#page=52 (Stand 23.7.2012).

Kröger, R. (2011): Studien- und Lebenspraxis internationaler und deutscher Studierender. Erfahrungen bei der Ausbildung eines ingenieurwissenschaftlichen Habitus. Zugl. Diss. Technische Universität Darmstadt 2010. VS Verlag für Sozialwissenschaften / Springer Fachmedien: Wiesbaden.

Mayring, P. (2002): Einführung in die qualitative Sozialforschung. Eine Anleitung zu qualitativem Denken. Beltz Verlag: Weinheim/Basel.

Mayring, P. (2010): Qualitative Inhaltsanalyse. In: Mey, G. & Mruck, K. (Hrsg.): Handbuch Qualitative Forschung in der Psychologie. VS Verlag für Sozialwissenschaften/ Springer Fachmedien: Wiesbaden, 601-613.

Middendorff, E., Apolinarski, B., Poskowsky, J., Kandulla, M. & Netz, N. (2013): Die wirtschaftliche und soziale Lage der Studierenden in Deutschland 2012. 20. Sozialerhebung des Deutschen Studentenwerks, durchgeführt durch HIS-Institut für Hochschulforschung. Hrsg. vom BMBF. Berlin/Bonn.

Nicassio, P. M. (1983): Psychosocial Correlates of Alienation. Study of a Sample of Indochinese Refugees. In: Journal of Cross-Cultural Psychology, 14(3), 337-351.

Nicassio, P. M., Solomon, G. S., Guest, S. S. & McCullough J. E. (1986): Emigration Stress and Language Proficiency as Correlates of Depression in a Sample of Southeast Asian Refugees. In: International Journal of Social Psychiatry, 32(1), 22-28.

Peters, T. J. & Waterman, R. H. (1982): In search of excellence. Harper & Row: New York.

Rech, J. (2012): Studienerfolg ausländischer Studierender. Eine empirische Analyse im Kontext der Internationalisierung der deutschen Hochschulen. Waxmann: Münster/ New York/München/Berlin.

Literatur

Rehn, T., Brandt, G., Fabian, G. & Briedis, K. (2011): Hochschulabschlüsse im Umbruch. Studium und Übergang von Absolventinnen und Absolventen reformierter und traditioneller Studiengänge des Jahrgangs 2009. HIS Forum Hochschule, 17/2011, Hannover.

Schulz-Nieswandt, F. (2006): Sozialpolitik und Alter. Kohlhammer: Stuttgart.

Schulz-Nieswandt, F. & Langenhorst, F. (2012): Minderjährige StudienanfängerInnen an der Hochschule – ein Problem? Eine Recherche-Studie unter Berücksichtigung eines breiteren bildungspolitischen Diskursrahmens. Nomos: Baden Baden.

Stemmer, P. (2013): Studien- und Lebenssituation ausländischer Studierender an deutschen Hochschulen. Analyse – Handlungsfelder – strategische Entscheidungsmöglichkeiten. Nomos: Baden-Baden.

Swail, W. S., Redd, K., & Perna, L. (2003). Retaining Minority Students In: Higher Education. An ASHE-ERIC Reader. San Francisco. CA: Jossey-Bass.

Tinto, V. (2012): Enhancing student success: Taking the classroom success seriously. In: The International Journal of the First Year in Higher Education, 3(1), 1-8.

Witzel, A. (1985): Das problemzentrierte Interview. In: Jüttemann, G. (Hrsg): Qualitative Forschung in der Psychologie: Grundfragen, Verfahrensweisen, Anwendungsfelder. Beltz Verlag: Weinheim/Basel, 227-255.

Wulff, A. (2013): Statuspassage Studienbeginn. Zwischen Vergemeinschaftung und Resilienz. Nomos: Baden-Baden.

Wulff, A. (2014): Soziale Integration der BildungsausländerInnen an der Universität zu Köln. Eine Betrachtung am Beispiel der Situation in den Wohnheimen des Studentenwerks. Nomos: Baden-Baden.

Wurster, P. (1999): Elitemigrationen, Netzwerke und politische Transformation in Togo: Ergebnisse einer Vorstudie auf der Grundlage narrativer Interviews. Online: http://www.home.uni-osnabrueck.de/pwurster/wurster_zwischenbericht_1999.PDF (Stand 18.4.2012).

Zick, A. (2010): Psychologie der Akkulturation. Neufassung eines Forschungsbereiches. VS Verlag für Sozialwissenschaften / GWV Fachverlage: Wiesbaden.